사회복지지도감독론

김성철 · 김도희 · 김은주 · 김한나 · 김현경 · 박현희
신동환 · 윤승호 · 이하선 · 장현옥 · 허경운

박영사

머리말

　사회복지지도감독론은 사회복지실천현장의 슈퍼비전 기능과 유형을 검토하며 다양한 분야의 기관에서 활용 가능한 슈퍼비전 모델을 고찰하고 직접 디자인하며, 슈퍼비전의 주요 기능 및 슈퍼비전 과정과 방법 등을 익히고 중간관리자 수준에 적합한 행정원칙과 개념을 학습한다.

　사회복지사가 사회복지실천을 전문적으로 수행하기 위해서는 중견 사회복지사의 슈퍼비전이 필수적이라 할 수 있다. 슈퍼바이저로서 슈퍼비전 각 과정의 목표에 대해 명확히 이해하고 슈퍼바이지와 의사소통을 원활히 하는 것이 중요하며 슈퍼바이지의 학습, 클라이언트의 복지증진, 사회복지전문분야의 문지기 역할, 슈퍼바이지의 사기와 의욕 함양을 목적으로 사회복지 슈퍼비전의 내용을 파악해야 한다.

　본서를 통해 사회복지실천의 질적 함양을 목적으로 중간관리자인 슈퍼바이저와 실무자인 슈퍼바이지 간의 슈퍼비전 관계 속에서 슈퍼바이지의 업무수행을 지시, 조정, 향상, 평가하는 의무적 상호작용에 관한 이론, 지식, 기술 습득을 다양한 관점에서 이해하도록 한다. 그리고 슈퍼비전의 전반적 이해를 통한 슈퍼비전의 기능과 슈퍼바이저의 역할을 이해한다. 또한, 슈퍼비전에 관한 제 이론을 습득하여 슈퍼비전 제공의 단계별 준수사항과 각종 기법을 이해하고 슈퍼비전을 제공하기 위한 실제적 설계사례를 통해 슈퍼비전 체계를 구축하고 사회복지 대상(client)과 특성에 따른 각종 슈퍼비전에 대한 이해가 필요하다고 본다.

　본서는 사회복지기관에서 사회복지서비스 제공에 있어서 상당한 지식과 경험이 있는 사회복지사가 기관의 초임 사회복지사나 실습생을 지도하는 데 필요한 지식과 기술을 습득하도록 돕고자 한다. 이를 위해 최근 자료를 중심으로 사회복지사업법에 따른 사회복지사 자격증, 민간자격증에서 국가자격증으로 변경된 학교사회복지사와 의료사회복지사 그리고 정신건강사회복지사 등의 영역별 전문복지사에 입각한 실습의 기본 준비서에 임하는 지도·감독의 전문도서로 제작되었다. 그리고 각종 개정된 시대에 부응하는 사회복지사업법을 반영하였다.

본서에는 사회복지실무 개요 / 사회복지현장 정보, 사무, 환경 관리 / 사회복지현장 프로그램 실무 / 사회복지 자원개발, 홍보실무 / 사회복지서비스 실무(일상생활 기능 지원) / 사회복지현장 재무·회계실무 / 사회복지상담실무 / 사회복지현장 사례관리실무(공공복지 중심) / 사회복지 슈퍼비전의 이해(원칙과 구성) / 사회복지 슈퍼비전 과정과 기법을 담았다. 또한 추가적으로 사회복지 자원개발과 리더십 / 사회복지기관의 경영혁신 / 복지경영의 도약과 모색을 첨부하여 부족함이 없도록 하였다.

본서가 사회복지현장에서 사회복지지도감독의 이해와 실천 및 사회복지이론의 정립에 도움이 되길 바라며 출판을 위하여 귀한 원고를 집필하여 주신 저자와 출판을 위해 수고하여 주신 박영사의 대표님과 모든 분에게 감사드린다.

대표 저자
백석대학교 대학원 NPO경영학
김성철 교수

목 차

CHAPTER 01 사회복지실무 개요 ··· 1

  1. 사회복지현장실무의 정의와 필요성 ··· 1
  2. 사회복지현장실무의 범위와 구성 ·· 5
  3. 사회복지현장실무 사회복지사의 정의와 자격현황 및 활동영역 ········ 9
  4. 사회복지현장실무 사회복지사의 기능과 역할 ···························· 14

CHAPTER 02 사회복지현장 정보, 사무, 환경 관리 ························ 19

  1. 사회복지현장 정보자원 관리 ··· 19
  2. 사회복지현장 사무 관리 ··· 22
  3. 사회복지현장 환경(시설) 관리 ·· 28

CHAPTER 03 사회복지현장 프로그램 실무 ··································· 31

  1. 사회복지현장 프로그램 욕구조사 ··· 31
  2. 사회복지현장 프로그램 계획수립 ··· 33
  3. 사회복지현장 프로그램 홍보 ··· 37
  4. 사회복지현장 프로그램 자원개발 ··· 39
  5. 사회복지현장 프로그램 실행 ··· 41
  6. 사회복지현장 프로그램 점검 및 종결·평가 ································· 43

CHAPTER 04 사회복지 자원개발, 홍보실무 ·· 49
  1. 사회복지에서의 자원개발 ·· 49
  2. 마케팅과 홍보 ··· 59

CHAPTER 05 사회복지서비스 실무 -일상생활 기능 지원- ························· 67
  1. 기본 원칙 ··· 67
  2. 일상생활 지원 표준서비스 ··· 68

CHAPTER 06 사회복지현장 재무·회계실무 ·· 85
  1. 재무·회계 총칙 ··· 85
  2. 예산과 결산 ·· 89
  3. 회계의 과정 ·· 99
  4. 물품관리 ·· 104
  5. 후원금 ··· 106
  6. 감사의 실시 ·· 107

CHAPTER 07 사회복지상담실무 ··· 109
  1. 사회복지상담 초기면접 ·· 109
  2. 사회복지상담 기록관리 ·· 111
  3. 사회복지상담 사정 ·· 113
  4. 개인상담 ·· 116
  5. 가족상담 ·· 119
  6. 교육 및 학습문제와 상담 ·· 120
  7. 집단상담 ·· 122
  8. 사회복지 상담 종결 ·· 126
  9. 사회복지 상담슈퍼비전 ·· 129

CHAPTER 08 사회복지현장 사례관리실무 -공공복지 중심- ····················· 131
  1. 사회복지현장 통합사례관리 ·· 131
  2. 통합사례관리사업 개요 ·· 132

CHAPTER 09 사회복지 슈퍼비전의 이해 -원칙과 구성- ···················· 151
  1. 슈퍼비전의 개념 및 정의 ······································· 151
  2. 사회복지 슈퍼비전의 목적 ···································· 155
  3. 슈퍼비전의 원칙 ·· 159
  4. 사회복지 슈퍼비전의 구성요소 ······························ 163
  5. 사회복지 슈퍼비전의 필요성 ································· 164
  6. 슈퍼바이저의 가치 및 태도 ··································· 165

CHAPTER 10 사회복지 슈퍼비전 과정과 기법 ························· 169
  1. 슈퍼비전의 과정 ·· 169
  2. 슈퍼비전의 기법 ·· 185

CHAPTER 11 사회복지 자원개발과 리더십 ····························· 189
  1. 자기관리와 사회복지서비스 한계 ····························· 189
  2. 창조적 리더십과 복지경영 ···································· 198
  3. 사회복지적 리더십과 복지경영 ······························ 201
  4. 서번트 리더십과 복지경영 ···································· 204

CHAPTER 12 사회복지기관의 경영혁신 ································· 209
  1. 미래를 준비하는 복지경영 ···································· 209
  2. 조직목표와 복지경영 ··· 213

CHAPTER 13 복지경영의 도약과 모색 ································· 219
  1. 기업윤리와 복지경영의 합리성 ······························ 219
  2. 문화복지와 복지경영의 전망 ································· 230
  3. 복지경영의 도약과 모색 ······································· 237

참고문헌   245

사회복지실무 개요

사회복지현장실무는 말 그대로 사회복지현장에서 수행되는 업무나 사무라고 말할 수 있다. 그러나 사회복지현장에서 이루어지는 업무나 사무는 그야말로 다양하고 광범위하기 때문에 사회복지현장실무를 한마디로 정의하기에는 어려울 것이다.

따라서 본 서에서는 사회복지현장의 실무에 대한 정의와 그 필요성에 대해 알아보고 그 범위와 구성에 대해 우선 살펴보기로 하겠다.

1. 사회복지현장실무의 정의와 필요성

1) 사회복지현장실무의 정의

위에서 언급한 바와 같이 사회복지현장실무를 한마디로 정의하기에는 다소 어려운 것이 사실이다. 이는 다양한 형태로 운영되고 실천되고 있는 사회복지 분야 실무와 관련된 여러 문헌들 또한 제한되고 한정된 내용으로, 정의를 내리는 데 한계가 있는 것은 부정할 수 없다.

그러나 일반적으로 정하는 사회복지현장은 "복지사업과 관련한 운영과 지원을 목적으로 하는 활동 및 시설의 사업현장"이라고 할 수 있다. 여기서 사회복지현장을 광의의 사회복지현장실무와 협의의 사회복지현장실무로 나누어 그 의미를 살펴보면 다음과 같다. 먼저 넓은 의미인 광의의 사회복지현장실무는 제도적, 보편적 사회복지 차원에서 온 국민의 보편적 복지를 위한 모든 사회복지현장에서의 실제적 업무나 사무 −급여나 서비스− 를 의미하는 것으로 사회복지제도의 개선을 통해 문제를 해결하고자 하며 복지대상을 전체 국민으로 보는 보편적인 사회복지현장에서의 실무를 광의의 사회복지현장실무로 정의할 수 있을 것이다.

또 협의의 의미인 사회복지현장실무는 그 외 잔여적, 선별적으로 이루어지는 사회복지사업 현장에서의 실제적인 업무나 사무 −사회적 약자, 요보호대상자 등− 라고 정의할 수 있다.

즉 사회복지현장실무란 '인간다운 삶을 보장하기 위한 제반 사회복지(보편적, 선별적)사업을 다루는 실천현장에서의 실제적인 업무나 사무'라고 정의할 수 있는 것이다(이재선, 2017: 12).

2) 사회복지현장실무의 필요성

사회복지는 사회사업보다 더 포괄적인 개념으로 인간의 더 나은 삶을 위한 국민의 기본권이라 할 수 있다. 사회복지학은 이러한 인간의 욕구를 충족시키기 위해 과학적인 지식과 기술을 사용하는 실천응용학문으로서 무엇보다도 전문적이고 유능한 사회복지사의 역할이 무엇보다도 중요하다 할 것이다. 그러기에 사회복지사가 직무에 관한 지식이나 기능을 발휘하고 잘 활용할 수 있도록 사회복지현장실무의 중요성을 강조하지 않을 수 없는 것이다.

그러나 이러한 실천응용학문인 사회복지학은 그동안 많은 부분에 있어 현장실무보다는 이론이 중심으로 진행되어 온 것이 사실이다. 이와 같은 사회복지 교육내용의 문제 중 하나는 현장성 부족으로 교과내용이 구체적이기보다 일반적이고, 실무적이기보다 이론적이며, 우리 상황을 반영하기보다 서구 중심적이라는 데서 발생하는 문제로 지적하기도 하였다(홍선미, 2010: 10).

이는 한국사회복지교육협의회(Korean Council on Social Welfare Education)에서 최초 교과목지침서를 출판한 1998년 이후 2020년까지 몇 번의 개정작업을 거쳤음에도 불구하고 시대의 변화에 능동적으로 대처하지 못하고 정체되어 있는 것을 확인할 수 있다.

다음 아래의 표들은 한국사회복지교육협의회에서 2012년과 2015~2016년, 2020년에 출판한 교과목지침서의 교과목 내용이다. 살펴보면 알 수 있듯이 수년 동안 수차례 개정이 추진되어왔지만 지속적으로 이론 중심의 교과목 중심으로 구성되어 있음을 볼 수 있으며 사회복지현장실무 관련 교과목은 그에 비해 턱없이 부족한 것을 2020년 교과목에서도 확인할 수 있다.

⟨표 1-1⟩ 2012년도 사회복지학 교과목지침서

구분	교육영역	교과목
법정 필수 이수과목 (시험과목)	사회복지기초	인간행동과 사회환경, 사회복지조사론
	사회복지실천	사회복지실천론, 사회복지실천기술론, 지역사회복지론
	사회복지정책과 제도	사회복지정책론, 사회복지행정론, 사회복지법제론
법정 필수 이수과목(비시험과목)		사회복지개론, 사회복지현장실습
법정선택과목		가족복지론, 교정복지론, 노인복지론, 사회문제론, 사회보장론, 사회복지발달사, 사회복지윤리와 철학, 사회복지지도감독론, 산업복지론, 여성복지론, 의료사회복지론, 자원봉사론, 장애인복지론, 정신건강론, 정신보건사회복지론, 청소년복지론, 프로그램개발과 평가, 학교사회복지론
비법정과목		가족상담 및 가족치료, 빈곤론, 복지국가론, 사례관리론, 다문화사회복지론, 국제사회복지론

출처: 한국사회복지교육협의회, 2021

⟨표 1-2⟩ 2015-2016년도 사회복지학 교과목지침서

교육영역	교과목
사회복지기초	인간행동과 사회환경, 사회복지조사론, 사회복지개론, 사회복지윤리와 철학, 사회복지발달사, 사회문제론, 사회복지자료분석론
사회복지실천	사회복지실천론, 사회복지실천기술론, 지역사회복지론, 프로그램 개발과 평가
사회복지정책과 제도	사회복지정책론, 사회복지행정론, 사회복지법제론, 사회보장론
사회복지분야론	여성복지론, 가족복지론, 의료사회복지론, 학교사회복지론, 정신건강론, 교정복지론, 산업복지론, 아동복지론, 청소년복지론, 노인복지론, 장애인복지론, 자원봉사론, 정신보건사회복지론
현장실습	사회복지지도감독론, 사회복지현장실습
비법정교과목	가족상담 및 가족치료, 국제사회복지론, 군사회복지론, 빈곤론, 복지국가론, 사례관리론, 다문화사회복지론, 사회복지경영론, 케어복지론

출처: 한국사회복지교육협의회, 2021

〈표 1-3〉 2020 사회복지학 교과목지침서(2021-2022)

구분	교과목
법정 필수 이수 과목 (시험과목)	인간행동과 사회환경, 사회복지조사론, 사회복지실천론, 사회복지실천기술론, 사회복지정책론, 사회복지법제와 실천, 사회복지행정론, 지역사회복지론
법정 필수 이수과목 (비시험 과목)	사회복지학개론, 사회복지현장실습
법정 선택 과목 (비시험 과목)	가족복지론, 교정복지론, 노인복지론, 사회문제론, 사회복지역사, 사회복지 윤리와 철학, 사회복지 자료분석론, 프로그램개발과 평가, 사회복지 지도감독론, 아동복지론, 여성복지론, 의료사회복지론, 자원봉사론, 장애인복지론, 정신건강론, 정신건강사회복지론, 청소년복지론, 학교사회복지론, 가족상담 및 가족치료, 사례관리론, 국제사회복지론, 복지국가론, 사회복지와 문화다양성, 사회복지와 인권
비법정 선택 과목 (비시험 과목)	군사회복지론, 케어복지론, 사회복지경영론

출처: 한국사회복지교육협의회, 2021

[시행 2020. 12. 31.] [보건복지부령 제773호, 2020. 12. 31., 타법개정]

〈표 1-4〉 사회복지학 전공교과목과 사회복지관련 교과목 및 학점(제3조 관련)

구분	교과목	이수과목(학점)	
		대학 · 전문대학	대학원
필수 과목	사회복지학개론, 사회복지법제와 실천, 사회복지실천기술론, 사회복지실천론, 사회복지정책론, 사회복지조사론, 사회복지행정론, 사회복지현장실습, 인간행동과 사회환경, 지역사회복지론	10과목 30학점 (과목당 3학점) 이상	6과목 18학점 (과목당 3학점) 이상
선택 과목	가족복지론, 가족상담 및 가족치료, 교정복지론, 국제사회복지론, 노인복지론, 복지국가론, 빈곤론, 사례관리론, 사회문제론, 사회보장론, 사회복지역사, 사회복지와 문화다양성, 사회복지와 인권, 사회복지윤리와 철학, 사회복지자료분석론, 사회복지지도감독론, 산업복지론, 아동복지론, 여성복지론, 의료사회복지론, 자원봉사론, 장애인복지론, 정신건강론, 정신건강사회복지론, 청소년복지론, 프로그램 개발과 평가, 학교사회복지론	7과목 21학점 (과목당 3학점) 이상	2과목 6학점 (과목당 3학점) 이상

출처: 국가법령정보센터, 2021

사회복지사업법 시행규칙 [별표 1] 제2호라목

위 사회복지학 교과목 중에 사례관리, 케어복지론, 사회복지경영론은 현장실무와 관련된 교과목이기는 하나 이 또한 부분적인 실무중심 교과목으로 한계가 있고 현장실무중심의 교육을 대표하는 정책이 NCS(국가직무능력표준, 2021)이나 이 또한 실천응용학문에 적합한지에 대한 논란이 있는 것이 사실이다.

NCS(National Competency Standards)란 「자격기본법」 제2조제2호에 "산업현장에서 직무를 수행하기 위해 요구되는 지식·기술·태도 등의 내용을 국가가 체계화한 것"이다(이기영, 2014: 148~149).

사회복지에서 논란이 되는 부분이 바로 이 부분으로, 사회복지 분야에서 NCS로 개발된 직무를 능력단위별로 모아 사회복지 직무수행과 관련된 교과목을 개발해야 하고, 그 직무를 수행할 수 있도록 교과과정을 편성해야 한다는 점에서 그동안 사회복지계에서 사회복지사업법에 근거한 자격제도 개선과는 다른 NCS기반 자격제도로 전면 개편해야 함에 따라 혼란이 야기될 것이 뻔하기 때문이다.

그러나 이러한 NCS를 계기로 이제 사회복지계도 실천현장과 학계가 사회복지현장에서 바로 활용할 수 있는 전문인력을 양성하도록 교육내용을 전반적으로 재검토할 필요가 있다. 즉 사회복지사의 직무분류의 개선과 아울러 새로운 NCS 개발·수정보완 작업을 통해 사회복지현장의 실무를 그대로 반영할 수 있는 NCS 개발과 그것이 사회복지학 교육과정과 연결될 수 있도록 해야 할 것이다(고강호, 2014: 200).

그리고 전문적이고 능력 있는 사회복지사를 현장에 배치하여 그들의 역량을 발휘할 수 있도록 하는 것이 사회복지의 궁극적인 목표인 모든 인간의 삶의 질이 향상되는 데 무엇보다 필요할 것이다.

2. 사회복지현장실무의 범위와 구성

1) 사회복지현장실무의 범위

사회복지실천에 있어서 학자나 학문마다 정의가 다르지만 "사회복지사가 개인, 집단, 기업, 지역사회, 가정 등 대상으로 각 문제를 스스로 해결하도록 돕는 전문적인 사회복지 실천활동이다."라고 정의할 수 있다(김성철, 2019: 9).

이러한 전문적인 활동을 실천하는 사회복지현장을 다양한 형태로 구분하여 그 범위를 살펴보면 먼저 서비스영역에 따라 가족서비스영역, 아동·청소년서비스영역, 장애인서비스영역, 노인서비스영역, 의료서비스영역, 정신건강서비스영역, 산업복지서비스영역, 교정사회복지영역, 학교사회복지서비스영역, 군대사회복지서비스영역, 정부의 공공사회복지서비스영역 등으로 구분할 수 있다. 또한 공급주체에 따라 공공부문, 비공식적부문, 민간비영리부문, 민간영리부문으로 나눌 수 있으며 사회복지실천현장을 주요현장과 관련 현장, 찾아야 할 현장으로 분류할 수도 있다(이재선, 2017: 17).

이와 같이 사회복지실천현장을 다양하게 해석하고 구분하지만 본 서에서는 사회복지사업법 제2조에서 제시하는 "각종 복지사업과 이와 관련된 자원봉사활동 및 복지시설의 운영 또는 지원을 목적으로 하는 사업"을 실천하는 현장을 사회복지현장의 범위로 정하고자 한다.

〈표 1-5〉 사회복지사업법 제2조 분석내용

구분	내용
법률조항	사회복지사업법 제2조
정의	"사회복지사업"이란 다음 각 목의 법률에 따른 보호 · 선도(先導) 또는 복지에 관한 사업과 사회복지상담, 직업지원, 무료 숙박, 지역사회복지, 의료복지, 재가복지(在家福祉), 사회복지관 운영, 정신질환자 및 한센병력자의 사회복귀에 관한 사업 등 각종 복지사업과 이와 관련된 자원봉사활동 및 복지시설의 운영 또는 지원을 목적으로 하는 사업을 말한다.
각목	가. 「국민기초생활 보장법」 나. 「아동복지법」 다. 「노인복지법」 라. 「장애인복지법」 마. 「한부모가족지원법」 바. 「영유아보육법」 사. 「성매매방지 및 피해자보호 등에 관한 법률」 아. 「정신건강증진 및 정신질환자 복지서비스 지원에 관한 법률」 자. 「성폭력방지 및 피해자보호 등에 관한 법률」 차. 「입양특례법」 카. 「일제하 일본군위안부 피해자에 대한 생활안정지원 및 기념사업 등에 관한 법률」 타. 「사회복지공동모금회법」 파. 「장애인 · 노인 · 임산부 등의 편의증진 보장에 관한 법률」 하. 「가정폭력방지 및 피해자보호 등에 관한 법률」 거. 「농어촌주민의 보건복지증진을 위한 특별법」 너. 「식품등 기부 활성화에 관한 법률」 더. 「의료급여법」 러. 「기초연금법」 머. 「긴급복지지원법」 버. 「다문화가족지원법」

	서. 「장애인연금법」 어. 「장애인활동 지원에 관한 법률」 저. 「노숙인 등의 복지 및 자립지원에 관한 법률」 처. 「보호관찰 등에 관한 법률」 커. 「장애아동 복지지원법」 터. 「발달장애인 권리보장 및 지원에 관한 법률」 퍼. 「청소년복지 지원법」 허. 그 밖에 대통령령으로 정하는 법률
기타 용어정의	2. "지역사회복지"란 주민의 복지증진과 삶의 질 향상을 위하여 지역사회 차원에서 전개하는 사회복지를 말한다. 3. "사회복지법인"이란 사회복지사업을 할 목적으로 설립된 법인을 말한다. 4. "사회복지시설"이란 사회복지사업을 할 목적으로 설치된 시설을 말한다. 5. "사회복지관"이란 지역사회를 기반으로 일정한 시설과 전문인력을 갖추고 지역 주민의 참여와 협력을 통하여 지역사회의 복지문제를 예방하고 해결하기 위하여 종합적인 복지서비스를 제공하는 시설을 말한다. 6. "사회복지서비스"란 국가·지방자치단체 및 민간부문의 도움을 필요로 하는 모든 국민에게 「사회보장기본법」 제3조제4호에 따른 사회서비스 중 사회복지사업을 통한 서비스를 제공하여 삶의 질이 향상되도록 제도적으로 지원하는 것을 말한다. 7. "보건의료서비스"란 국민의 건강을 보호·증진하기 위하여 보건의료인이 하는 모든 활동을 말한다.
개정일	개정 2011.8.4 법11007, 법11009, 2014·5·20 법12617, 법12618, 2016. 2.3 법13996, 법13999, 2016.5.29, 2017.10.24, 사회복지사업법 2020.12.29 일부개정 – [법률 제17782호, 2020]

출처: 국가법령정보센터, 2021

2) 사회복지현장실무의 구성

사회복지현장실무의 범위에 있어서 한마디로 정의하기가 어려워 다양한 해석과 형태로 구분하여 살펴보았듯이 사회복지현장실무의 구성에 있어서도 매우 광범위하고 다양한 해석과 정의가 있을 것이다. 그러기에 본 서에서는 앞서 사회복지현장범위에서 정의했던 "문제를 스스로 해결하도록 돕는 전문적인 사회복지 실천활동"을 사회복지현장범위로 정했을 때 이 실천현장에서 이루어지는 일을 중심으로 김성철(2013)과 이재선(2017) 자료를 참고로 하여 사회복지현장실무의 구성을 살펴보기로 하겠다.

사회복지현장실무는 대표적으로 사례관리, 프로그램, 재무회계, 자원개발(김성철(2013)) 외 여기에 추가된 분석·조사실무, 지역사회복지개발실무, 사업기획실무,

재무·회계실무, 정보·사무·환경관리실무, 자원개발, 홍보실무, 대상자발굴조사 및 사례관리실무(공공복지), 프로그램운영실무, 사회복지서비스실무, 사회복지상담실무, 사례관리실무, 보육실무 등(이재선(2017))의 내용으로 사회복지현장실무를 구성하여 제시하였다. 이는 펄만의 사회복지실천의 구성요소인 문제(Problem), 사람(Person), 장소(Place), 과정(Process)의 4P에 전문가(Professional), 제공물(Provisions)을 추가한 6P이론을 접목하여 정리한 것으로 아래의 표는 위에 제시된 펄만의 사회복지현장실무 구성요소와 사회복지행정의 연구분야 12개의 분류내용과의 관계를 정리한 것이다(이재선, 2017: 22~23).

〈표 1-6〉 사회복지현장실무 구성 및 관계

구분	본서 12개 분류내용	사회복지실천 구성요소	사회복지행정연구분야
내용	분석조사실무	과정	행정과정중심
	지역사회복지개발실무	장소, 과정	공간적 범위중심
	사업기획실무	과정, 전문가	행정과정중심
	재무·회계실무	전문가	행정과정중심
	정보 사무 환경관리실무	장소, 전문가	행정과정중심
	자원개발, 홍보실무	과정, 전문가	행정과정중심
	대상자발굴조사 및 사례관리실무(공공복지)	사람, 문제, 장소, 과정, 전문가, 제공	사회복지실천방법중심, 클라이언트중심, 행정과정중심, 공간적 범위중심, 실시주체
	프로그램운영실무	사람, 문제, 장소, 과정, 전문가, 제공	사회복지실천방법중심, 클라이언트중심, 행정과정중심, 공간적 범위중심, 실시주체
	사회복지서비스실무	사람, 문제, 장소, 과정, 전문가, 제공	사회복지실천방법중심, 클라이언트중심, 행정과정중심, 공간적 범위중심, 실시주체
	사회복지상담실무	사람, 문제, 장소, 과정, 전문가, 제공	사회복지실천방법중심, 클라이언트중심, 행정과정중심, 공간적 범위중심, 실시주체
	사례관리실무	사람, 문제, 장소, 과정, 전문가, 제공	사회복지실천방법중심, 클라이언트중심, 행정과정중심, 공간적 범위중심, 실시주체
	보육실무	사람, 문제, 장소, 과정, 전문가, 제공	사회복지실천방법중심, 클라이언트중심, 행정과정중심, 공간적 범위중심, 실시주체

출처: 이재선, 2017: 22~23

3. 사회복지현장실무 사회복지사의 정의와 자격현황 및 활동영역

1) 사회복지사의 정의

한국사회복지사협회에서는 사회복지사를 "현대사회에서 발생하고 있는 청소년, 노인, 여성, 가족, 장애인 등 다양한 사회적, 개인적 문제를 겪는 사람들에게 사회복지학 및 사회과학의 전문지식을 이용하여 문제를 진단·평가함으로써 문제해결을 돕고 지원하는 업무를 담당하는 자"로 정의한다. 사회복지사는 'Social Worker'로서 사회적, 개인적 문제를 겪는 사회복지대상자를 찾아내 서비스를 제공하고 문제를 해결할 수 있도록 하는 사람인 것이다. 또한 사회복지사는 사회복지학 전공자, 일정한 교육과정 이수자, 사회복지사업 경력자로서 사회복지사 1급 국가시험에 합격하여 보건복지부장관의 면허를 받은 자로서 정의하기도 한다(이재선, 2015: 33).

이와 같이 여러 관점의 다양한 정의가 있지만 사회복지사업법 제11조에 의거하면 사회복지사는 "사회복지에 관한 전문지식과 기술을 가진 자"로서 "전문성을 바탕으로 사회복지를 필요로 하는 사람에 대하여 인간의 존엄성과 인간다운 생활을 할 권리를 보장하고 사회복지의 전문성을 높이며 사회복지사업의 공정, 투명. 적정을 도모하고, 지역사회복지의 체계를 구축, 사회복지서비스의 질을 높여 사회복지의 증진에 이바지하는 전문가"를 말한다(사회복지사업법 시행령 제1조).

한편 사회복지사를 General한 토대 위에서 Special하게 복지사업을 수행하는 'General Speciallist', 삶의 현장에서 낙오되고 소외된 이들을 위해 행동하는 'Social Actionist' 개인과 사회의 고통과 문제를 치유하는 'Healing Mentor' 모든 사람들에게 사회서비스 제공과 지지를 통해 희망과 비전을 제시하여 삶을 보다 행복하고 아름답게 디자인해나가는 'Life Designer' 4대 유형으로 나누어 정의하기도 한다(이재선, 2017: 24).

한편 서울시사회복지사협회에 회원으로 등록되어 있는 8,000명의 사회복지현장 실무자를 대상으로 한 조사(임정기, 2019: 64)에서 사회복지사 스스로를 핵심단어로 '만능엔터테이너, 멀티플레이어'로 표현한 것을 볼 때 사회복지사는 '사회복지에 관한 다양한 여러 분야에서 전문성과 기술을 가지고 인간의 삶의 질을 향상하는 데 기여하는 만능엔터테이너로서의 전문가'라고도 정의할 수 있을 것이다.

2) 사회복지사 역사 및 자격현황

우리나라는 한국전쟁 이후 고아원을 중심으로 한 사회복지시설이 급속히 생겨났으나 1970년까지 사회복지시설 종사자에 관한 자격제도는 없었으며, 통상적으로 자선사업가라고 불리었다(사회복지사협회, 2021).

1970년대 사회복지사업종사자 자격이 생겼고 1982년 사회복지사업종사자를 사회복지사 자격제도로 변경하자는 논의가 시작되었다. 1983년 5월 사회복지사업법 개정으로 사회사업가 또는 사회사업종사자의 명칭이 사회복지사로 규정되었으며 사회복지사 자격증이 발급되기 시작하였다. 이때 사회복지사 자격 등급을 1, 2, 3등급으로 분류하여 체계화시켰으며 사회복지사의 전문성 향상을 위해 1997년 개정법에서 1급 국가시험체제로 개편되면서 2003년부터 사회복지사 1급 국가시험이 시행되었고 3급은 양성과정으로만 취득이 가능해졌다.

〈표 1-7〉 연도별 자격증 발급현황   (단위: 건/%)

연도 \ 급수		1급	2급	3급	소계
~2005	당해년도	4,421	20,348	585	25,354
	누계	55,299	63,927	10,773	129,999
2006	당해년도	5,055	27,871	389	33,315
	누계	60,354	91,798	11,162	163,314
2007	당해년도	4,445	40,823	284	45,552
	누계	64,799	132,621	11,446	208,866
2008	당해년도	9,170	50,693	344	60,207
	누계	73,969	183,314	11,790	269,073
2009	당해년도	7,286	61,069	223	68,578
	누계	81,255	244,383	12,013	337,651
2010	당해년도	9,733	65,229	202	75,164
	누계	90,988	309,612	12,215	412,815
2011	당해년도	3,635	66,164	193	69,992
	누계	94,623	375,776	12,408	482,807
2012	당해년도	9,834	67,722	167	77,723
	누계	104,457	443,498	12,575	560,530
2013	당해년도	6,060	70,847	180	77,087
	누계	110,517	514,345	12,755	637,617
2014	당해년도	6,377	69,058	171	75,606
	누계	116,894	583,403	12,926	713,223

연도	급수	1급	2급	3급	소계
2015	당해년도	6,783	68,871	194	75,848
	누계	123,677	652,274	13,120	789,071
2016	당해년도	9,528	65,508	162	75,198
	누계	133,205	717,782	13,282	864,269
2017	당해년도	5,603	68,005	163	73,771
	누계	138,808	785,787	13,445	938,040
2018	당해년도	7,311	74,177	119	81,607
	누계	146,119	859,964	13,564	1,019,647
2019	당해년도	7,747	79,724	1	87,472
	누계	153,866	939,688	13,565	1,107,119
2020	당해년도	8,427	91,794	3	100,224
	누계	162,293	1,031,482	13,568	1,207,343
2021	당해년도	220	33,761	2	33,983
	누계	162,513	1,065,243	13,570	1,241,326

출처: 한국사회복지사협회, 2021

2003년 학점은행제를 통한 사회복지사자격 취득의 기회가 확대되면서 사회복지사의 수가 급속히 증가하였는데 이러한 공급과잉 현상과 자격제도에 따른 사회복지사의 전문성 하락과 자질논란의 문제점이 꾸준히 제기되고 있다.

사회복지사 자격증 교부현황을 보면 2003년부터 지속적으로 급격한 증가 추세를 보이면서 2005년 13만에서 2011년 48만 2천명에 이어 2018년 백만 명을 넘어서 2021년 3월 현재 124만여 명이 취득한 것을 볼 수 있다.

성별에 따른 자격증 발급현황을 보면 여자 76%, 남자 24%이며 연령별 40대가 30%로 가장 많고 70대 이상도 9,500건으로 상당한 분포를 이루고 있음을 알 수 있다(한국사회복지사협회, 2021).

〈표 1-8〉 성별 자격증 발급현황 (단위: 건/%)

성별	급수 단위	1급 건	1급 (%)	2급 건	2급 (%)	3급 건	3급 (%)	4급 건	4급 (%)
남성		47	0.14%	8,010	23.57%	0	0.00%	8,057	23.71%
여성		173	0.51%	25,751	75.78%	2	0.01%	25,926	76.29%
소계		220	0.65%	33,761	99.35%	2	0.01%	33,983	100.00%

출처: 한국사회복지사협회, 2021

〈표 1-9〉 연령별 자격증 발급현황   (단위: 명/%)

연령 \ 급수 단위	1급		2급		3급		소계	
	건	(%)	건	(%)	건	(%)	건	(%)
20대	55,076	4.60%	234,229	19.53%	47	0.00%	289,352	24.16%
30대	49,590	4.14%	239,740	20.02%	692	0.06%	290,022	24.21%
40대	30,385	2.54%	324,501	27.09%	911	0.08%	355,797	29.71%
50대	15,388	1.28%	193,240	16.13%	1,333	0.11%	209,961	17.53%
60대	3,038	0.25%	39,387	3.29%	680	0.06%	43,105	3.60%
70대 이상	660	0.06%	8,599	0.72%	202	0.02%	9,461	0.79%
소계	154,137	12.87%	1,039,696	86.81%	3,865	0.32%	1,197,698	100%

* 발급[건수]와 발급[명수]는 차이날 수 있으며, 연령 특성상 매년 조회 시 연령별 명수가 변경됨

출처: 한국사회복지사협회, 2021

3) 사회복지사 활동영역

사회복지사업법 시행령 제6조제1항에서는 다음의 업무를 수행하는 자를 사회복지사로 채용하도록 규정하고 있다. 사회복지프로그램의 개발 및 운영, 시설 거주자의 생활지도 업무, 사회복지를 필요로 하는 자에 대한 상담업무 등이다.

사회복지사의 활동영역은 크게 일반영역과 확장영역으로 나누어 볼 수 있다. 일반영역에는 공적사회복지영역, 사회복지기관 및 시설영역, 보건의료영역(의료법, 정신보건법에서 규정)으로 나누며 확장영역으로는 학교사회복지사, 자원봉사활동관리전문가, 교정사회복지사, 군사회복지사, 산업사회복지사 등으로 살펴볼 수 있다.

(1) 일반영역

① 공적사회복지영역: 사회복지사업법 제14조에서 사회복지사업에 관한 업무를 담당하게 하기 위하여 시·도, 시·군·구 및 읍·면·동 또는 복지 사무전담기구에 사회복지사자격증을 가진 사회복지전담공무원을 두도록 규정하고 있다.

② 사회복지기관 및 시설영역: 지역복지사업, 아동복지, 노인복지, 장애인복지, 모자복지 등의 민간 사회복지기관영역을 말한다.

③ 보건의료영역(의료법, 정신보건법에서 규정)

　■ 의료사회복지사(medical social worker): 병원이나 진료소에서 임상치료팀

의 일원으로 질병의 직·간접적인 원인이 되고 치료에 장애가 되는 환자의 심리·사회적인 문제들을 해결하도록 도와주며 환자가 퇴원한 후에도 정상적인 사회기능을 발휘할 수 있도록 환자와 그의 가족에게 전문적인 사회복지서비스를 제공하는 사회복지사

- ■ 정신보건사회복지사(mental health social worker): 사회복지사 1급 자격증 소지자 중에서 정신보건분야의 전문적인 지식과 기술을 가지고 정신질환자의 개인력 및 사회조사 정신질환자에 대한 사회사업지도 및 방문지도, 사회복귀 촉진을 위한 생활훈련 및 직업훈련, 정신질환자와 그 가족에 대한 교육, 지도 및 상담업무, 정신질환 예방활동 및 정신보건에 관한 조사연구를 하는 사회복지사

(2) 확장영역

① 학교사회복지사(school social worker): 학교개개인의 지적, 사회적, 정서적 욕구와 문제해결에 관심을 갖도록 도와주며, 이를 통하여 모든 학생들이 학교에서 공평한 교육기회와 성취감을 제공받을 수 있도록 사회복지의 다양한 실천방법을 활용하는 사회복지사

② 자원봉사활동관리전문가(voluntary activities coordinator): 자원봉사자들을 모집, 배치, 상담, 훈련하고 자원봉사자 활용 프로그램의 개발과 시행, 평가하는 사회복지사

③ 교정사회복지사(correctional social worker): 현행 법무부 산하의 교정시설에서 범죄인의 재활과 범죄 예방에 개입하고 있는 사회복지전문직은 교정사회복지사로 통칭되고 있음

④ 군사회복지사(military social worker)
- ■ 군대 내의 의무직에 속하여 환자의 상담과 복귀를 위한 복지업무를 담당하는 사회복지사
- ■ 병과분류 764/의무병과·의무행정·사회사업으로 분류

⑤ 산업사회복지사(industrial social worker): 기업체에서 노동자들의 비복지적 문제의 개선을 위해 사회복지학의 전문지식을 활용하여 문제해결을 수행하는 사회복지사(경상남도사회복지사협회)

4. 사회복지현장실무 사회복지사의 기능과 역할

최근 들어서 사회복지는 취약계층의 요보호자 중심의 선별적인 정책에서 모든 국민의 삶 전반에 영향을 미치는 보편적인 정책으로 그 영역이 다양하게 확대되고 있다. 즉 사회복지의 범위가 확대되고 있으며 사회보장체계를 새롭게 구성하려는 시도가 일어나고 있는 것이다. 예를 들면 노인증가에 따른 돌봄서비스와 찾아가는 서비스 전달체계의 개편이 시도되는 등의 다양한 사회서비스가 확대되고 있는데 이렇듯 복지의 패러다임이 공급자중심이 아닌 수요자중심, 중앙정부가 아닌 기초자치단체, 지방정부중심으로 이루어지고 있다.

이에 사회복지사의 역할에 대한 광범위한 변화가 요구되고 있다. 기존의 단순하게 현금이나 서비스를 제공하는 역할에서 이용자의 다양한 욕구에 다차원적으로 대응하는 역할을 수행해야 하는 것이다.

사회복지의 기능변화는 또 다른 한편에서는 관련 업무를 수행하는 인력의 역할변화를 의미하며, 이는 업무내용과 범위의 변화와 더불어, 이와 관련된 업무의 효과·효율적인 업무수행의 질(quality) 변화까지 요구하고 있다(김이배, 2016: 1~2).

1) 사회복지사의 기능

사회복지사는 개별, 가족, 집단, 지역 등의 자료와 정보를 수집하고 문제를 분석하여 도움이 필요한 복지대상자를 가려내고 서비스제공 여부의 판단과 조치를 취하고 상담을 통한 해결방안을 제시하는 전문가로서 자문기능, 자원관리기능, 교육기능, 사회복지사의 통합기능 등의 역할을 수행한다(이재선, 2017: 28).

(1) 자문기능

사회복지사의 자문기능의 역할 안에서 클라이언트들과 협상하고 숙고하며 이슈를 해결하는 중요한 정보와 기술을 제공한다. 자문기능에서 사회복지사는 가능하게 하는 자의 역할, 계획자, 촉진자, 동료와 모니터 등의 역할을 도모한다.

(2) 자원관리기능

클라이언트 체계가 사용한 자원을 교환하고 이용 가능한 자원을 이용하고 이용 가능하지 않은 자원들을 개발하도록 지지한다. 자원관리자로서 사회복지사는 중개자, 대변자, 옹호자, 주최자, 매개자, 활동가, 촉매자의 역할을 한다.

(3) 교육기능

클라이언트와 사회복지실천가 사이의 정보교환과 상호간에 지식과 아이디어를 공유하도록 협력한다. 교육기능에서 사회복지사는 교사, 아웃리치(봉사, 구호활동), 연구자와 학자 등의 역할을 한다.

(4) 통합기능

사회복지사는 자문, 자원관리, 교육의 기능을 함께 혼합하여 실천현장실무에 사용한다. 예를 들어 상담 이외의 자문은 클라이언트를 자원에 연결시키고 클라이언트들에게 새로운 기술을 가르치는 것을 포함할 수 있다(이재선 외, 2017: 29).

2) 사회복지사의 역할

사회복지사의 역할에 대해 많은 학설이 있지만 일반적으로 직접서비스를 제공하고 사회복지프로그램 기획 및 운영과 평가를 진행하며 지역조직화와 후원자개발, 자원봉사자 모집 및 교육 등 자원과 체계를 연결하고 개발하며 조사연구를 수행하는 역할을 한다.

이같이 사회복지사는 매우 다양하면서 전문적인 역할을 수행하는 전문가로서 앞서 언급한 것처럼 '만능엔터테이너, 멀티플레이어'로 표현할 수 있는 것이다(이재선, 2017: 29).

특히 현 포스트 코로나시대에 누구나 소외되는 사람이 없이 행복한 삶을 살 수 있는 사회를 만드는 데 있어 사회복지사들의 역할이 더욱 중요하지 않을 수 없을 것이다. 팬데믹 상황의 비대면 시대에 방문·대면서비스가 주로 이루어지는 복지서비스의 축소로 말미암아 더욱 어렵고 취약해진 장애인, 아동, 여성, 노인들에게 재정과 돌봄, 의료서비스 등의 지원을 하기 위해서는 소외된 사람들과 어떻게 소통하며, 그들의 필요와 요청에 어떤 방법으로 대응해야 하는지 깊이 고민해야 할 것이다. 그래서 어렵고 힘든 이 위기가 오히려 기회가 되어서 이 사회가 안전한 공동체를 이루어 가는 데 전문가로서 다양한 역할과 기능을 감당하는 것이 이 시대의 사회복지사의 중요한 역할일 것이다.

이로써 사회복지사가 개입하는 수준을 대상에 따라 미시적차원, 기관이나 조직차원, 거시적차원, 전문가집단차원으로 네 가지로 구분하여 사회복지사의 역할을 살펴보면 다음과 같다(이재선, 2017: 29).

(1) 미시적차원에서의 역할

클라이언트가 문제를 잘 극복할 수 있도록 상담 및 문제해결과정에 참여하여 클라이언트의 문제해결능력을 기르고 서비스나 자원을 확보할 수 있도록 지원하는 역할이다.

① 가능케 하는 자: 사회복지사가 가장 많이 수행하게 되는 역할로 클라이언트가 자신의 욕구를 파악하고 문제를 명확히 규명하며 해결방안을 탐색하고 전략을 선택하며 효과적인 문제해결능력을 개발하고 향상시키도록 조력하는 역할

② 중개자: 클라이언트에게 적합한 자원과 서비스를 연결하는 역할로 사례관리의 핵심적 기능을 수행

③ 대변자: 클라이언트에게 필요한 자원 및 서비스를 찾고 클라이언트 권리를 대변하여 정책적 변화를 모색하는 활동 즉 체계와 연결하는 역할

④ 교사: 정보를 제공하고 권고와 제안, 대안과 가능한 결과 확인, 시범행동, 문제해결기술을 가르치고 인식을 명확하게 하여 필요한 적응기술을 가르치는 역할

(2) 기관이나 조직차원에서의 역할

① 촉진자: 조직의 기능이나 상호작용, 직원들 간의 협조나 지지, 정보교환을 촉진시키며 조직 간의 연결망을 강화시키는 역할

② 중재자, 심판자: 기관 간 또는 기관 내에서 의사소통의 갈등이나 의견 차이를 조정하고 분쟁에 개입하여 협상과 타협을 이룰 수 있도록 돕고 중립적 입장에서 상호간의 입장을 명확히 밝히고 의사소통의 문제를 인식하게 함으로써 상대방을 이해시키는 역할

③ 훈련가: 전문가의 계발을 위해 직원 오리엔테이션, 세미나, 워크숍, 사례발표, 슈퍼비전 등의 활동에 참여하여 전문가 교육이나 훈련을 담당

(3) 거시적차원에서의 역할

① 계획가: 주민 전체의 욕구를 파악하여 지역사회 주민들이 필요로 하는 서비스를 개발하고 기존의 서비스를 개선해 나가는 데 필요한 목표나 정책을 수립하여 프로그램을 계획하는 역할

② 행동가: 사회적 불평등과 문제점을 인식하고 기본적 권리를 행사할 수 있는

사회로의 변화를 위한 활동에 참여하는 역할

③ 아웃리치: 사회문제를 예방하거나 심각성을 인식시켜 주기 위한 홍보활동 및 교육을 통해 서비스에 대한 지역사회의 전반적인 욕구와 접근성을 높이는 역할

(4) 전문가집단 차원에서의 역할

① 촉매자: 보다 효과적인 서비스 전달체계의 발전을 위한 활동으로 올바른 사회적·환경적 정책 변화를 위해 사회복지전문직뿐 아니라 타 전문직에 협조를 구하며 전문가 조직을 통한 국가적 또는 국제적 활동

② 연구자/조사활용자: 문헌연구나 실무 평가, 프로그램 분석, 욕구조사 등을 통해 전문직 이론을 발전시키고 사회사업 실무나 프로그램을 향상시키는 역할

③ 동료: 전문가로서의 윤리나 기준을 지키고 전문가 조직의 참여를 통해 건전한 사회복지 실무나 전문직의 발전을 도모하고 동료 간의 지지를 제공하는 역할

사회복지현장 정보, 사무, 환경 관리

1. 사회복지현장 정보자원 관리

사회복지현장에서 정보자원 관리는 중요하다. 사회복지조직의 정보자원을 효과적, 효율적으로 활용하기 위해 정보와 기록물을 체계적으로 관리하고, 업무의 전산화를 위한 시스템을 적절하게 운용하는 능력이 필요하다.

1) 정보

정보란 개인이나 조직이 의사결정하는 데 사용되도록 의미 있고 유용한 형태로 처리된 데이터로 사용자에게 실제로 가치가 있거나 가치가 있을 것이라는 확신을 주는 것이며, 사용자가 이미 알고 있는 사항에 대해서도 어떠한 도움을 줄 수 있다면 정보라고 할 수 있다(오재인 외, 1997).

2) 사회복지정보

사회복지정보란 사회복지에 관한 알림, 사회복지에 관해서 판단하거나 행동하기 위한 지식으로 표현되고 있다(신중섭 외 역, 1995). 또한 Davis와 Olson의 정의, 즉 수신자에게 의미 있는 형태로 처리된 데이터이며, 현재 또는 미래의 결정이나 행동에 있어서 실제적이거나 인지된 가치를 지니는 것이라는 정보의 유용성에 입각하여 복지정보의 개념적 정의(장중탁, 1998)를 도출하였다.

그래서 복지정보를 복지활동에서 획득, 생성되어 체계적으로 축적, 가공, 전달, 활용되는 제반 지식, 자료 또는 메시지로서 복지의 주체 및 객체의 의사과정이나 행동을 위하여 사용될 수 있는 의미 있는 내용이라고 지칭한다. 이 복지정보는 개인정보를 기반으로 사회복지서비스를 제공, 당사자의 인권을 보호하기 위해 사회복지서비스와 관련한 사람들이 활용한다.

사회복지 정보는 다음과 같다.

① 복지욕구정보: 개인이 가지고 있는 사회복지에 관한 인식과 태도, 바람, 욕구 등을 포함

② 복지지식정보: 사회복지에 관련된 주요한 지식들의 총체, 사회복지를 학문적으로 연구한 지식과 기술적으로 개발된 지식 포함

③ 복지서비스정보: 복지욕구를 가지고 있는 클라이언트들이 실질적으로 필요로 하는 서비스에 관한 정보. 서비스 시설, 서비스 방법, 전문서비스 등의 정보

④ 복지행정관리정보: 단위 조직을 관리하는 데 필요한 관리업무의 전산화에 수반된 정보와 행정과정에서 발생하는 행정기관의 정보 등 포함

⑤ 복지자원정보: 복지서비스를 제공하는 데 필요한 기본적인 자원을 의미. 인적자원(전문인력, 자원봉사자), 물적재원(복지재정, 후원금), 각종 복지조직 등에 관한 정보 포함(김응철, 1996)

3) 사회복지의 정보화

정보통신기술(ICT) 발달에 따른 정보화의 고도화는 개인의 생활양식뿐만 아니라 조직의 업무 처리 방식을 변화시키며 사회의 전반적인 영역에 막대한 영향을 끼치고 있다. 공공부문도 예외는 아니며 공공부문의 정보화는 사회복지분야에도 영향을 미쳤고, 이에 따라 복지업무 및 서비스를 수행할 때 정보통신기술을 활용하는 것이 요구되었으며(Sapey, 1997: 803) 복지정보화는 복지행정의 효율화에 크게 기여할 것으로 기대되고 있다(이재성, 2009: 172). 따라서 우리나라에서도 보건복지분야의 정보화를 추진해왔는데, 그 중 대표적인 사업이 각종 사회복지정보를 통합적으로 관리하는 사회보장정보시스템의 구축이다. 사회보장정보시스템은 지자체를 중심으로 한 '행복e음'에서 시작하여 현재 '범정부사회보장정보시스템(이하 범정부시스템)'까지 확대되어 진행되고 있다(보건복지부, 2014: 130~148; 이윤식 외, 2016).

> ◎ **사회복지시설 업무의 전자화 시책(보건복지부 사회복지시설관리안내, 2021)**
>
> **1. 목적**
> ① 사회복지시설의 회계, 인사, 후원금, 서비스 이력관리 등 정보화기반 지원으로 시설의 업무처리 지원 및 회계 투명성 제고
> ② 사회보장정보시스템(행복e음) 구축과 함께 온라인 보고 등 사회복지시설 업무를 전자적으로 수행할 수 있도록 업무처리절차 제시
> ③ 시설담당 공무원이 사회복지시설의 신고·변동관리, 온라인 보고정보의 시설보조금, 각종 복지급여 지급의 전자적 처리 등 업무에 쉽게 적용하도록 체계화
>
> **2. 적용시기**
> 2010년 1월 4일부터
>
> **3. 적용대상 시설**
> 사회복지사업관련 다음 법률에 의해 신고(지정)한 사회복지시설 중 보건복지부 소관의 시설에 적용된다.
> 「사회복지사업법」, 「노인복지법」, 「아동복지법」, 「장애인복지법」, 「정신건강증진 및 정신질환자 복지서비스 지원에 관한 법률」, 「국민기초생활보장법」, 「농어촌주민의 보건복지증진을 위한 특별법」, 「노숙인 등의 복지 및 자립지원에 관한 법률」
>
> **4. 사회복지시설정보시스템의 활용**
> ① 목적: 사회복지 정보화를 위해 전자정부 로드맵 추진 과제의 일환으로 보건복지부에서 구축하였고, 사회복지시설 정보화 기반 조성, 회계의 투명성 제고, 시설관리 업무의 간소화 및 표준화, 사회복지정책 기초자료 확보 등을 목적으로 한다.
> ② 운영기관: 한국사회보장정보원(사회복지시설정보시스템 홈페이지http://w4c.go.kr 참조)
> ③ 사용대상: 보건복지부 소관의 사회복지시설 및 사회복지법인(사회복지시설을 설치·운영하는 법인 또는 국가나 지방자치단체로부터 보조금을 받는 법인)
> ④ 주요기능: 통합회계관리, 통합고객관리, 온라인 보고, 시설유형별 사회복지서비스, 이력관리 11종, 사회복지시설 보조금 전용카드 사용내역 모니터링, 중앙부처 및 지자체 시설관리업무 지원, 유관기관(단체) 정보연계, 시설 이용(희망)자 대상 정보제공이 있다.

4) 기록물 관리

(1) 기록이란

① 업무와 관련 모든 형태의 기록정보자료(문서, 도면, 대장 등)와 행정박물(공공기관 기록물관리 가이드북, 2012)
② 기관의 업무처리 수단이자 업무 파악의 중요한 정보자원
③ 개인이나 기관활동의 증거자료가 되며, 법적 권리와 의무를 명확히 하는 근거

④ 역사적으로 중요한 기록물은 학술 연구에 활용되며, 후대에 전승하는 역사가 된다.

(2) 기록물의 관리

기록물의 생산, 분류, 정리, 이관, 수집, 평가, 폐기, 보존, 공개·활용의 제반업무

(3) 기록물 정리

등록사항과 실제 기록물 상태의 일치 여부 확인, 물리적 정리를 완료하는 행위

(4) 기록물 평가

기록물의 보존기간이 만료되었을 때, 미래가치를 평가하여 보존기간 재획정, 폐기 등 구분

(5) 기록물 폐기

기록물의 보존 및 활용가치가 종료되었다고 평가하는 것. 보존관리 비용 절감, 보존서고 공간 확보 측면에서 기록물을 적기에 폐기하는 것이 효율적이다.

2. 사회복지현장 사무 관리

사회복지시설의 사무 관리는 사회복지조직의 규정, 문서보안, 서식개발, 위원회관리에 대한 효율적이고도 합리적인 관리가 이루어져야 한다.

1) 규정관리

(1) 규정의 개념

① 법적으로는 강제되지 않으나 공공기관의 내부 조직 및 사무 처리상의 규칙으로 조직내부를 통제하는 기능을 한다(장애인복지관운영 및 지침표준안 연구, 2014).

② 사회복지시설을 운영함에 있어 조직·인사·복무관리, 경영활동, 사업추진 등 시설의 제반 업무를 수행하기 위한 운영방침 및 기준이다. 규정에는 법령, 자치법규, 정관 등 상위법에 저촉되지 않는 범위 안에서 시설을 효과적으로 운영할 수 있도록 상위법에서 위임한 사항과 정관 시행을 위한 세부적인 내용 등을 담아야 한다(사회복지시설 운영규정 표준안 개정판, 2021).

(2) 규정의 필요성

① 사회복지시설은 표준화된 기준을 두고 이를 기반으로 조직운영과 사업을 수행하여야 한다.

② 관련법과 평가지표 등 외부에서 요청하는 제반 기준에 맞게 최근의 내용으로 통일성 있게 재정비하여 사회복지시설 운영과 사업의 표준화를 돕는다.

③ 사회복지시설 평가지표 개발 시 기본 자료로 활용한다.

2) 보안관리

사회복지시설에서 취급되는 개인정보의 민감성과 중요성, 관리주체의 다양성, 관리 대상 개인정보의 산재성 등을 고려할 때 나의 정보뿐 아니라 이용자, 후원자, 봉사자 등에 대한 정보 보호 및 관리가 중요하다. 또한 사회복지시설에서 수집, 이용되고 있는 개인정보는 전자화된 수단을 통해 국가 또는 지자체, 타 시설, 위탁기관, 기타 기관(교육기관, 의료기관, 보험업체 등) 등과 교류되고 있으므로 관련 정보시스템 및 전자문서 등에 대한 관리가 더욱 철저히 이루어져야 할 것이다(정영철, 2016).

(1) 나의 정보 보호하기

행정안전부 개인정보보호종합지원시스템에서 제안하는 개인정보보호수칙을 지키도록 한다(개인정보보호 포털https://www.privacy.go.kr 참조).

(2) 이용자정보관리

이용자의 개인정보를 수집, 이용할 때에는 개인정보 수집 목적 및 이용 범위, 이용 기간, 정보주체의 권리 등이 포함된 내용을 고지한 후 동의 기록한다. 개인정보 처리 동의는 사회복지시설 운영규칙 등에 관련된 내용을 정리하여 그 준수 동의를 받거나, 별도의 동의서로 동의 등 다양한 방법으로 활용한다.

(3) 후원자정보관리

후원금 영수증의 교부, 사용내역의 통보와 보고가 필요한 최소한의 범위에서 개인정보 수집 기록이 가능하다.

(4) 자원봉사자 정보관리

사회복지봉사활동인증관리시스템(VMS) 활용 시 자신이 개인정보를 직접 등록. 자원봉사 신청서 작성 시, 자원봉사자의 교육, 배치, 확인서 발급 등을 목적으로 필요한 최소한의 개인정보를 정보주체의 동의를 받아 수집, 기록한다.

참고

개인정보의 보호 및 유출방지 「사회복지시설정보시스템 개인정보 보호지침」
(2019.1.2. 시행) 참조

• 사회복지서비스 제공을 위한 개인정보 수집 시, 정보주체에게 수집목적, 항목, 보유 및 이용기간, 동의 거부 권리 등을 고지하고 동의를 얻거나 사회복지사업법 및 관련 법령에 명시된 경우 수집 가능하다.
• 입소/이용자, 후원자 등의 개인정보 수집에 대한 동의를 받고자 하는 경우, 「개인정보보호법」 제15조(개인정보의 수집·이용) 제2항에 따라 다음 각 호의 사항을 사전에 고지하고 개인정보 수집·이용 및 제3자 제공 동의서를 작성할 수 있도록 지도한다.
① 개인정보의 수집·이용 목적 ② 수집하려는 개인정보의 항목 ③ 개인정보의 보유 및 이용 기간 ④ 동의를 거부할 권리가 있다는 사실 및 동의 거부에 따른 불이익이 있는 경우에는 그 불이익의 내용

3) 문서관리

(1) 문서

특정 정보를 사용자에게 전달하기 위해 작성된 종이나 기타 매체에 의해 기록된 정보를 말한다. 문서는 현재 혹은 미래의 사용자들에게 공유되고, 재사용이 가능하며, 사용되면서 부가가치가 축적된다는 등의 특징을 갖고 있다.

(2) 문서의 성립

① 정당한 권한이 있는 직원이 ② 직무의 범위 내에서 공무상 작성하고, ③결재권자의 결재가 있어야 한다.

(3) 사회복지조직에서 사용되는 문서

① 접수문서 ② 기안문서 ③ 시행문서 ④ 보존문서 ⑤ 합의문서 ⑥ 폐기문서 ⑦ 마이크로필름 문서

(4) 문서관리의 원칙

① 신속처리의 원칙   ② 책임처리의 원칙   ③ 적법처리의 원칙

4) 위원회 관리

사회복지시설은 「사회복지사업법」에 따른 운영위원회, 「근로자참여 및 협력증진에 관한 법률」에 따른 노사협의회와 더불어 인사위원회, 고충처리위원회, 윤리경영위원회 등을 구성하여 운영하여야 한다. 이런 위원회는 참여자들의 다양한 목소리를 들을 수 있어 중요성이 점차 높아져 가고 있다.

(1) 운영위원회(사회복지사업법 제36조, 보건복지부 사회복지시설관리안내, 2021)

① 설치목적: 사회복지시설 운영의 민주성·투명성 제고 및 시설이용·생활자의 권익 향상 등을 위해 사회복지시설 운영위원회를 설치·운영함

② 설치 대상시설(사회복지사업법 제36조제1항): 모든 사회복지시설

  * 생활시설의 경우 생활자 수가 100인 이상의 대형시설, 정신요양시설, 장애인시설 등에서 운영위원회를 구성할 때 인권보호 강화 등의 측면에서 반드시 관계공무원을 운영위원회 위원으로 참여시켜야 한다.

③ 운영위원회의 구성(사회복지사업법 제36조제2항 및 시행규칙 제24조제1항)

  ■ 위원회는 위원장 1인을 포함하여 5명 이상 15명 이하의 위원으로 구성하고, 법 제36조제2항 각 호 중 같은 호에 해당하는 위원이 2명을 초과하여서는 아니 된다.

  ■ 위원회의 위원은 아래에 해당하는 자 중에서 관할 시장·군수·구청장이 임명 또는 위촉한다.
    • 시설의 장
    • 시설 거주자(이용자) 대표
    • 시설 거주자(이용자)의 보호자 대표
    • 시설 종사자의 대표
    • 해당 시·군·구 소속의 사회복지업무를 담당하는 공무원
    • 후원자 대표 또는 지역주민
    • 공익단체에서 추천한 사람(공익단체는 「비영리민간단체 지원법」 제2조에 따른 비영리민간단체를 말함)

- 그 밖에 시설의 운영 또는 사회복지에 관하여 전문적인 지식과 경험이 풍부한 사람

* 시설장의 친인척, 설치·운영자인 법인의 임원 등 특수 관계가 명확한 자(시설장 제외)는 위원으로 임명·위촉하지 않도록 할 것이다. 위원장은 호선, 위원의 임기는 3년으로 하되 연임할 수 있고 보궐위원의 임기는 전임자의 잔임 기간으로 한다.

④ 운영위원회의 심의사항(법 제36조제1항)

- 시설운영계획의 수립·평가에 관한 사항
- 사회복지 프로그램의 개발·평가에 관한 사항
- 시설 종사자의 근무환경 개선에 관한 사항
- 시설 거주자의 생활환경 개선 및 고충 처리 등에 관한 사항
- 시설 종사자와 거주자의 인권보호 및 권익증진에 관한 사항
- 시설과 지역사회의 협력에 관한 사항
- 그 밖에 시설의 장이 운영위원회의 회의에 부치는 사항

⑤ 운영위원회의 보고사항(법 제36조제3항)

- 시설의 회계 및 예산·결산에 관한 사항
- 후원금 조성 및 집행에 관한 사항
- 그 밖에 시설운영과 관련된 사건·사고에 관한 사항

⑥ 운영위원회의 운영

- 정기회의: 분기별 1회 이상 정기회의 개최
- 수시회의: 운영규칙에 규정한 회의개최 요건에 해당할 경우(재적위원 1/3의 요청이 있을 경우)
- 회의의 공개: 위원회의 회의는 시설생활자(이용자), 시설 종사자 등에게 공개를 원칙으로 하되, 개인정보보호 등 불가피한 사유 시 위원장이 비공개결정을 할 수 있다.
- 서면심의나 서면에 의한 회의는 불가
- 위원회의 간사는 매년 1회 정기 및 수시회의의 결과를 간략하게 요약하여 시·군·구청장에게 제출해야 한다(사회복지시설 재무회계규칙 제10조제2항에 따른 예산 제출 시 함께 제출).

(2) 인사위원회(보건복지부 장애인복지사업안내, 2021)

① 필요성: 인사관리의 공정성을 위해 자체 인사위원회를 반드시 구성, 운영한다.

② 심의내용: 소속직원의 임면에 관한 사항, 소속직원의 승진 및 상벌에 관한 사항, 기타 관장이 필요하다고 인정하는 사항

③ 구성

- 위원장은 시설의 장이 되고 위원은 운영위원회 위원, 사무국장 및 3급 이상(중간관리자) 중에서 위원장이 위촉하고 위원장을 포함하여 5명 이상 7명 이하로 구성한다.
- 위원장은 필요시 회의를 소집할 수 있고, 위원들은 논의된 사항은 비밀보장을 해야 하며, 간사는 회의내용을 기록, 회의록을 관리한다.
- 자체 인사위원회규정과 인사관리규정을 제정하여 직원 인사관리에 공정성과 효율성을 확보해야 한다.

(3) 윤리경영위원회

① 윤리경영: 법적 책임의 준수는 물론, 사회가 요구하는 윤리적 기대를 조직의 의사결정 및 행동에 반영하는 것을 의미하며, 조직이 윤리적 책임을 다함으로써 이해관계자들에게 신뢰를 주도록 경영하는 것을 의미한다(사회복지시설 운영규정 표준안 개정판, 2021).

② 윤리경영실천지침 확보의 필요성

- 구성원에게 윤리적으로 옳고 그른 판단 기준 제공, 윤리적 문제에 대한 자의적 판단의 여지를 감소
- 조직윤리 관련 문제 발생 시 외부로부터의 비판이나 간섭을 사전에 예방
- 경영전략, 집행계획, 교육 프로그램에 윤리적 요소를 어느 정도 포함해야 할 것인가를 결정하는 데 도움
- 직원이 상사로부터 부당한 간섭이나 압력을 받을 경우, 이에 대항할 수 있는 근거

③ 윤리경영위원회의 필요성

- 지속적인 사업의 유지 운영을 위한 실무자 확보 필요
- 조직적 차원에서의 문제 접근이 용이
- 독립성이 보장된 활동: 직원이 직접 뽑은 위원, 위원장은 별도의 권위를 부여
- 직원들의 윤리경영 전문성 확보에 도움

3. 사회복지현장 환경(시설) 관리

1) 안전관리

이용자들이 안전하고 편리하게 이용하기 위해 종합안전대책 수립과 교육은 필수적이다. 안전관리는 발생할 수 있는 위험의 예방과 사고발생 시 사후처리 기준을 정하는 것이 필요하고, 합리적이고 안정적인 업무처리로 직원과 이용자 안전관리를 진행해야 한다.

안전관리는 사고 후 수습보다 예방이 중요하므로 사전 안전점검을 철저히 실시하여야 한다.

2) 사회복지시설의 안전관리(보건복지부 사회복지시설관리안내, 2021)

(1) 사회복지시설은 화재 및 안전사고로 인한 손해배상책임의 이행을 위해 책임보험 또는 책임공제에 가입할 의무가 있다(사회복지사업법 제34조의3).

(2) 사회복지시설 자체 안전점검(법 제34조의4)

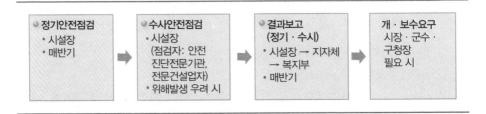

(3) 안전관리 인력 확보

① 안전관리책임관 지정: 사회복지시설은 시설장을 '안전관리 임관'으로 지정하여 시설장 책임 하에 안전관리 및 점검을 철저히 실시해야 한다. 안전관리책임관은 안전업무 실무자를 관리하고, 안전관리 전반을 지휘·감독·지원하도록 한다. 또한 시설별 안전계획서 작성을 통해 직원별 임무를 명확히 하여 안전사고를 예방하고 사고 발생 시 신속히 대응토록 교육·훈련을 반복해야 한다.

② 소방안전관리자 선임: 「화재예방, 소방시설 설치·유지 및 안전관리에 관한

법률」제20조제2항 및 동법 시행령 제22조에 따라 소방안전관리자를 두어야 하는 사회복지시설은 「소방시설법 시행령」제23조의 자격을 갖춘 자를 '소방안전관리자'로 선임하여야 한다.

(4) 안전관리 교육·훈련

사회복지시설은 소방안전관리에 필요한 교육을 연 1회 이상 실시하여야 하고, 정기적으로 전기, 지진, 미세먼지, 감염병 등 안전교육과 모의훈련을 실시하여 항시 안전을 확보하여야 한다.

(5) 환경 개선 지원

사회복지시설은 「사회복지사업법」제34조의4(시설의 안전점검 등)을 근거로 신축, 증축, 개보수공사, 장비보강사업에 대해 사업의 필요성과 적정성 등에 따라 국가 또는 지방자치단체의 예산범위 내에서 전부 또는 일부를 지원 받을 수 있다.

3) 사회복지시설 안전관리 매뉴얼(Standard Operating Procedure: SOP, 보건복지부)

(1) 목적

사회복지시설(이하 '시설'이라 한다)에서 발생하는 화재, 전기, 가스, 위생, 시설물, 자연재난 등으로 인해 재난사태가 발생하거나 우려될 때 관리자나 이용자들이 지켜야 하는 임무나 역할, 조치사항 등을 규정하여 체계적이고 신속한 대응이 이루어져 피해를 최소화하려는 데 그 목적이 있다.

(2) 매뉴얼 적용범위

① 화재, 가스, 전기 등에 의해 시설에 위험이나 재난이 발생할 때 관계자들의 대비·대응·복구활동 등이 필요할 때 적용한다.
② 시설물의 붕괴나 시설 내 환경오염이 우려되는 상황이 발생할 때 시설의 관리자나 이용자의 안전을 지켜야 할 경우 적용한다.
③ 자연재난(폭우, 태풍, 지진 등)이 발생하여 시설에 있는 이용자나 종사자들에게 피해가 발생하거나 우려가 있는 상황에 적용한다.

(3) 매뉴얼 구성

① 화재활동 예방이나 발생 시 대응·복구 방법과 피난행동요령 등을 규정한다.
② 전기로 인한 재해 예방 대응활동 및 복구방법 등을 규정한다.

③ 가스의 누출이나 폭발 위험성이 있는 경우의 행동지침을 제시한다.

④ 시설 환경위생이나 식생활 위생안전을 지키는 요령과 대응책을 포함한다.

⑤ 시설의 건축물 붕괴나 주변 시설물의 파괴에 따른 피해가 우려될 때 행동할 요령을 제시한다.

⑥ 폭우, 태풍, 지진 등과 같은 자연재난 발생 시 예방·대응·복구활동 요령을 규정한다.

(4) 매뉴얼 활용

① 시설의 안전관리계획서 작성 시 기초자료로 활용한다.

② 시설에서 생활하는 이용자나 관리자의 안전교육 자료로 활용한다.

③ 시설 이용자에게 긴급재난이 발생할 때 응급조치를 위한 행동지침으로 활용한다.

사회복지현장 프로그램 실무

1. 사회복지현장 프로그램 욕구조사

1) 사회문제조사

사회복지현장에서 적용할 프로그램을 개발하기 위해서는 가장 먼저 사회문제를 확인하고 분석하는 것이 최우선이다. 무엇이 문제인가 구체적인 사회문제의 원인을 파악하는 것이 가장 중요하기 때문이다. 사회문제는 바람직하지 못한 사회조건 또는 상황이 존재하고 다수의 사람이 그러한 사회조건이나 상황이 개선될 필요가 있고, 또 개선의 가능성이 있다고 생각하는 상태를 의미한다.

(1) 사회문제가 되기 위한 조건

① 사회가치에 비추어 볼 때 바람직하지 못할 때
② 상당수의 사람에게 고통이나 손해 등의 부정적인 영향을 미칠 때
③ 상당수의 사람이나 영향력 있는 일부의 사람들이 문제로 인식할 때
④ 사회가 전반적으로 개선을 원하고 문제의 개선이 가능할 때
⑤ 근본적인 원인이 사회 요인과 관련되어 있을 때(Rubington & Weinberg, 1981)
⑥ 집단 사회적, 집단적 노력에 의해 해결 가능할 때

(2) York(1983)가 제시한 사회문제 분석틀

다음과 같은 열 가지 사항을 검토하도록 제안하고 있다.

① 바람직하지 못하다고 보이는 상태나 조건들은 무엇인가?

② 그 문제로 인하여 고통을 받고 있는 사람들은 누구인가?

③ 그 문제로 인하여 이득을 보는 사람들은 누구인가?

④ 누가 그것을 사회문제로 규정하는가?

⑤ 누가 그것을 사회문제로 규정하지 않는가?

⑥ 현재 나타나고 있는 문제의 원인은 무엇인가?

⑦ 그 문제를 다루는 현재의 프로그램은 무엇인가?

⑧ 현재의 프로그램을 중단할 경우 예상되는 결과는 무엇인가?

⑨ 변화시키고자 하는 목표는 무엇인가?

⑩ 욕구와 자원 간의 격차를 줄이는 데 찬성하는 사람과 반대하는 사람은 누구인가?

위와 같은 사회문제 분석틀을 토대로 하여 사회문제를 검토할 필요가 있고, 주의해야 할 점은 문제의 규모나 성격, 철저한 원인분석 없이, 드러난 현상만을 해결하기 위해 성급하게 프로그램을 구상하고 개입하는 것이다.

2) 욕구조사 설계 및 분석

(1) 욕구

욕구란 인간이 선천적으로 가지고 있거나 또는 후천적인 사회생활의 결과로 만들어진 감정이나 심리상태 중 하나로 자신에게 부족한 물질적이거나 정신적인 어떤 것을 추구하는 상태를 말한다. 즉 욕구는 어떤 상태가 기준에 미치지 못하여 그것을 필요로 하는 상태로 인하여 불편한 환경에 처해 있는 상태를 말한다(황성철, 2005).

사회복지현장에서 프로그램을 개발하기 위한 첫 단계가 프로그램을 기획하는 과정이며 가장 중요한 부분이 욕구조사라 할 수 있다.

(2) 욕구조사의 필요성

지역사회 내 필요한 서비스를 파악할 수 있으며, 새로운 서비스를 필요로 하는 클라이언트 존재의 여부를 알 수 있다. 또한 기존 서비스 클라이언트 이용여부에 대하여 파악할 수 있고 기존 서비스를 이용하는 과정에서의 문제점과 장애가 되는 요인이 무엇인지를 파악할 수 있게 해 준다(권중돈 외, 2012). 또한, 사회문제를 악화시키는 요인을 파악할 수 있으며, 욕구조사로 인하여 구체적 표적집단에 적합하도록 만드는 데 필요한 정보를 습득할 수 있다.

(3) 욕구의 유형

① 규범적 욕구: 전문가에 의해 필요하다고 인정된 욕구

② 인지적 욕구: 클라이언트가 스스로 필요성을 느끼는 욕구

③ 표출적 욕구: 행위로 표출된 욕구(서비스 이용률, 서비스 대기명단)

④ 비교적 욕구: 유사한 상황에 놓인 개인 또는 집단과 비교하여 발생하는 욕구

(4) 욕구조사의 단계

① 자원확인, 욕구조사 목적, 예산, 대상 등을 인식

② 구체적인 정보나 자료를 확인

③ 조사설계

④ 자료수집 및 분석

⑤ 조사보고서 작성

2. 사회복지현장 프로그램 계획수립

1) 프로그램 결정

(1) 프로그램

사회복지현장에서 프로그램은 사회복지와 관련된 정책과 조직의 특정한 목적 달성을 위하여 자원과 전문적인 지식이나 기술을 투입하여 수행하는 계획적이고 조직적인 활동 체계를 말한다. 프로그램(program)은 목적달성을 위한 집합적 활동이며 계획(planning)은 계획을 수립하는 과정 혹은 적절한 수단을 통해서 목표를 달성하기 위한 미래의 가치에 대한 일단의 결정을 준비하는 과정을 말한다.

사업에 따른 세부 프로그램에 대한 계획도 수립하게 되는데 세부 프로그램계획서에는 일반적으로 프로그램명, 프로그램의 필요성과 그 대상, 목적과 목표, 활동내용과 수행인력, 예산 및 평가계획 등으로 구성된다.

(2) 사회복지 프로그램을 결정하는 기준

① 효과성: 이 프로그램을 통하여 목적을 이루고 목표를 달성할 수 있는지, 성

과를 거둘 수 있는지 살펴본다.

② 적절성: 비용대비 예상되는 프로그램의 실적이나 성과 그리고 문제 욕구대
비 프로그램의 적절성을 살펴본다.

③ 문제나 욕구에 대한 개입이 얼마나 시급한가 살펴본다.

④ 프로그램이 현실적으로 실행가능한가 살펴본다.

⑤ 조직의 비전이나 미션과 부합하는가 살펴본다.

⑥ 법적으로나 윤리적으로 적절한가 살펴본다.

(3) 펄먼과 구린(Perlman & Gurin)의 프로그램 개발 시 고려사항

① 업무의 내용(해야 할 일에 관한 명세): 어떤 종류의 활동이나 프로그램, 서비
스를 어떤 순서로 얼마만큼의 양을 어떤 전달체계를 통해서 제공할 것인가
를 고려한다.

② 자원: 자본설비, 필요한 인력과 자격 및 재원은 현재 어디에 있으며 누가 통
제하고 있으며 어떻게 동원할 수 있는가를 고려한다.

③ 가능성: 자원의 활용 가능성은 어느 정도인가, 정책목표를 달성하기 위해 필
요한 변화, 자원의 분배, 새로운 자원의 개발은 어떻게 할 것인가, 프로그램
의 수행에 어느 정도의 수용 또는 저항이 존재하는지 필요한 변화를 기도하
기 위해 어떠한 전략을 사용할 것인지를 고려한다.

2) 목표설정 및 세부프로그램 수립

(1) 목적 및 목표의 개념

프로그램의 목적은 포괄적이고 추상적인 방향성이나 도달하고자 하는 지향점
을 제시하거나 기술한다(정민정 외, 2009). 즉, 목적은 프로그램의 이상적인 도달점
이나 희망상태를 의미하고 목표는 목적을 좀 더 구체화하거나 목적을 이루기 위
한 수단의 의미로 볼 수 있다. 프로그램이 포함하고 있는 모든 요소들은 프로그램
의 목적과 목표에 대한 기여도에 따라서 평가할 수 있다. 이는 프로그램의 모든
요소들이 프로그램이 성취하려고 추구하는 목표와 목적에 기초되어 있음을 강조
하는 것이라 할 수 있다. 프로그램의 목표와 목적은 일련의 활동 등을 투입한 결
과로서 클라이언트들이 얻게 되는 인지적, 정의적, 심리적, 기능적 영역에 있어서
행동특성의 변화로 표현된다.

(2) 목표의 종류

① 궁극적목표: 프로그램 책임자의 가치관에 따라서 달성하고자 하는 상태를 말하며 추상적인 용어로 쓰인다. 이는 목적으로 표현된다.

② 결과목표: 프로그램을 통해서 이루고자 하는 상태를 말하며, 궁극적목표(목적) 달성을 위한 전략이나 수단이라고 할 수 있다.

③ 하위목표: 결과목표를 달성하기 위해서 반드시 먼저 이뤄야 할 작은 목표이다. 이는 곧 프로그램과 연결된다.

(3) 목표의 수준

① 영향목표: 프로그램이 문제 지표에 얼마나 충격효과를 줄 것인지를 구체화하는 작업이며 언제까지 클라이언트집단을 어떤 상태에 도달시키겠다는 식으로 표현할 수 있다.

② 성취목표: 표적집단을 대상으로 무엇을 얼마만큼 달성할 것인가를 구체적으로 표현하는 목표이다. 구체적인 결과목표, 즉 서비스를 통하여 몇 명에게 의도된 변화를 일으키겠다는 것이다.

③ 활동목표: 서비스의 결과 대신 투입을 정하는 목표이다. 즉 성취달성을 위해 어느 정도의 서비스를 투입할 것인지를 나타내는 것이다.

④ 이용자목표: 얼마나 많은 수의 서비스 소비자들로 하여 그 서비스를 이용하고자 할 것인지를 정하는 목표이다. 클라이언트의 변화, 서비스의 투입량 대신 단순히 몇 명이 서비스를 이용하도록 한다는 단순한 목표이다.

(4) 목표설정의 필요성

① 목표설정의 이유
   - 일반적인 프로그램의 기획과 조정을 원활하게 하기 위하여 설정한다.
   - 서비스전달의 책임을 맡고 있는 실무자에게 지침을 제공하기 위해 설정한다.
   - 프로그램 성패에 대한 평가의 기준을 제시할 수 있도록 설정한다.

② 목표가 갖추어야 할 조건
   - 프로그램의 목표는 주민들과 지역사회의 복지를 향상시킬 수 있어야 한다.
   - 기관이 추구하는 목적과 프로그램의 목적이 연관성을 유지하며, 측정 가능한 형태로 진술되어야 한다.
   - 목표는 계획할 수 있는 구체적 행동이나 활동으로 표현할 수 있어야 한다.

■ 목표를 어느 정도 성취해야 하는지에 대해 기준을 설정할 수 있어야 한다.

(5) 클라이언트 설정 방법(대상자선정을 위한 분석방법, Rapp & Poertner, 1992)

① 일반집단: 일반집단은 해당 문제를 가질 수 있다고 판단되는 가장 포괄적인 대상인구집단이다. 보통의 일반집단은 대상 지역 내의 거주하는 그리고 그 문제의 속성과 관련되어 있는 전 인구집단을 말한다.

② 위험집단: 위험집단은 일반집단 중 이 문제에 특히 노출위험이 있는 집단이다. 위험집단을 결정하기 위해서는 사회조사 결과를 이용하여 지역별, 연령별, 분포 등 기타 변수와 관련된 분포의 특성을 파악하는 것이 중요하다.

③ 표적집단: 표적집단은 수행하려고 하는 프로그램이 직접 구체적으로 대상으로 하는 인구집단이다. 표적집단은 프로그램 계획에서 필수적인 정보이며, 해결하려는 문제의 위험집단의 전체규모와 각 변수별 분포도, 이와 더불어 표적집단의 규모와 분포현황을 가능한 한 정확히 파악해야 한다.

④ 클라이언트집단: 클라이언트 집단은 해당 프로그램이 실시될 때 실제로 그 프로그램을 이용할 수 있는 프로그램 소비자들이다. 이는 서비스전달 방법에 따라 결정된다. 대부분의 경우에는 기관에서 실제로 프로그램을 이용하는 대상자의 수로 추산한다.

3) 예산수립 및 평가계획

(1) 예산수립

프로그램 실행에 필요한 예산이 확보되지 않는다면 프로그램의 실행은 불가능하다. 따라서 예산의 성격과 수립과정, 작성방법 등은 프로그램의 목적을 달성하기 위한 중요한 요소이며, 사업시행을 위한 필요한 수입과 지출을 구체화한 재정계획은 프로그램의 핵심적 구성요소인 자원에 해당한다고 볼 수 있다.

예산이란 1년 회계연도에 있어서의 세입과 세출의 예정적 계산을 말한다. 사회복지조직에서는 사회복지법인 재무, 회계규칙이 정하는 바에 따라 시설이 일정한 규칙과 형식에 의하여 편성하고 편성예산에 대한 이사회 또는 예산심의 의결기구의 심사 의결을 거쳐 확정된 재정계획을 말한다.

(2) 예산의 원칙

① 공개의 원칙   ② 명료성의 원칙   ③ 포괄성의 원칙

④ 예산통일성의 원칙   ⑤ 명세성의 원칙   ⑥ 사전승인의 원리

⑦ 정기성의 원칙   ⑧ 정확성의 원칙   ⑨ 예산 총계주의 원칙

⑩ 예산 한정성의 원칙

(3) 예산체계의 모형

예산 수립 시 중요요소 기준에 따른 구분으로 품목별예산, 성과주의예산, 기획예산, 영기준예산 모형이 있다.

(4) 평가계획

프로그램의 평가목적은 클라이언트에게 긍정적인 영향을 미칠 의도로 개발되어 실시된 프로그램이 효과적인지, 그리고 기관운영이 효율적이며 사회책임성을 적절히 이행하고 있는지를 판단하여 프로그램의 질적 수준을 제고하는 개선방향을 마련하는 데 있다(최성재·남기민, 1993; 성규탁, 1993). 프로그램의 성공 여부를 결정하는 중요한 과정이 평가이므로 왜 평가를 실시하는지 그 근거를 정확하고 구체적이며 프로그램의 목적에 따른 평가계획을 수립해야 한다.

3. 사회복지현장 프로그램 홍보

1) 홍보자료제작

(1) 홍보의 개념

홍보의 사전적 의미를 보며 "널리 알림 혹은 그 소식이나 보도"로 설명된다(국립국어원, 2015). Public Relations의 약어인 PR 역시 홍보로 번역된다. 불특정 다수부터 특정대상에 이르기까지 여러 가지 수단과 방법을 동원하여 알리는 것을 홍보라 한다. 조직이 그의 사회적 환경이 되는 대중과의 원활한 관계를 유지하고자 하는 제반노력을 말한다. 사회복지 조직은 지역사회 주민들에게 복지서비스를 제공하기 위해 존재하고 이를 위해서는 지역사회 내의 여러 개인이나 단체 및 조직 등과의 관계를 유지해야 하기 때문에 홍보가 대단히 중요하다 할 수 있다.

(2) 사회복지조직의 홍보와 PR

홍보는 지역사회 내 존재하는 조직과 집단 간의 쌍방향 의사소통을 원활히 하는 것을 의미한다. 홍보를 통하여 조직의 이미지와 능력을 향상시키는 면이 강하

다고 할 수 있다. 사회복지서비스의 활용을 증진하는 방법의 하나는 서비스 프로그램과 그 자격요건들을 그 지역사회에 널리 홍보하는 것이다. 사회복지조직의 긍정적인 이미지를 창출하는 것은 후원자 모집, 클라이언트의 확보, 지역사회의 광범위한 지지 등을 얻는 데 매우 중요하다. 기관의 직원뿐 아니라 이용자와 지역주민 모두가 기관으로 인해서 자부심을 가질 수 있도록 이미지를 창출하는 프로그램이 필요하다.

(3) 홍보기획의 단계((주)프레인, 2005)

① 전략기획: 어떤 대상으로 홍보목적달성을 위해 어떤 메시지를 전달할 것인지에 대한 조사를 통해 전략기획을 수립
② 실행기획: 실현을 위해 누가 어떤 활동을 통해 어디서 얼마의 비용으로 어떻게 해야 하는지를 구체화하는 실행기획
③ 평가기획: 홍보목적을 어느 정도 달성했는지 검토하는 평가기획

(4) 홍보매체

① 시각적매체: 신문, 잡지, 화보, 책자, 팸플릿, 보고서, 사진 등
② 청각적매체: 이야기, 좌담, 강연회, 라디오 등
③ 시청각적매체: 영화, 비디오, 인터넷, 연극, 공개토론, 대중잡화 등

전통적인 홍보매체로 분류되는 TV, 라디오, 신문, 잡지가 독점하던 미디어는 혁신적인 기술의 발달과 정보통신기술의 비약적인 발달로 전자신문, 웹진, 인터넷신문과 방송, 위성방송, 혁신적인 모바일로까지 발전되면서 기존 매체의 영향력을 감소시키거나 새로운 매체와의 조합을 통하여 발전하면서 다양화되었다.

2) 사전홍보 및 결과홍보

(1) 사전홍보

프로그램을 개발하는 과정에서 누가 혜택을 받을 것인지를 결정하는 것인데 그 결정이 이루어지고 나면 어떤 방법으로 어떻게 알릴 것인지를 결정하여야 한다. 사회복지프로그램의 대상자를 모집하고 선정하기 위해서는 사전홍보가 이루어져야 하며, 사전홍보하기 위해서 그 대상의 성격, 홍보물의 종류, 어떤 지역을 대상으로 할 것인지, 홍보물에는 어떤 내용을 포함할 것인지 구체적으로 계획되

고 실행되어야 한다.

(2) 결과홍보

프로그램의 처음부터 마지막 단계까지 성과보고서를 작성하고 지역사회 참가자나 가족들에게 홍보하는 것을 결과홍보라 한다.

결과홍보를 함에 있어서 기관이나 시설에서 추구하고자 하는 가치와 철학이 지역사회에 잘 전달되어져 단순하게 프로그램을 자랑할 만한 수단이 아닌 지역사회가 함께 동참할 수 있는 인식을 가질 수 있게 하는 것도 매우 중요하다(소셜프리즘, 2012).

4. 사회복지현장 프로그램 자원개발

1) 물적자원개발

사회복지현장에서 대상자의 변화나 그들의 생활을 향상시키는 데 유용하게 사용할 수 있는 인력, 물질, 조직, 정보 등을 자원이라 하는데 이는 사회복지의 필수적인 기술이라 할 수 있다(홍봉수 외 2014). 물적자원의 개발을 통한 확보는 사회복지현장에서 프로그램을 운영하는 중요한 수단이 된다고 할 수 있다.

우선적으로 내부 물적자원의 현황을 명확히 파악하고, 어떤 자원이 프로그램 운영하는 데 있어서 부족한지를 파악하여 기부능력이 있는 잠재적 기부자를 발굴하고, 기부를 설득할 수 있는 명분을 얻을 수 있으며 기부동기를 부여할 수 있다.

신규로 물적자원을 개발하기 위해서는 무엇보다 기부자에 대한 이해와 입장을 고려한다. 또한 외부자원을 발굴하기 위해서는 어디에 어떤 자원이 있는지를 파악하는 것이 중요하다. 주변의 인적자원을 최대한 활용하여 자원을 파악하고 사회복지활동과 연관성이 있거나 영향을 미칠 수 있는 정보자원을 활용하거나 지역사회 내 종교기관이나 조직을 활용한 자원파악과 발굴이 가능하다.

2) 인적자원개발

일반적으로 인적자원개발이라 하는 것은 조직의 효율성과 생산성 제고를 위하여 조직 내에서 기획된 체계화된 학습활동을 일컫는다. 인적자원개발 개념에는 조직원 개인 능력개발 및 경력개발, 이를 통한 조직개발 등이 포함된다.

개인개발은 직무수행능력의 향상을 위해 필요한 지식과 기술 그리고 역량, 조직 내의 행동양식 등을 익히는 것을 말하고 경력개발은 조직 내의 전직, 승진 등에 대비하여 개인의 능력과 성과를 제고하는 것을 의미한다. 조직개발은 조직 구성원의 능력개발과 성과 제고가 잘 이루어질 수 있도록 조직구조와 문화, 전략 등의 체계화를 통해 조직의 효율성과 경쟁력을 향상시키는 것을 말한다. 이러한 세 가지 종류의 개발이 공통적으로 추구하는 것은 조직원 개인의 성과제고라 할 수 있다. 즉 기업에서 인적자원개발이 필요한 이유는 개인의 직무 수행능력의 향상을 통하여 기업의 생산성을 제고하기 위함이다.

사회복지실천활동에서 인적자원은 공공인적자원(사회복지전담공무원 등), 민간자원(민간복지시설에 근무하는 사회복지사, 자원봉사자 등)으로 구분된다.

인적자원은 전문인력과 비전문인력으로 구분할 수 있는데 전문인력은 사회복지전담공무원이나 사회복지사 등을 의미하여, 비전문인력은 주로 자원봉사자들을 말한다. 사회복지분야에서 전문인력의 동원과 관리가 중요하나, 지역사회 내·외적 자원을 활성화시켜서 다양한 분야의 자원봉사활동에 주민들을 참여시키는 것도 대단히 중요하다 할 수 있다(홍봉수 외, 2014).

3) 정보자원 및 지역 네트워크 구축

(1) 정보자원

사회복지 실천활동에서 정보자원이란 사회복지기관 운영자와 사회복지 대상자 모두에게 복지활동과정에서 의사결정, 행동에 유의미한 영향을 줄 수 있는 사회복지와 관련된 제반지식과 욕구 및 서비스 등과 관련된 총체적 개념이라 할 수 있다. 즉 사회복지적으로 유용하게 사용될 가능성이 있다고 판단되는 정보를 말하는데 이를 사회복지정보 또는 사회복지자원이라 한다(홍봉수 외, 2014).

정보자원 역시 인적자원, 물적자원과 마찬가지로 내부적인 정보자원과 외부적인 정보자원을 최대한 점검하고 파악하여 목록화하는 작업이 필요하다.

① 내부정보자원

가장 기본적인 기관정보를 비롯하여 수행하고 있는 프로그램에 대한 정보와 기관의 연관사업계획이나 예산 관련 지침도 포함된다. 또한 기관의 내부규정에 있는 사항들을 충분히 점검하고 사회복지시설정보시스템이나 자체적인 업무관련의 정보시스템도 파악하며, 프로그램 수행을 위한 공간에 해당되는 차량이나 시설물들의 물적자원과 인적자원에 대한 정보도 함께 점검해야 한다.

② 외부정보자원

지방자치단체에서 계획된 지역사회보장계획이나 지역 내 타 복지관련 기관의 프로그램 정보나 인적자원에 대한 정보가 있으며 사회공헌활동을 지원하는 기관의 공모시기나 주된 지원사업내용에 대한 정보를 구축한다.

(2) 네트워크 구축

네트워크 구축을 통한 자원동원은 직장, 혈연, 기타 사회활동 등을 통하여 이미 서로 알고 있는 사람들의 연대를 활용하는 방법이다.

사회복지관련 기관에 구축되어 있는 네트워크로는 직접적으로 운영에 관여하여 의사결정을 하는 이사회나 운영위원회 등이 있고 단위프로그램이나 업무영역별로 학계 전문가나 현장 전무가 등으로 구성되는 자문위원회를 구축하여 활용하기도 한다.

5. 사회복지현장 프로그램 실행

1) 이용자 선정

(1) 프로그램 참여방법

① 이용자가 직접 방문하여 접수하는 방법
② 전화, 인터넷을 이용한 온라인 접수
③ 사회복지사가 지역사회에 직접 방문하여 상담과 안내를 통하여 신청을 접수

(2) 이용자 선정 시 주의사항

프로그램 기획단계에서 대상을 선정하는 범위를 좁혀갈 때 선정기준을 명확하게 할 필요가 있으며, 프로그램 참여를 위한 홍보과정에서도 일관성을 유지하여 이용자 선정에 혼선을 초래하지 않도록 하여야 한다. 필요할 경우에는 프로그램 수행인력과 재정여건을 감안하고, 신청자의 자발적 동의가 있었는지, 신청자 자신의 프로그램 참여에 대한 능력과 자원을 갖추었는지와 제한요소는 없는지 고려하여 대상 선정기준을 정하고, 프로그램 성격에 맞는 이용자를 선정함으로써 사회복지사의 윤리적 책임을 다하여야 한다.

2) 프로그램 진행

프로그램의 진행은 정책목표를 달성하기 위해서 행하게 되는 일련의 활동을 의미한다. 즉 정해진 시간 내에 계획한 서비스를 실시하는 것을 말한다.

프로그램을 실행하는 데 있어서 중요한 것은 효과성과 효율성 등을 확인하는 것이다.

(1) 활동내용과 형태

문제의 성격에 따라 다양하기 때문에 일률적으로는 나눌 수 없으나 크게 두 가지 범주로 '체제유지 혹은 과정중심적 활동'과 '과업중심적 활동'으로 구분한다.

① 체계유지적 활동: 클라이언트 집단이 문제를 스스로 해결할 수 있도록 능력을 배양해 주는 활동을 말한다.

② 과업중심적 활동: 클라이언트 집단이 필요로 하는 서비스를 직접적으로 제공해주는 활동을 말한다.

(2) 사회복지사의 다양한 역할 수행

전문 사회복지사는 변화를 예측할 수 있는 통찰력이 있어야 하며 변화가 발생했을 때에는 즉각적으로 대처할 수 있는 능력과 기술이 필요하다.

즉 지역사회복지사는 지역사회의 문제를 해결할 수 있고, 주민 참가에 의한 주민의 문제해결 능력을 향상시켜야 하며, 지역사회의 연계나 협동의 강화에 힘쓰고, 장래의 활동 기반 만들기 등에 초점을 맞추어야 한다.

3) 행정처리

사회복지기관의 모든 업무과정은 전 과정에서 행정처리가 필수적으로 수반된다. 행정처리를 하는 과정에서 의사를 전달하고 보존하는 수단으로 문서를 사용한다. 행정처리과정에서 문서는 매우 중요한 요소이다.

(1) 문서관리

문서관리란 문서의 작성, 발송, 접수, 보관, 보존, 폐기와 관련된 활동과 사회복지 행정의 전 과정에서 관리활동의 진행을 간접적으로 보조 촉진하고, 행정활동의 질서를 유지하는 활동 전체를 의미한다.

(2) 문서의 필요성

① 업무내용이 복잡하여 문서 없이 업무의 처리가 곤란할 때
② 사무처리 내용을 명확히 해야 할 때
③ 사무처리 형식 혹은 체제상 형식이 필요할 때
④ 사무처리 결과를 보존하여 활용할 필요가 있을 때

4) 과정기록

사회복지사는 기관과 클라이언트, 지역사회에 대한 윤리적, 법적 책무성을 가지고 자신이 전달하고자 하는 서비스를 기록하고 설명하고 평가해야 한다(길귀숙 외, 2010). 프로그램과 관련된 기록들을 살펴보면 프로그램 일지를 비롯하여 프로그램과정에 대한 기록, 중간 및 최종결과보고에 대한 기록, 개별평가서, 개인성과에 대한 기록 등 다양하다. 기록을 할 때, 개별기록의 경우에는 사전에 이용자의 동의 없이는 외부로 유출되거나 공개되어서는 안 된다.

6. 사회복지현장 프로그램 점검 및 종결·평가

1) 목표 점검 및 보완

프로그램 점검은 프로그램의 전체 과정에서 관련된 요소를 확인하고 프로그램이 원래의 목표를 달성하는 방향으로 진행되고 있는지, 혹은 예기치 못한 문제가 발생하지는 않았는지에 대한 정보를 수집·분석하여 프로그램을 개선해 나가는 노력을 의미한다.

(1) 프로그램 점검에 대한 검토사항(지은구, 2005; 황성철, 2005)

① 프로그램이 표적집단에 속한 사람을 어느 정도 포함하는가?
② 프로그램의 내용이 적합하며, 양질의 서비스가 전달되는가?
③ 프로그램 수행 인력은 적합한 능력을 갖추고 있으며 그 수는 적당한가?
④ 프로그램 수행에 필요한 예산, 시설, 물품은 적절히 지원되는가?
⑤ 프로그램의 자원은 예산 범위 내에서 적절하게 집행되는가?
⑥ 프로그램과 서비스는 적절한 전달체계를 통해 표적집단에 전달되는가?
⑦ 프로그램이 공공기관 또는 자원제공자가 부과한 기준과 요구를 따르는가?

(2) 점검과 보완

점검결과를 바탕으로 보완을 하고, 이때 소요예산이나 인력, 장소, 시간 등의 요소들이 함께 고려되어야 하며 이러한 점검과 보완절차는 지속적으로 이루어져야 한다.

프로그램 점검내용을 중심으로 슈퍼바이저는 프로그램 진행인력에 대해 목적달성을 위한 다각적인 슈퍼비전을 제공하고 프로그램 진행자는 슈퍼비전을 토대로 프로그램의 수정 보완을 통해 목적달성을 이룰 수 있다.

2) 종결처리

(1) 종결

원조과정의 마지막 단계는 종결이다. 원조관계와 과정을 어떻게 종결하는지에 따라 클라이언트가 획득한 성과를 유지하고 공식적으로 종결로 발전해 나가는 데에 결정적인 영향을 미친다. 성공적인 종결은 클라이언트가 사회복지사, 집단과의 분리를 적절하게 준비하고 클라이언트라는 역할에서 본래의 자신으로 변화하도록 돕는 것이다.

(2) 종결유형

① 계획된 종결

- 시간제한으로 인한 종결: 계획단계에서 정한 개입 기간이 지나서 종결하는 것으로 종결을 예측할 수 있다. 사회복지사와 클라이언트 모두가 종결시점을 알고 있기 때문에 사회복지사에 대한 클라이언트의 의존과 상실감이 상대적으로 적다.

- 목표달성으로 인한 종결: 개입목표가 달성되어 성공적 종결을 맞았을 때 종결된다. 클라이언트와 사회복지사 모두에게 만족감이 높으며, 이별에 대한 상실감보다는 성공에 대한 기쁨과 자신감이 넘치기 때문에 사회복지사는 클라이언트의 성공을 축하하며 종결 후에도 성과를 유지할 수 있도록 도울 수 있다.

② 계획되지 않은 종결

- 클라이언트의 일방적 조기 종결: 클라이언트의 사정으로 계획된 시기보다 일찍 종결하는 경우이다. 클라이언트가 서비스의 불만족이나 동기부족으

로 스스로 서비스 참여를 거부하는 경우, 여러 가지 이유로 기관에 오지 않거나 자기 문제를 노출하지 않으면서 종결을 원하는 경우이다. 사회복지사는 종결 전 클라이언트의 부정적인 감정을 해소해야 하며 종결의 중요성에 대해 클라이언트에게 설명하고 신중히 처리할 것을 권해야 한다. 그러나 모든 결정은 클라이언트에게 맡기고 언제든지 다시 클라이언트가 기관을 방문하게 되면 서비스가 제공될 수 있음을 알려주어야 한다.

- 사회복지사의 사정으로 종결: 사회복지사의 개인적 사정으로 인해 중단되는 경우, 클라이언트의 비협조 등으로 개입이 도움이 되지 못한다는 판단으로 종결하는 경우가 있다. 클라이언트는 계속적인 원조를 원하므로 클라이언트와 사회복지사 모두에게 어려움이 있을 수 있고 클라이언트는 배신감이나 거부당한 느낌 등으로 상처를 받을 수 있다. 사회복지사는 클라이언트의 부정적 감정을 표현할 기회를 주고 극복할 수 있도록 도와준 후 다른 사회복지사에게 의뢰한다.

(3) 종결단계의 기술

① 종결시기의 결정

개입목적의 달성 정도, 서비스의 시간 내의 제공완료의 여부, 사회복지사와 기관의 투자 노력, 이득 체감에 대한 사회복지사와 클라이언트의 합의 여부, 클라이언트의 의존성, 클라이언트에 대한 새로운 서비스의 적합성 여부에 따라 결정된다.

② 정서적 반응의 정리

사회복지사는 클라이언트가 감정들을 표현하도록 도와주고 잘 처리할 수 있게 도와야 한다. 클라이언트의 감정에 대해 질문하거나 언급하고 사회복지사 자신의 감정을 먼저 표현하는 것도 한 방법이다.

③ 목표 달성 평가 및 변화의 안정화

개입과정을 통해 획득한 변화는 개입이 끝나도 계속 유지되도록 도와야 하고 클라이언트에게 문제해결의 기본원칙을 파악할 수 있도록 도움을 주어야 한다.

④ 사후관리

대개 1~6개월 사이에 진행되며, 대개 전화나 면접으로 이루어진다. 클라이언트는 자기의 노력에 대한 확인과 격려를 통해 강화를 경험하게 된다.

⑤ 의뢰

다른 기관이나 외부자원들과 클라이언트를 연결해주는 것을 뜻한다. 클라이언트가 거부되었다는 느낌이나 불안감을 갖지 않도록 주의해야 하며, 클라이언트의 자기결정권을 존중하며 욕구에 맞는 자원을 제안할 수 있어야 한다.

3) 평가 및 평가서 작성

프로그램을 개발하고 관리하는 마지막 단계는 평가단계이다. 프로그램 평가란 프로그램의 효과성, 효율성, 적절성, 만족도 등을 체계적으로 분석하여 결정권자로 하여금 합리적인 결정을 내릴 수 있도록 정보를 산출하는 사회적 과정을 말한다. 평가의 대상은 프로그램의 효과성, 프로그램 운영과정, 프로그램 효율성, 프로그램의 내용, 프로그램의 운영자의 전문성 등이다.

(1) 평가의 이점(Coley & Scheinberg, 정무성 역, 1998; 신원식 · 김민주, 2009 재인용)

① 기관이 프로그램 목표를 측정할 수 있도록 분명한 행위목표를 설정하게 한다.

② 기관이 서비스에 접근하는 방법을 계속적으로 개선하도록 돕는다.

③ 과업을 완수하는 데 필요한 노력과 비용에 대해 피드백을 함으로써 이후 과정에서 조정할 수 있도록 해 준다.

④ 기관이 클라이언트의 욕구를 만족시킬 수 있는 능력을 향상시킨다.

⑤ 기관이 서비스의 성과를 일반 국민들과 소통함으로써 일반의 지지를 높인다.

⑥ 프로그램 평가결과를 널리 보급하여 다른 기관들이 프로그램을 개발하는 데 도움을 준다.

(2) 평가의 유형

평가의 사용 목적에 따라 형성평가와 총괄평가로 나뉜다(성규탁, 1993).

① 형성평가

서비스나 전달계획을 증진시키거나 프로그램 결과를 향상시키고 또는 서비스의 효율성을 증진시키는 목적으로 실시되는 평가를 말한다. 평가의 목적이 프로그램을 형성하는 그 자체에 초점을 맞추고 있기 때문에 형성평가라 불린다.

② 총괄평가

어느 프로그램이 시작되어야 하는지, 지속되어야 하는지 또는 두 개 이상의 대안들 중에 어느 것을 택해야 하는지 등의 총괄적인 의사결정을 할 경우에 실시하는 평가를 말한다. 총괄평가는 크게 효과성평가와 효율성평가로 나눌 수 있다.

효과성평가란 제공된 서비스와 성취된 결과 사이의 관계를 통해 프로그램이 본래 의도하였던 목적을 달성하였는지를 살펴보는 것이고, 효율성평가란 프로그램의 결과를 비용적인 측면에서 평가하는 것을 말한다.

평가의 주체에 따라 내부평가와 외부평가로 나뉜다.

① 내부평가

내부평가는 기관의 행정가, 기획실 등의 내부 평가자들이 프로그램 운영상태를 자체 점검해서 보다 향상된 수준으로 끌어올리기 위해서 실시하는 것으로 형성평가의 성격을 갖는다.

② 외부평가

외부 전문가를 불러 실시하는 것으로 그 프로그램이 얼마나 목표를 달성했는지, 효율적인지 아닌지 또는 진행중이라면 계획을 진행하는 것이 좋은지, 중단하는 것이 좋은지 등의 여부를 묻는 것으로 주로 총괄평가의 성격을 가진다.

(3) 평가보고서

자료를 수집하고 수집된 자료를 분석하게 되면 마지막으로 주요 발견점을 요약하고 프로그램의 새로운 방향에 대해서 권고하기 위하여 보고서를 작성하는 평가의 마지막 단계가 필요하다. 보고서는 프로그램의 첫 단계부터 마지막 단계에 이르기까지의 모든 단계에 대한 서술과 함께 자료분석에서 얻어진 결과와 더 나은 프로그램 발전을 위한 새로운 방향의 권고를 모두 포함하게 된다. 이러한 평가보고서는 신규 프로그램의 기획단계에서 사전 확인함으로 객관적인 자료수집과 프로그램의 성과, 제언 내용이 많은 도움이 될 수 있다.

사회복지 자원개발, 홍보실무

1. 사회복지에서의 자원개발

자원개발은 인적 및 물적자원개발을 비롯하여 사회복지 업무를 수행하는 데 있어 필요한 사회적 자본을 개발하는 일련의 과정을 말한다(이세형, 2017: 173).

사회복지뿐만 아니라 비영리조직에 있어서 자원개발은 굉장히 중요한 부분이며 점차 그 중요도가 증가하고 있다. 자원은 한정되어 있지만, 서비스에 대한 수요는 지속해서 증가하고 있으며 클라이언트의 욕구 또한 점차 다양해지고 있기 때문에 자원은 언제나 부족한 상황이며, 이로 인해 기업의 사회공헌, 기부금, 자원봉사활동 등 다양한 형태의 외부자원을 개발이 절실한 상황이다. 또한, 정부로부터의 의존도를 낮추고 독립적인 사업의 수행을 위해서는 반드시 안정적인 자원의 개발이 뒷받침돼야만 한다.

하지만, 비영리조직에서의 자원개발은 단지 재정지원을 획득하기 위한 활동으로서가 아니라, 조직의 미션과 목표를 달성하기 위한 기반이며, 궁극적으로 지역사회의 문제를 해결하기 위한 기반이 되는 활동으로서, 이를 전략적으로 수행하는 것은 매우 중요하다.

1) 자원의 종류

사회복지에 있어서 자원은 아래의 표와 같이 제공 주체, 자원의 형태, 공식성에 따라 8가지로 나누어 볼 수 있다(노연희, 2007: 192).

〈표 4-1〉 사회복지 자원의 종류

구분		자원의 종류
제공주체	공공자원	정부와 지방자치단체(사회보험과 공공부조, 사회복지서비스를 통한 공적 이전, 취약계층에 대한 각종 공공서비스 이용료 감면, 소득공제 및 세금 감면 등의 조세지출 등)
	민간자원	기업복지 사회공헌 프로그램, 기부금, 자원활동 등 모금지원과 후원, 자원봉사활동
자원형태	물적자원	정부보조금, 기업협찬금, 후원, 결연금 등 각종 기부금, 서비스 이용료 등의 현금, 바우처, 각종 현물
	인적자원	시설 종사자, 자원봉사자 등
공식성	공식적 자원	공적자원(행정복지센터, 초·중·고·대학교, 보건소, 소방서, 경찰서 등) 사적자원(상인연합회, 취미단체 등 각종 모임, 종교시설, 기업재단 등)
	비공식적 자원	자연적 도움제공자(가족, 친척, 이웃, 동호회 등) 자원봉사자, 프로보노(전문봉사자)

출처 : 이세형, 2017: 180

2) 자원개발 시 고려사항

사회복지 자원은 다양하며 시설의 종사자와 자원봉사자, 지역사회 네트워크 등과 같은 인적자원도 중요한 부분을 차지한다. 이러한 자원은 반드시 새롭게 개발해야만 하는 것은 아니다. 새로운 자원을 개발하는 것도 중요하지만 기존의 지역사회 내의 복지 네트워크를 활용하는 것도 효과적일 것이다. 지역사회 네트워크의 경우 동일한 지역을 기점으로 유사한 복지사업을 진행하고 있어 사업에 대한 이해도가 높고 공동의 문제를 해결하기에 효과적일 수 있다. 그렇기 때문에 자원의 개발에 앞서 현재 확보한 지역 내 자원에 대해 조사하고 기존 네트워크를 활용할 수 있는 방안을 모색한 후 필요한 자원의 종류, 양, 필요시기를 명확하게 파악함으로써 체계적으로 자원을 관리해 나가는 것이 필요하다.

개별 비영리조직자원과 지역사회 내 조직 간의 연계를 통한 자원개발의 전략은 다음과 같은 고정을 거쳐서 수행될 수 있다.

〈그림 4-1〉 통합적인 자원개발 전략 수행과정

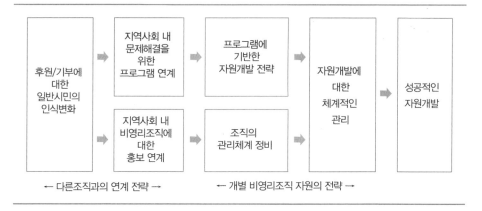

즉, 지역사회 내 조직 간의 연계를 통하여 후원에 대한 대중의 인식을 변화시키기 위한 활동 수행은 자원개발을 위한 기반이 될 수 있을 것이다. 이러한 인식의 변화와 함께 이들에게 지역사회의 문제를 해결하기 위해 활동하는 비영리조직과 이들의 활동에 대한 홍보를 수행하는 것 역시 중요하다. 자원개발을 위한 이러한 맥락적 조건을 개선하기 위한 노력을 바탕으로 비영리조직의 프로그램에 기반한 전략의 수립 및 효과적인 자원개발 관리체계의 등이 가능하며, 궁극적으로는 이러한 노력들은 개별 비영리조직이 자원을 획득하는 데 성공할 수 있는 요인으로 작용할 수 있을 것으로 보인다(노연희, 2007: 251~252).

3) 후원개발

사회복지 조직의 안정성을 위해 후원은 반드시 필요하며 민간자원개발을 위한 방법으로 후원개발의 중요성은 점차 강조되고 있다. 또한, 이를 위한 조직 간의 경쟁 역시 치열해지고 있다. 후원개발에 있어 무엇보다 중요한 것은 후원의 필요성을 조직의 구성원들이 공감하도록 설득하고 함께 참여하도록 의식화하는 부분이다(이세형, 2017: 187). 후원에 있어 명분이 확보되지 않고 조직의 구성원들조차 후원의 필요성을 공감하지 못한다면 후원개발은 성공적으로 이루어질 수 없을 것이다.

(1) 후원이란

사회복지 분야에서 민간자원이면서 물적자원인 자원을 이야기한다면 가장 먼저 후원금(기부금)을 떠올릴 수 있을 것이다. 그만큼 사회복지기관의 자원 중 정부의 지원금을 제외한다면 후원이 자원의 가장 큰 부분을 차지하고 있다고 볼 수 있다. 하지만 용어적 측면에서 후원과 기부는 명확하게 구분되고 있지는 않다. 사회복지사업법에서는 후원을 아무런 대가 없이 무상으로 받은 금품이나 그 밖의 자산으로 칭하고 있으며 기부금품의 모집 및 사용에 관한 법률에서는 반대급부 없이 취득하는 금전이나 금품을 기부금품이라고 정의하고 있다. 사회복지사업법 내에서는 후원금품이라는 용어를 주로 사용하고 있지만 후원금에 관한 영수증 발급 시에는 기부금영수증이라는 표현을 사용하고 있으며 기부금품법과 법인세법, 소득세법 등에서는 기부라는 표현을 사용하고 있기 때문에 후원과 기부가 유사하게 사용된다고 볼 수 있을 것이다.

(2) 국내 기부 참여율

기부 포비아의 확산으로 인해 기업뿐만 아니라 개인 기부 역시 위축되고 있다. 사회 전반적으로 기부활동이 위축되는 현상의 중심에는 공익단체의 도덕성과 사업 효과성에 대한 불신이 자리 잡고 있다. 모금가의 입장에서는 이 현상을 기회로 바라볼 수 있어야 한다. 즉, 단체와 사업의 투명성을 요구하는 분위기가 커진다면, 그에 대한 준비가 잘 되어 있는 곳은 오히려 기부가 늘 수 있다는 뜻이기도 하기 때문이다(김재춘, 2018: 18~20).

〈그림 4-2〉 기부 참여율

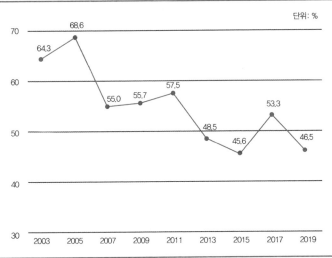

단위: %

출처: 기빙코리아, 2020

(3) 후원방법

최근 들어 후원자들은 더 편리하고 간편한 후원방법을 선호하는 경향을 보이며 CMS와 같은 자동이체 방식이나 카드결제, 휴대폰 결제 등의 후원방식을 선호하는 양상을 보인다. 이것은 후원 참여 시 접근성과 편이성에 대한 고려가 필요하다는 것이다. 대규모 모금 기관의 경우 이미 다양한 방식의 후원방식을 기부자가 직접 선택하고 홈페이지 상에서 간편하게 후원에 참여할 수 있는 시스템이 마련되어 있다. 하지만 소규모 기관의 경우 카드결제 등을 실시하기에는 시스템 및 비용부담 등의 문제로 인해 CMS와 계좌이체, 지로 등의 기존 방식만을 사용하고 있다. 하지만 지속적인 후원사업의 확대를 위해서는 이에 대한 대안을 마련하는 것이 반드시 필요할 것이다.

<그림 4-3> 후원방법

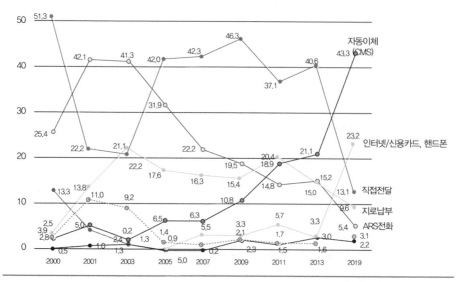

출처: 기빙코리아, 2020

　　사회복지기관에서 후원자 그룹은 프로그램의 성격에 초점화하는 프로그램 후원, 후원의 성격에 따른 정기, 비정기, 결연후원으로 구분할 수 있다(김성철 외, 2017: 128~129).

　① 정기후원

　　정기후원은 일정 금액의 후원금을 정기적으로 내는 것으로 후원의 대상이 정해져 있는 것은 아니다. 이 후원방식은 기부금액을 최소금액 얼마 이상 또는 계좌수 등으로 정하고 소액부터 기부할 수 있도록 다양한 선택을 할 수 있도록 한다. 이러한 정기후원자를 확보하는 것은 안정적인 후원금을 확보함으로써 재정의 안정을 꾀할 수 있다.

　② 비정기후원

　　정기후원이 정기적으로 후원금을 내는 방식이라면 비정기후원은 내용 면에서는 큰 차이가 없지만, 비정기적으로 후원금을 내는 것이다. 정기적인 후원자가 되는 것에 대한 부담을 갖는 후원자들에게 권할 수 있는 후원 방식으로 시간이 흐름에 따라 비정기후원으로 시작하여 정기후원에 동참할 수 있도록 유도할 수도 있다.

③ 결연후원

결연후원이란 후원이 필요한 대상과 후원자를 연결하여 재정적 후원뿐만 아니라 정서적 지원도 함께 제공하는 것으로 후원자에게 결연 대상자의 정보를 상세히 제공하여 후원자의 욕구에 맞는 대상자를 결연함으로써 후원에 대한 만족도를 높일 수 있음은 물론 장기 후원으로 이어질 수 있다.

④ 프로그램후원

프로그램후원은 사회복지기관에서 실시하는 프로그램이나 사업을 통해 후원활동을 전개하고 기부금을 모금하는 것으로 사회적인 문제를 통해 그 문제해결에 다가설 수 있는 프로그램을 기획하고 그 지원을 위해 프로그램후원자를 발굴해 나가는 것이다.

(4) 후원모금의 방법

후원을 받기 위해 사회복지기관에서는 다양한 방법 모색하기 위해 노력해 나가고 있으며 후원을 받기 위한 활동을 모금이라고 칭할 수 있다.

과거에는 대면모금 또는 행사모금 등의 전통적 방식의 모금이 활발하게 진행되었지만 최근 COVID 19 상황으로 인한 비대면활동이 증가하며 후원모금의 방식에서도 변화가 필요한 상황이다.

① 대면모금(Face to Face)

잠재기부자를 개인적으로 만나 기부를 요청하는 방법으로 소모임이나 설명회에서 참여자들에게 직접 기부 요청을 하는 것과 1대1로 기부를 요청하는 방식을 말하며 1대1로 기부를 요청하는 방식이 효과적이라고 할 수 있다.

② P2P모금(Peer to Peer)

단체의 기부자가 자신의 지인에게 부를 요청하는 방법으로 가장 강력한 기부자 확보전략이다.

③ 전화, 우편모금

잠재기부자에게 우편을 보내거나 전화로 기부를 요청하는 방식으로 개인적 요청만큼 효과가 높게 나타나지는 않지만, 신규기부자를 확보하는 데 유용하게 활용된다.

④ 행사모금

바자회, 걷기대회, 경매 등 다양한 유형의 모임을 통한 모금방법으로 기부자 확보, 유지, 업그레이드하는 데 효과적인 전략이다.

⑤ 제안서

정부, 공익재단, 공동모금회, 기업 등에 제안서를 제출하거나 공모과정을 통해 보조금이나 후원금을 지원받는 방법으로 동시에 여러 공모에 제안할 수 있다는 장점이 있으며 고액 기부금을 마련해야 하는 경우 적극적으로 활용하면 효과적이다.

⑥ 기부포털 참여모금(온라인모금)

다양한 기부자와 다양한 모금자를 연결해 주는 온라인모금 인프라를 제공하는 전문적인 사이트로 다양한 모금 주체가 사이트에 가입하여 자신의 모금을 관리하는 등의 방법으로 모금이 진행된다.

- 네이버 해피빈: 네이버 포털 내에서의 활동(블로그 글쓰기, 배너 클릭 등)을 통해 무상으로 콩을 받을 수 있으며 콩은 기부를 위해서만 사용된다. 무상으로 후원을 할 수 있어 후원자가 금전적 부담이 없이 후원에 참여할 수 있도록 유도할 수 있으며 포털 내 다양한 활동의 참여를 통해 리워드 형식으로 콩을 받을 수 있어 즐겁게 기부에 참여할 수 있어 기관에 대한 충성도가 높은 기존 기부자를 대상으로 활용 시 활용도가 높게 나타날 수 있다. 또한, 네이버 포털 내에 모금이 지속적으로 노출되어 소규모 기관에서도 적극적으로 활용해 나갈 수 있다. 하지만 사업에 대한 인상적인 스토리텔링이 이루어지지 않는다면 모금액을 달성하는 데에 어려움이 있을 수 있다.
- 카카오 같이가치: 카카오 같이가치 포털 내에 진행되는 모금에 대한 참여(공유하기, 좋아요, 댓글 달기 등)를 통해 기부에 참여할 수 있다. 기부자의 참여에 대해 카카오에서 기부금을 대신 제공하는 형식으로 무상으로 후원을 할 수 있다는 장점이 있으나 최대 600원까지만 지원금이 제공되어 많은 기부자를 대상으로 한 홍보가 필요하다고 볼 수 있다.
- 신한아름인: 신한카드 포인트를 통해 기부하는 방식으로 포인트와 카드 결제의 방식을 선택해 참여할 수 있다는 장점이 있으며 포인트 기부를 통한 소액기부 참여를 유도할 수 있다.

이외에도 기부어클락, 체리플랫폼 등의 블록체인 기반의 다양한 기부포털이 생겨나며 온라인기부가 활성화 되고 있다.

(5) 모금활동의 전개과정

후원을 위한 모금을 모금활동과 모금후활동으로 구분하여 그 과정과 활동을 다음과 같다(김동환, 2017: 309~310).

〈표 4-2〉 후원을 위한 모금과정과 활동

구분	과정	활동
모금 활동	기부가능자 분석	• 모든 기관 이해관계자들에 대한 분석 • 기부가능자 명부 작성
	기부가능자를 기부예상자로 전환	• 기부가능자와의 연결가능성 분석 • 기부예상자의 선정
	기부예상자를 기부자로 전환	• 기부예상자의 흥미, 능력에 대한 분석 • 개별방문, 전화접촉, 우편접촉, 특별행사 등을 활용하여 기부 요청
모금후 활동	기부자에 대한 기록	• 기부자의 흥미, 능력 기록 • 기부액 기록 • 기부금 사용내역을 기부자에게 알림
	기부 확대	• 감사편지 • 기부자의 흥미, 능력에 기초한 추가적 기부 요청

(6) 후원자관리

① 정기적인 욕구조사

후원개발에 있어서 신규 후원자를 모집하는 것과 더불어 기존 후원자들의 이탈을 막고 기부를 유지하도록 하는 것 역시 중요하다. 기부자의 가치를 지속해서 강화함과 더불어 소통의 창구를 개발함으로써 끊임없이 소통해 나가야 한다. 이를 위해 기부자의 욕구 조사 또한 필요하다. 지속적으로 기부자의 욕구를 파악하고 쌍방향 소통의 관계를 형성해 나가는 것이야말로 기부의 횟수와 지속기간을 향상시켜 나갈 수 있는 방법일 것이다.

기부자에 대해 정확하게 아는 것이 중요하다. 기부자와의 관계를 성공적으로 발전시키려면 신뢰할 만하고 가장 최근의 기부자 정보를 지속적으로 수집해야 한다. 정보는 현실적으로 수집, 기록할 수 있고, 해석이 용이해야 한다(애드리언 사전트 외, 2011: 98~102).

- 기부동기: 기부를 시작한 이유를 파악하는 것은 기부자와의 관계를 발전시켜 나갈 수 있는 첫걸음이 될 수 있다.
- 기관에 대한 기대치: 기부를 중단하는 이유 중 하나는 기부에 대한 불만

족 때문일 수 있다. 그렇기 때문에 사전에 기부자가 기관에 대해, 기부의 결과에 대해 어떤 기대를 하는 것이 필요하다.

- ■ 소통의 방법: 기부자와의 소통의 방식은 기관이 원하는 방식이 아니라 기부자가 원하는 방식을 따라야 할 것이다. 기부자가 희망하는 소통의 방식을 확인하고 그러한 방식으로 소통을 해나간다면 기부에 대한 만족도 또한 높아질 수 있을 것이다.

- ■ 선호하는 기부 방식: 기부자가 기부를 중단하는 사유 중 하나는 지속적인 기부에 대한 요청으로 인한 부담감 때문일 수도 있다. 기부금의 증액 또는 추가적인 기부를 요청하기 위해서는 기부자가 선호하는 기부의 방식을 파악하는 것이 필요하다.

- ■ 선호하는 기관의 활동: 기부자가 기관의 활동 중 어떤 부분에 관심이 많은지를 파악하고 기관의 행사에 직접 참여할 수 있도록 유도하는 것 또한 기부의 지속성을 높일 수 있다.

- ■ 기부자에 대한 기본 정보: 기부자의 연령, 성별, 직업 등에 따라 소통의 방식도 달라질 수 있을 것이다.

② 다양한 후원자관리 프로그램

사회복지기관은 큰 비용과 시간을 들여서 신규 후원자를 구하기 위하여 노력한다. 그러나 신규 후원자개발 이상으로 중요한 것은 기존 후원자에 대한 적절한 관리이다. 사회복지기관의 자원개발이 확대되지 못하는 주요 원인 중의 하나는 신규 후원자를 개발하지 못해서가 아니라, 기존 후원자를 관리하지 못하기 때문이고, 사회복지기관이 기부자와의 새로운 관계를 형성하는 것보다 과거에 기존 후원자와의 관계를 유지하는 것이 경제적, 관계의 질 면에서 더 효과적이라는 지적도 있다. 따라서 사회복지기관에서는 신규후원자를 유치하기 위한 노력뿐 아니라 기존 후원자를 유지시키는 노력도 필요하다(박창우, 2020: 138).

후원자관리 프로그램의 경우 후원자의 연령, 성별, 직업 등에 대한 분석 이후 기관의 특성에 맞게 운영하는 것이 필요할 것이다. 후원자관리의 가장 기본적인 목적은 정기후원자의 이탈을 막고 기관에 대한 충성도를 높여 후원을 장기적으로 지속할 수 있도록 하는 것에 있다고 볼 수 있다. 이를 위해 감사선물, 감사편지, 이벤트 등의 다양한 활동이 이루어질 수 있다.

(7) 기부 활성화를 위한 브랜드 전략

모금활동에서 단체나 사업의 인지도는 그 자체로 기부의 판단 기준이 된다. 그래서 모금활동 못지않게 단체와 사업의 '브랜드 전략'도 중요하다. 규모가 큰 단체는 단체의 생애주기와 상황에 맞추어 브랜드 전략을 연구하고 실행하고 있지만 작은 단체는 엄두를 내지 못하고 있다. 하지만 효율적이고 효과적인 모금을 원한다면 긴 안목으로 단체와 사업 브랜드를 만들고, 키우고, 유지해야 한다. 작은 단체들이 인지도와 신뢰도 높은 브랜드를 만들기 위한 방법으로는 '사업의 활동, 프로그램, 조직문화 등에서의 차별점을 만드는 전략', '브랜드 요소가 되는 로고, 명칭, 상징물을 만드는 전략', '유명인을 모델로 두는 전략', '창의적인 단체, 사업 보고가 훌륭한 단체 등 독특한 정체성을 앞세우는 전략' 등이 있다(김재춘, 2018: 51~52).

2. 마케팅과 홍보

비영리조직의 자원은 한정되어 있는데 반해 수요는 언제나 공급을 초과하기 때문에 자원은 부족한 상태에 놓이게 된다. 이로 인해 부족한 자원을 확보하기 위해 기업, 재단, 모금, 수익사업 등의 다양한 외부자원의 개발이 필요한 상황이다. 이로 인해 사회복지기관도 마케팅을 통한 자원개발이 요구되고 있으며 자원의 효율적인 관리와 사용에 대한 책임성 문제가 제기되고 있다(이세형, 2017: 174).

1) 마케팅

(1) 마케팅의 정의

마케팅이란 개인이나 조직의 목표달성을 위한 교환을 위해 제품이나 서비스를 생산하고 가격을 책정하며 판매를 촉진시키고 유통시키는 활동을 계획하고 집행하는 과정(김희성 외, 2019: 191)을 말하며 영리조직에서의 마케팅은 소비의 극대화, 소비자 만족의 극대화, 선택의 극대화 및 생활의 질 극대화 등과 같은 세부적 목표를 추구하며 궁극적으로는 이윤 극대화를 추구한다(weihrich & Koontz, 1993: 179)고 할 수 있다. 하지만, 비영리조직의 마케팅은 사회복지조직을 포함한 비영리조직이 가진 사회적 목적을 달성하기 위해 클라이언트 관리, 서비스 개발, 전달, 홍보, 재원확보 등에 있어 영리조직의 마케팅기업을 도입하여 다변화하는 사회적 환경에 부응하여 경쟁력을 확보하는 활동(김희성 외, 2019: 193)이라고 정의할 수 있다.

이로 인해 비영리조직의 마케팅에서는 대상자의 욕구를 세분화하고 고객 만족을 위한 접근이 요구되고 있으며 서비스 개발 측면에 있어서도 환경의 변화 및 요구를 반영해야 한다는 인식이 확대되고 있다. 또한, 안정적 재정확보를 위해 다양한 기법을 활용해 모금효과를 극대화하려는 노력이 요구되고 있다(김희성 외, 2019: 194).

〈표 4-3〉 사회복지 마케팅과 기업 마케팅과의 비교

구분	사회복지 마케팅	기업 마케팅
특징	사회복지조직의 외부욕구 강조	기업의 내부욕구 강조
목적	비영리 추구, 사회이익을 위해 봉사	이윤추구
마케팅의 대상	사회의 이슈나 이념 등이 대상	상품과 용역 등이 대상
관심사	상품과 서비스뿐만 아니라 사람, 장소, 조직에도 관심	상품과 서비스에 관심
교환	무형(지지, 노력, 시간 등)의 형태로 이루어질 수 있음	일반적으로 화폐 형태로 이루어질 수 있음
이익 지불	수혜자와 관련이 없을 수도 있음	이익이 보통 고객의 지불과 관련됨
시장분할	경제적으로 가능성이 없는 시장분할도 기대되거나 요구됨	현재 또는 잠재적으로 가능성이 있는 시장분할을 위해 노력
고객	복합적 시장(수혜자, 후원자 등)	단일시장

출처: 김동환, 2017: 300

기업의 마케팅 목적이 고객만족을 통해 제품이나 서비스 판매를 최대화하여 이윤을 극대화하는 것이라면, 복지조직에서의 마케팅은 조직목적 달성을 위한 가치 지향적인 마케팅이 목적이라고 볼 수 있다. 따라서 사회복지조직의 마케팅은 그 목적과 내용이 가치 지향적 마케팅이어야 한다(김성철, 2018: 195).

비영리단체의 브랜드 마케팅이란 단체의 명확하고 응집력 있는 정체성뿐 아니라 목표를 지지하고 미션을 효과적이고 일관적으로 표현할 수 있도록 해주는 커뮤니케이션 체제를 발전시키는 과정이다(사라 더럼, 2013: 18).

비영리조직에서 마케팅은 조직의 전략적 운영과 후원자개발, 후원자관리, 홍보 전략 등에서 주로 활용되고 있다.

(2) 마케팅 전략

마케팅 전략은 마케팅 조사과정에서 수집한 데이터를 3C(Customer, Company, Competitor)를 중심으로 분석하여 STP(Segmentation, Targeting, Positioning)와 4P (Product, Price, Place, Promotion) 믹스를 차례로 수행하는 것이다(고형일, 2018: 78~80).

〈표 4-4〉 마케팅 전략 수립의 과정

1단계	2단계	3단계	4단계
마케팅 조사 마케팅 관련 의사결정을 위한 시장, 자사, 산업, 거시환경에 대한 조사	3C 분석 • Customer 고객 분석 • Company 자사 분석 • Competitor 경쟁사 분석	STP 수행 • Segmentation 고객 세분화 • Targeting 목표 시장 설정 • Positioning 제품 및 서비스 인식	마케팅 4P 믹스 • Product 제품 • Price 가격 • Place 유통 • Promotion 홍보

① 1단계: 마케팅 조사

어떤 문제에 대한 원인과 그 해결방안을 찾기 위해 실시하는 경우가 많으며, 내외부 환경 조사를 통해 예상 시나리오 도출과 기업의 미래 전략을 세우기 위해서도 수행한다. 마케팅 조사는 기업에서 마케팅과 관련된 의사결정을 위한 조사이기에 일반적인 시장 조사에서부터 자사와 경쟁사, 산업, 거시 환경 조사까지 포함하는 폭넓은 조사를 말한다.

② 2단계: 3C 분석

자사 제품이나 서비스에 직접적으로 영향을 미치는 미시적 환경 분석을 수행하는 단계로 고객 분석, 자사 분석, 경쟁사 분석으로 구성된다.

마케팅은 해당 기관의 성격이나 현재의 다양한 내·외부 환경에 민감하다. 그러므로 기관의 환경을 알기 위해 SWOT 분석기법을 활용한 방법이 자주 사용된다. 이 분석은 강점(Strength), 약점(Weakness), 기회(Opportunity), 위협(Threat)의 내용을 살펴보는 것을 통해 각각의 요소를 면밀하게 살펴보게 된다. 강점과 약점은 기관 내부적 요소로 장단점을 찾아 기록하는 형식으로 분석한다. 기회와 위협은 기관 외부적 상황을 살펴보는 분석으로 기관경영에 외적인 도움과 위협의 요소를 알아보는 것이다. 이처럼 본격적인 마케팅 실시에 앞서 기관에 대한 환경을 제대로 살피는 것이야말로 사회복지 조직의 현주소를 바로 알고 그에 대응하는 전략을 펼 수 있는 기반을 다지는 것으로 이해할 수 있다(이재선·김성철 외, 2017: 123).

③ 3단계: STP 수행

마케팅 전략의 핵심으로 고객을 세분화하고, 세분화한 고객 그룹에서 목표 고객 그룹을 결정하고, 목표 그룹의 마음속에 브랜드나 자사 제품을 자리매김하는 과정을 말한다. 선택과 집중을 통해 고객의 마음을 사로잡는 것이 STP 수행을 통해 얻고자 하는 결과이다.

④ 4단계: 마케팅 4P 믹스

가장 기본적이지만 중요한 마케팅 체제의 하나는 4P이다. 4P는 제품(Product), 가격(Price), 유통(Place), 판매촉진·홍보(Promotion)로 정의된다. 다음의 표는 새로운 서비스 프로그램 또는 전체 조직을 마케팅할 때 4P 체계 내 각 영역과 관련된 중요한 질문들이 나열되어 있다(박창제 외, 2018: 116~117).

〈표 4-5〉 마케팅 4P

4P	핵심 질문과 답변
제품 (Product)	• 판매 제품 또는 서비스가 무엇인가? • 차별화되는 주요 특성은 무엇인가? • 고객들이 해당 제품이나 서비스를 다른 제품 대신 선택하는 이유는 무엇인가? • 소속기관의 제품이나 서비스를 선택하는가? 그 이유는?
가격 (Price)	• 제공하는 서비스에 대하여 요금을 얼마로 책정하는가? • 고객들이 제품이나 서비스에 대하여 지불할 의사가 있는 금액은 얼마인가? 여러분이 설정한 가격과 고객들의 지불 의사는 부합하는가? • 유사 제품이나 서비스에 대한 경쟁기관의 가격을 비교했을 때 가격은 어떠한가?
유통 (Place)	• 제품이나 서비스의 제공 장소는 어디인가? • 제공하여야 하는 서비스에 대하여 어떤 방식으로 클라이언트들과 의사소통하는가? • 조직의 제품이나 서비스의 배치가 유사한 제품이나 서비스에 비하여 특별한 점은 무엇인가? • 조직의 입지가 표적으로 삼는 고객의 요구에 부합하는가?
홍보 (Promotion)	• 고객들이 제품이나 서비스에 관하여 얼마나 알고 있는가? • 활용하는 광고 유형은 무엇이고 그 이유는 무엇인가? • 판매촉진 계획은 무엇인가? • 판매촉진 노력의 결과는 무엇인가?

(3) 사회복지 마케팅의 지향성

사회복지조직의 입장에서는 대상자의 욕구를 정확하게 파악하여 그에 맞는 서비스를 제공하는 과정으로서 마케팅은 판매자 위주의 생산이나 제품 판매의 개념이 아니라 소비자 중심으로 나아가야 하는데 이를 위해서 사회복지 마케팅은 다음의 세 가지 지향성을 추구하여야 한다(박성연, 1998: 145~146).

① 고객 지향성

마케팅 개념의 출발이 고객의 필요와 욕구를 파악해서 그 욕구를 만족시킬 수 있는 제품을 판매한다는 데에서부터 시작한다고 보는 것이다. 즉, 만들 수 있는 것을 파는 것이 아니라 팔릴 수 있는 것을 만드는 것이다. 따라서 고객인 대상자의 욕구에 맞는 서비스를 제공하는 것이 사회복지 마케팅이다.

② 관계 지향성

기업의 성장은 교환관계를 지속적으로 성장시키는 데 있으며, 따라서 마케팅은 관계 지향적이어야 한다. 따라서 마케팅에 성공적인 기업들은 급격한 시장의 변화로부터 기업을 지켜 줄 방파제의 역할을 고객과 기업 모두에게 이익이 되는 상생 관계(win-win relationship)의 발전에서 찾고 있다. 판매 위주의 판촉 개념에서 벗어나 경제적, 기술적, 사회적 관계 강화를 통해 고객을 깊이 이해하고 고객과의 장기적인 유대를 강화한다는 개념의 관계 마케팅은 고객 만족경영과 상호 밀착된 관계에 있다고 볼 수 있다.

③ 사회 지향성

지금까지의 마케팅 개념이 고객 지향성, 즉 고객의 욕구를 충족시키고 만족을 준다는 점에 강조점을 두었는데 이것이 사회 전체의 장기적 이익에 위배되는 경우도 많았다. 따라서 기업의 사회적 책임을 강조하고, 기업이 생존하기 위해서는 기업 외부 곧 사회와의 커뮤니케이션을 확대하여 공동의 관심사를 키워야 한다는 마케팅의 개념, 즉 사회적 마케팅이 등장하게 된 것이다.

2) 홍보

사회복지조직과 같은 비영리조직은 다양한 사람들과의 관계를 맺음으로써 출발하고 여기에서 존립할 수 있는 힘이 나오기 때문에 이들과의 관계성을 어떻게 확보하느냐에 역점을 두어야 한다. 드러커(Drucker, 1992)는 비영리조직과 영리조직의 가장 기본적인 차이점의 하나는 비영리조직이 영리조직에 비해 훨씬 더 많은 사람들과의 관계를 맺고 있다고 하였다. 그래서 효과적인 비영리조직의 운영은 이러한 핵심 관계성을 잘 관리해 나가느냐에 달려있다고 지적하였다. 이러한 점에서 사회복지조직에서 홍보의 역할이 부각되고 있다고 할 수 있다(김찬석, 2016: 15).

(1) 홍보의 정의

홍보라는 것은 PR(Public Relationship), 즉 대중 관계를 의미한다. 이는 대중 관계라는 용어에서 알 수 있듯이 조직이 그의 사회적 환경이 되는 대중과 원활한 관계를 유지하고자 하는 제반 노력을 일컫는다. 사회복지조직의 입장에서 조직을 둘러싼 이해당사자들과의 다양한 관계를 형성하는 노력을 의미하는 것으로 이런 과정을 통해 자원을 개발하고 이용자를 확보하고, 조직의 생존을 위해 지지를 얻기도 한다(김성철 외, 2017: 132).

한국에서의 사회복지 홍보는 '일반적으로 사회복지기관 및 시설들이 자신의 비전, 정체성, 활동 등을 지역 및 일반 주민들에게 알리고 동참을 요청하는 활동'이라고 할 수 있다(이세형, 2017: 160).

또한, 사회복지조직의 홍보는 지역사회 내에 존재하는 조직과 집단 간의 쌍방향 소통을 원활하게 하는 것으로 조직의 이미지와 능력을 향상시키는 면이 강하다. 그리고 사회복지조직의 긍정적인 이미지를 창출하는 것은 후원자 모집, 클라이언트의 확보, 지역사회의 폭넓은 지지 등을 얻는 데 아주 중요하기 때문에 기관 내부의 직원을 포함한 이용자, 지역주민 등 모두가 기관으로 인해 자긍심을 가질 만한 이미지를 창출하기 위한 프로그램이 요구된다. 이를 위해 미디어 매체 등의 적절한 활용을 통해 브랜드 이미지 제고 효과를 극대화하는 전략이 있어야 할 것이다(김성철 외, 2017: 132~133).

(2) 홍보매체

후원자개발을 위한 사회복지조직의 홍보매체로는 시각적, 청각적, 시청각적 매체로 나눌 수 있다. 시각적 매체로는 신문, 잡지, 책자, 유인물, 연례보고서, 카탈로그, 광고지, 회보, 사보, 사진 등이 있으며, 청각적 매체로는 라디오, 강연회, 이야기, 기자회견, 인터뷰, 좌담 등을 들 수 있고, 시청각적 매체로는 뉴스 아이템 개발, 취재유도, 특집기획 프로그램 협찬, 드라마 제작 협찬, TV, 영화, 인터넷, 모바일 등이 있다. 따라서 사회복지 조직의 홍보를 위하여 이들 매체의 고유한 특성과 효과를 감안하여 가장 효과적인 매체를 선택하여야 한다(김동환, 2017: 314~315).

① 효과적인 홍보를 위한 6가지 원리

첫째, 홍보내용은 특정 목표집단을 대상으로 전달할 가치가 있어야 한다.

둘째, 홍보내용은 절대적으로 정직하며 교육적이어야 한다.

셋째, 홍보내용은 이용 가능한 자원을 고려하여 이해하기 쉬워야 한다.

넷째, 홍보내용은 생생하고, 매력적이며, 오랫동안 흥미를 유지할 수 있어야 한다.

다섯째, 홍보에 관한 구체적인 기법을 알아야 한다.

여섯째, 홍보내용은 반복 전달되어야 한다.

② 보도자료(신문, TV 등의 대중매체 활용)

보도자료는 불특정 다수를 대상으로 광범위하게 배포될 수 있다는 장점이 있어 가장 큰 효과를 나타내는 홍보 방법이라고 할 수 있다. 하지만 주요 방송 매체들을 활용하여 홍보하는 것은 비용적인 부담이 발생할 수 있다. 소규모 사회복지기관의 경우 홍보를 위해 막대한 예산을 집행할 수 없는 만큼 주요 방송 매체 보다는 지역 방송 매체를 활용하는 것이 효과적일 수 있다.

③ SNS(Social Network Service)

인터넷과 모바일 기기의 사용이 활발해지며 사회복지기관에서도 SNS를 활용한 홍보가 적극적으로 활용되고 있다. 특히, SNS의 경우 다른 홍보매체에 비해 재정적 부담이 적어 소규모 사회복지기관에서도 적극적으로 활용해 나갈 수 있다.

대부분의 사회복지기관에서 SNS를 도입한 목적은 홍보, 소통 채널 확장 및 후원개발이라고 할 수 있다. 이것은 SNS의 가장 중요한 기능인 기관 소식의 알림을 통하여 홍보를 하고 이를 계기로 후원개발을 하며, SNS의 또 다른 기능인 양방향 소통을 통한 상호의견교환을 한다. 이를 위해서는 전담직원의 존재가 필요하다(이재춘, 2012: 67). 전담직원을 배치하고 체계적이고 전문적인 전략을 통해 SNS를 운영해 나간다면 홍보 효과를 향상할 수 있을 것이다.

④ 기관 홍보물

사회복지기관에서 리플렛, 소식지, 뉴스레터, 연간 사업보고서 등의 다양한 기관의 홍보물을 활용해 나가고 있다. 이는 홍보매체 중 가장 활용이 손쉽고, 전달하고자 하는 내용으로 구성할 수 있다는 장점을 가진 홍보매체이다. 기관 홍보물 제작 시 가장 중요한 사항은 기관의 명확한 비전과 정체성을 담아냄과 동시에 현재 기관의 활동을 담아낼 수 있어야 한다. 홍보물은 그 자체로 교육교재로 활용도 가능하다. 자원봉사자 또는 신입직원, 기관을 방문객 등에게 쉽게 기관을 소개할 수 있도록 쉬운 언어로 소통할 수 있는 홍보물을 만들어야 한다. 또한, 최근 들어 기관 홍보물과 관련하여 초상권과 저작권 관련 문제들이 빈번하게 발생하고 있으며 이를 예방하기 위해 사진을 대신하여 인포그래픽 또는 삽화를 사용하는 비중이 높아지고 있다. 홍보물 제작 시 저작권과 초상권에 대해서도 세심한 주의를 기울여야 한다.

사회복지서비스 실무
-일상생활 기능 지원-

　본 장에서는 사회복지현장에서 필요로 하는 사회복지서비스 중 "일상생활 기능지원"에 대하여 기술한다.

　"일상생활기능지원"이란 보호와 자립지원을 통하여 생활기능을 향상시키는 신체활동, 인지 정서, 가사활동, 사회활동 전문서비스를 제공하는 일이다.

　"일상생활기능지원의 목적"은 질환이나 장애로 인해 일상생활이 어려운 대상자에게 불편함을 최소화하고 대상자가 가능한 한 스스로 일상생활을 할 수 있도록 지원하는 것이다. 이러한 목적을 달성하기 위하여 지원자는 다음의 기본원칙에 따라 일상생활을 지원한다.

1. 기본 원칙[1)]

① 대상자의 질환 및 특성을 이해하고, 대상자의 욕구를 충분히 파악하여 지원한다.
② 대상자의 생활방식과 가치관을 존중하고 사회복지사의 방식을 따르도록 강요해서는 안 된다.
③ 대상자와 신뢰 관계를 형성하고, 대상자의 안전을 최우선으로 한다.
④ 대상자의 잔존능력을 파악하여 스스로 할 수 있는 것은 최대한 스스로 하도록 격려하고 지원한다.

---

1) 한국요양보호협회, 2019.

⑤ 지원할 서비스에 대해서는 반드시 대상자에게 충분히 설명하고 동의를 얻는다. 인지능력이 없는 대상자에게는 가급적 보호자에게 설명하고 동의를 얻는다.

⑥ 물품은 대상자의 동의를 얻어 사용하고, 함부로 옮기거나 버리지 않는다.

⑦ 서비스 제공에 대해 상세히 기록한다.

⑧ 모든 자원은 계획성 있게 필요한 만큼만 사용하고 환경오염을 최소화하기 위해 일회용품 사용을 가급적 자재한다.

2. 일상생활 지원 표준서비스

일상생활 지원 서비스는 신체활동 지원, 인지정서 지원, 가사활동 지원, 사회활동 지원, 건강 지원, 가족관계 지원, 일상생활 위험 관리, 일상생활 서비스 기록 관리로 분류한다.

1) 신체활동 지원

신체활동 지원은 식사도움, 용모관리, 목욕보조, 몸단장, 대소변, 이동 보조 등 대상자의 기본욕구를 지원하는 것이다.

(1) 식사 보조하기

대상자의 특성에 따라 적절한 식재료와 조리방법을 선택하고, 체계적인 영양관리를 통해 건강한 식습관을 형성하고 균형 잡힌 식사를 질병의 악화를 예방하는 것이다. 대상자에 따라 적절한 식사 자세를 파악하고 섭식 방법을 선택하며, 대상자에게 적합한 식재료의 선택, 섭식이 용이한 조리방법에 대한 지식 등이 필요하며 무엇보다 대상자의 영양 관리에 세심한 주의가 필요하다. 노인의 경우를 예로 들어보면, 노인은 에너지 요구량이 감소하므로 열량은 과잉으로 섭취되지 않도록 하며, 단백질 섭취는 체중당 권장량이 성인보다 다소 높아지므로 소화가 잘되는 양질의 단백질 식품을 선택한다. 당질 대사능력이 저하되어 당뇨병 발생이 우려되므로 설탕과 과당과 같은 단순당이 많은 음식을 피하고 식이섬유나 전분이 풍부한 채소와 잡곡밥 등의 복합당질을 이용한다. 지방 소화 기능이 저하되므로 섭취량을 제한하되 필수 지방산이 부족하지 않게 하고 지용성 비타민 흡수를 돕기 위한 적당량의 지질을 섭취하게 한다. 당뇨병 대상자, 고혈압 대상자, 씹기 장애와 삼킴 장애 대상자, 변비 대상자, 골다공증 대상자 등등 질환을 가진 대상자의 질환별 특성을 고려하여야 한다.

(2) 이동 지원하기

이동은 일정한 지점에서 또 다른 일정한 지점으로 움직이는 것이다. 침대에서 바닥으로, 또는 방에서 거실로 움직이는 것과 같이 매우 짧은 거리의 이동도 있지만, 집에서 공원으로, 또는 집에서 백화점으로 등과 같이 비교적 먼 거리의 이동도 있다. 이동은 수평적 공간에서만 이루어질 수도 있지만, 경우에 따라서는 위·아래의 수직적 공간에서도 이루어질 수 있다. 집이나 공원 같은 곳은 주로 지면에서 설치된 구조로서 단순하지만, 지하철이나 여러 개의 층들로 지어진 건물들은 지면을 중심으로 지하나 지상으로 확장되어 있어 구조가 복잡하고 그만큼 접근 수단도 다양하다. 대상자의 이동을 보조하기 위해서는 대상자의 특성에 따른 이동방법, 이동보조기구(예, 휠체어)의 올바른 사용방법과 관리 방법, 차량을 이용한 이동 시 적절한 승·하차 보조 요령 및 이용 방법 등에 관한 지식이 필요하다. 이동 중에는 이용자의 기분이나 건강상태에 대한 관심을 기울이고, 대상자의 이동 속도에 보조를 맞추어 안전하고 즐거운 기분을 유지하도록 하며, 이동에 드는 시간이나 거리 등을 고려하여 휴식이나 식사, 용변의 불편을 겪지 않도록 한다(활동지원사 양성 교육과정, 2014).

(3) 대소변 보조하기

대소변에 대한 도움을 받아야 하는 대상자들은 수치스러움, 불안감 및 절망감을 느낄 수도 있다. 대상자들이 수치스러움이나 정서적 불안을 느끼지 않도록 최대한 편안하게 보조해야 한다. 대상자가 용변의사를 어떻게 표현하는지 미리 알고 있어야 하며, 얼마나 독립적으로 용변처리를 할 수 있는지 파악해야 한다. 용변의 상태를 관찰하여 필요한 경우 전문가나 보호자에게 알려야 하는 것도 중요하다. 배설 전에는 대상자가 배설 의사의 표현 유무를 관찰한다. 소변이나 대변 의사를 언어적으로 표현할 수 있는지 또는 비언어적인 표현에 의존하는지 관찰한다. 안절부절못하지 못하거나, 허리를 들썩이거나, 하복부 팽만감을 호소하는 등 행동을 관찰하며, 대소변 의사의 표현이 불분명한 대상자의 경우는 용변의 간격을 관찰하여 배설시점을 파악할 수 있다. 배설 시에는 대상자가 독립적으로 어느 정도 가능한지 소변이나 대변을 위한 운동능력과 보조용품의 사용능력이 있는지 파악하고 배설 중 통증이 있거나 불안, 불편을 파악한다.

휠체어를 이용하여 화장실에서 배변이 가능한 대상자의 경우 대소변 의사가 확인되면 화장실까지 이동할 수 있도록 지원한다. 대상자가 앉거나 서는 것이 가능해도 균형을 잡지 못할 수도 있으므로 넘어지지 않도록 유의하며, 화장실은 밝고 바닥에 물기가 없어야 하고 화장실 앞의 발매트를 치워 미끄러지지 않게 하는 등 세심한 주의가 필요하다.

편마비, 하마비, 전신마비가 있는 대상자 각각의 사례에 대하여 지원 행동을 순서화하고 지원하도록 한다. 침상에서 용변 지원이 필요한 대상자의 경우, 필요한 준비물들을 항시 준비해 놓고 배변 요구가 있을 때 즉시 배변할 수 있도록 보조한다. 대상자가 수치심을 작지 않도록 배변이 불필요한 노출을 방지하고 편안한 상태를 유지할 수 있도록 한다. 대상자가 스스로 용변할 수 있도록 배뇨와 배변훈련에 적극 참여토록 한다.

서거나 앉는 동작은 가능하지만, 걷기가 힘들어 화장실까지 갈 수 없는 대상자, 또는 부득이한 이유로 화장실에서 용변이 곤란한 대상자는 이동변기를 사용하는 것이 유용하다.

소변이나 대변 의사를 느끼지 못하거나 표현할 수 없고, 자력으로 움직이기 어려운 대상자의 경우 일정 시간마다 배변 여부를 확인하여 배변활동을 지원해야 하지만, 침구 시트나 속옷 등의 잦은 교체를 피하기 위해 보조적으로 또는 적극적으로 기저귀를 활용할 수 있다. 기저귀 사용은 피부 염증을 일으키고 욕창이 나타나기 쉬우며, 성인의 경우 수치심을 줄 수도 있다. 습기가 차지 않도록 배뇨와 배변 시간에 맞추어 자주 확인하고 갈아주어야 하며, 장기적으로 사용하는 경우 기저귀를 교체할 때마다 피부의 변화, 상처 여부를 꼼꼼히 살피고 피부손상 예방을 위한 관리를 철저히 한다(활동지원사 양성 교육과정, 2014).

(4) 목욕 보조하기

대상자의 특성에 따라 목욕에 필요한 물품, 환경 관리, 안전 규칙 준수, 스스로 목욕하는 방법 지도 및 목욕보조기구를 활용한다. 목욕은 피부를 깨끗이 하고 편안함을 증진시키고 혈액순환과 근육이완 및 관절운동을 돕는다. 목욕 시 욕창이나 습진 유무, 피부 상태를 관찰한다. 목욕이 대상자에게 오히려 신체적으로 부담이 될 수도 있으므로 목욕 전·후의 신체적 기능 상태를 고려해야 하고, 안색이나 기분이 평소와 다르거나 발열, 어지러움, 두통, 가려움, 통증 등이 없는지 확인한다. 목욕활동은 지원할 때는 적정 수준의 실내 온도를 유지하고 바람이 들어오지 않도록 욕실 문을 닫는다. 목욕 전 목욕 물품은 사용하기 편하게 가까이 준비하고 소변이나 대변을 목욕 전에 보도록 하며, 대상자의 몸 상태를 확인하여 열이 나거나 혈압이 상승했을 때, 기분이 불쾌하거나 몸이 피로할 때, 식사 전·후에는 목욕을 피한다. 목욕 시 대상자가 할 수 있는 부분은 스스로 하도록 하여 능동적인 근육운동과 이로 인한 성취감을 갖도록 하며 때때로 말을 건네서 상태를 확인한다. 욕조에 손잡이를 붙이거나 미끄럼 방지 매트를 까는 등 대상자가 안심하고 입욕할 수 있도록 한다. 목욕물의 온도는 38~40℃를 기준으로 하여 개인의 취향을 살리도록 하고 목욕시간은 20~30분 이내로 한다. 체온이 떨어지지 않도록 목욕 중에는 자주 따뜻한 물을 뿌려준다. 목욕 후에는 한기를 느끼지 않도록 물기를 빨리 닦아주고 따뜻한 우유, 차 등으로 수분을 보충한다. 로션이나 오일 등 피부 유연제를 발라 준다(활동지원사 양성 교육과정, 2014).

(5) 용모 관리하기

머리 빗기, 면도, 손발톱 다듬기, 화장, 옷차림 관리, 옷 갈아입기 등등의 활동 지원을 말한다. 용모 관리 시 개인의 취향을 존중하고 대상자의 청결 유지에 대한 노력과 수치심을 느끼지 않도록 배려하여야 하며, 신체에 대한 비밀 보장을 준수하고 대상자 스스로가 용모 관리를 할 수 있도록 지지하여야 한다. 머리 손질은 두피의 혈액순환을 자극하여 모발의 건강과 기분을 상쾌하게 한다. 매일 빗질을 하는 것이 좋으며, 머리카락이 엉켰을 경우에는 물에 적신 후에 손질하도록 한다. 너무 세게 잡아당겨 대상자가 불편하지 않도록 한다. 와상 상태이거나 누워있는 시간이 많은 대상자는 머리를 짧게 하는 것이 손질하기 쉽고 두피 관리에도 좋으나, 개인의 기호나 의견을 존중한다.

손과 발을 자주 닦아 청결을 유지하도록 한다. 마비에 의해 구축이 있는 대상자의 경우 악취나 무좀을 예방하고 손발의 말초 부위를 따뜻하게 하여 혈액순환을 돕는다. 피부의 건조를 예방하기 위하여 보습을 고려한 클렌저나 비누를 사용하고, 주기적으로 오일이나 로션 등을 발라 준다. 가습기를 활용하여 습도를 조절해준다.

대상자가 기동장애나 인지장애가 있어서 스스로 세면을 할 수 없는 경우 얼굴을 깨끗이 씻어 주어 혈액순환을 촉진하고 청결을 유지시킴으로써 자존감과 정서감을 제공한다.

세면 시 얼굴은 눈, 코, 뺨, 입 주위, 이마, 귀, 목의 순서로 닦는다. 눈은 부드

럽고 깨끗한 수건으로 안쪽에서 바깥쪽으로 닦는다, 한 번 사용한 수건의 면은 사용하지 않는다. 안경을 사용하는 경우는 하루에 한 번 이상 안경 닦는 천으로 잘 닦거나 물로 씻어 깨끗하게 한다. 귀는 정기적으로 면봉이나 귀이개로 귀 입구의 귀지를 닦아내고 귓바퀴나 귀의 뒷면도 따뜻한 물수건으로 닦아 낸다. 남자의 경우, 전기면도기나 면도기를 사용하여 가능한 스스로 수염을 깎도록 보조한다. 수염을 부드럽게 하기 위해 따뜻한 물수건을 대어 피부에 상처가 나지 않도록 피부를 잡아당기면서 위에서 아랫방향으로 천천히 면도를 하도록 한다. 구강을 청결히 하는 것은 매우 중요하다. 구강 내 염증과 구취를 예방하고 기분을 상쾌하게 하여 대상자가 식욕을 증진시키기 위해 구강 내의 음식물 찌꺼기와 불순물을 제거하고 잇몸을 마사지하는 것이다. 치아가 없거나 씹고 삼키는 능력이 손상 또는 손실된 대상자, 의식이 없는 대상자, 사레가 잘 드는 대상자의 경우 자세는 앉은 자세나 옆으로 누운 자세를 취하도록 하고 부득이 똑바로 누운 자세일 때는 상반신을 높인다. 목에서 가슴까지 수건을 대주고 거즈를 손에 감고 물을 적신 후, 먼저 윗니와 잇몸을 닦고 거즈를 바꾸어 아래쪽 잇몸과 이를 닦는다. 다음으로 입천장, 혀, 볼 안쪽을 닦아낸다. 필요한 경우 구강청정제를 사용할 수도 있다(활동지원사 양성 교육과정, 2014).

2) 인지 · 정서 지원

인지 · 정서 지원이란 대상자의 일상생활을 원활하게 하도록 학습 및 인지능력 향상을 돕고, 안정된 심리상태를 유지 · 향상시키는 능력이다.

(1) 학습 지원하기

학습 지원하기는 대상자에게 학습지도를 직접 수행 또는 연계지원을 통해 인지능력 향상을 돕는 업무를 말한다. 대상자의 학습욕구를 파악하고 학습지원 계획을 수립하며 학습자원을 관리하고 대상자의 수준과 능력에 따라 적절한 교수법을 지원한다.

자기주도적 학습은 스스로 자신의 학습을 기획하고 실행하며 평가해 나가는 것으로 학습자가 자신이 배워야 할 지식의 내용을 선택하고 학습하는 과정을 스스로 설계해 나가며, 자기평가에 의하여 학습을 설계해 나가는 것이다. 대상자가 자기주도적 학습을 추구하도록 지원함으로써 대상자의 적극적 의지를 지지하고 자아실현을 추구하도록 지원한다.

(2) 인지력 향상 지원하기

주로 노인과 장애인을 대상으로 인지활동의 직접제공 또는 연계 지원하는 것으로 인지진단서에 근거하여 필요한 지역자원을 연계 및 인지력 향상을 위한 프로그램을 지원할 수 있어야 한다. 노화란 인간이 전 생애발달과정 속에서 노년기를 맞이하면서 사회적 맥락 속에서 행동을 변화시켜 가는 것을 말한다. 이러한 사회적 노화과정에서 노인은 사회참여의 기회가 줄어들고, 대인관계가 축소되어 소극적으로 변화한다. 따라서 노년교육을 통하여 노년기에 자아실현을 위한 새로운 삶을 계획하고 적극적인 사회참여를 지지하여야 한다.

(3) 심리 지지하기

아동, 노인, 장애인을 대상으로 상담을 직접 수행 또는 연계 지원을 통해 정서적 안정 유지를 돕는 업무이다. 심리적 지지를 위한 활동프로그램을 지원, 심리안정 지원을 위한 자원인 말벗, 멘토 등의 인적자원을 연계할 수 있어야 한다.

(4) 여가 지원하기

대상자의 특성에 따라 여가활동을 목록화하고 계획, 여가활동 지원을 위한 자원개발 관리, 대상자의 욕구에 맞는 여가활동 정보를 제공하는 업무이다.

노인들에게 제공되는 여가활동 프로그램인 종교행사, 요리교실, 실버레크댄스, 노래교실, 영화감상, 각종 공연 등을 통하여 생활의 활력을 제공하여 정서적으로 안정을 제공할 수 있다.

3) 가사활동 지원

가사 지원은 식사를 마련하고 각종 더러워진 의복이나 침구류, 커튼 등의 세탁과 수선, 지안의 정돈과 쾌적한 분위기, 휴식을 지원하는 활동 보조이다. 가사란 집안일로서 신변처리에 이은 개인의 중요한 활동단계의 하나라 할 수 있고 집안은 한 사람의 가장 개인적인 삶의 공간이자 활력의 공급처이기도 하다. 그러나 중증의 심신장애를 가진 대상자들에겐 가사가 안정과 휴식을 제공하기보다는 가사활동만으로도 힘에 부친다. 이러한 가사활동을 보조함으로써 대상자들이 가사의 원래 의미를 되찾고 사회활동에도 적극적으로 참여할 수 있도록 지원이 필요하다.

(1) 식사 준비

대상자의 장애나 건강상태 등 그 특성에 따라 적절한 식재료를 준비하고 조리

방법을 선택함으로써 건강한 식습관을 형성하고 식사관리를 통하여 대상자들의 삶의 질을 향상시킬 수 있다. 식사를 준비하기 위해서는 식재료의 구입, 음식의 조리에 대한 지식과 이해를 갖추어야 한다. 먼저 식재료의 준비에 있어서 식재료는 대상자의 의견을 충분히 듣고 대상자의 건강상태를 고려하여 구입하며, 대상자가 이동과 외출이 가능할 경우 대상자가 장을 보고 지원자는 동행을 하는 것이 바람직하다. 식재료 구입 시, 미리 식단을 작성한 후 냉장고에 남은 식재료를 확인하고 재료별 구입 장소를 결정한다. 반드시 필요한 양만 구매하며 제철 식품과 과일을 구매토록 한다. 음식의 조리함에 있어서 안전한 조리 원칙을 따른다.

안전하게 가공된 식재료를 선택하고 적절한 방법으로 가열·조리한다. 조리한 음식은 신속히 먹을 수 있도록 하고 남은 음식을 보관할 때는 주의를 기울인다. 남은 음식을 다시 놓을 때는 변질 유무를 반드시 확인한다. 조리한 음식과 조리하지 않은 식재료는 서로 섞이지 않도록 하며, 손은 철저히 씻고 조리대는 항상 청결을 유지한다. 벌레나 이물이 들지 않도록 음식물 보관에 항상 유의한다. 조리 방법에는 볶기, 삶기, 튀기기, 무침, 찜 등이 있으며 각기 식재료의 특성과 대상자의 특성에 기초하여 적절한 조리법을 사용한다.

식기 및 주방의 위생관리에 주의한다. 개수대와 가스대 밑의 수납장, 찬장 또는 싱크대, 냉장고, 수세미와 행주, 칼과 도마, 그릇 및 식기류, 고무장갑 및 플라스틱 용기 등의 청결을 항상 유지하도록 한다.

(2) 의류와 침구 관리

의류와 침구는 개인의 피부, 호흡기에 늘 접촉하는 것들로 관리를 소홀히 하면 피부질환이나 호흡기 질환을 유발할 수 있다. 또한 각종 질환의 전염원이 될 수 있고, 체력과 면역력이 현저히 떨어진 중증장애나 환자들에겐 치명적일 수 있어 관리가 중요하다.

의류는 더러워진 상태로 방치하면 악취가 발생하고 흡수성과 보온성도 저하되어 발진이나 가려움 등의 원인이 되기도 한다. 속옷은 매일 갈아입는 것이 바람직하다. 의류를 세탁할 때는 헹굼을 충분히 하여 햇빛에 말리며 잘 건조된 것을 입도록 한다. 새로 구입한 의류는 한 번 세탁한 후 입는 것이 좋다. 감염이 의심되는 대상자의 의류는 다른 의류와 구분하여 세탁한다. 입지 못하게 된 의류를 버릴 때는 미리 양해를 구한다. 더러워진 의류는 세탁방법 및 옷감의 종류를 구별하여 세탁하고 오염이 심한 의류는 즉시 세탁한다. 일상에서 잘 입는 옷은 꺼내기 쉽도록 서랍의 앞쪽에 정리하고 대상자가 의류를 찾는 데 어려움이 없도록 보관 장소를 고려하여 수납하고 반드시 대상자에게 보관한 위치를 알려주도록 한다.

세탁은 불림세탁, 부분세탁, 삶기, 헹굼, 탈수 및 건조의 방법과 과정을 거치며 건조가 끝난 의류는 용도별, 가족별 분류하여 정리 수납한다. 오랜 보관이나 장마로 인해 의류가 눅눅해졌으면 건조하고 맑게 갠 날 바람이 잘 통하는 그늘에서 거풍시킨다. 양복장이나 서랍 같은 용기에 방습제를 넣으면 습기가 차는 것을 방지할 수 있다. 모직이나 견직류와 같이 흡습성이 큰 천연섬유는 높은 온도와 습도에서 해충의 피해를 받기 쉬우므로 보관할 때는 나프탈렌 등의 방충제를 넣어 주는 것이 안전하다.

방충제는 공기보다 무거우므로 보관용기의 윗 구석에 넣어 둔다. 방충제를 넣을 때는 포장된 상태에서 일단 꺼낸 다음 천이나 신문지에 싸서 넣는다.

(3) 청소 지원하기

주거공간은 대상자의 생활습관에 맞춰져 있기 때문에 대상자가 무엇을 원하는지 먼저 파악해야 한다. 원래의 위치를 바꾸거나 어떤 물건을 버려야 할 때는 대상자의 동의를 반드시 구한다. 대상자가 할 수 있는 일과 지원이 필요한 일을 구분하여 협력한다.

귀중품의 정리 정돈은 대상자가 확인할 수 있도록 하고 가능하면 대상자가 스스로 하도록 한다. 청소과정에서 대상자가 자주 사용하는 물건의 위치가 바뀌었을 때는 변경된 위치를 확실히 알 수 있도록 반복 설명해 준다. 청소 방법이나 순서에 있어서 대상자의 습관을 존중하되 활동시간이 한정된 경우 서로 의견을 나누어 효율적인 방법을 모색하고 시작 전 순서를 미리 정하고 진행하면 효율적이다. 청소는 항상 대상자가 관여할 수 있도록 하고 직접 관여하기 어려운 대상자는 청소하는 동안 청소하는 공간에 머물게 한다. 대상자가 이동하다가 넘어지지 않도록 전기코드 등의 바닥에 걸리는 물건들을 잘 갈무리한다. 창틀이나 문턱 등 먼지가 쌓이기 쉬운 곳을 주의를 기울여 청소하고 삐걱거리는 문은 기름칠을 해서 잘 여닫히도록 한다. 쓰레기는 분리수거하고 음식물은 그날그날 치우며, 쓰레기통에서 냄새가 나는 경우에는 물로 씻어내어 잘 말리거나 알코올로 닦아낸다. 청소도구는 사용 후 청결하게 하여 본래의 자리에 둔다.

화장실의 경우는 습기가 많은 장소이므로 사용하지 않는 낮 시간 동안에 충분히 환기를 시켜준다. 바닥은 물때나 미생물의 발생이 쉽고 미끄러우므로 일주일에 한 번 정도는 표백제와 솔을 이용하여 닦아낸다. 배수구는 뚜껑을 들어내 오물을 걸어 내고 뚜껑을 솔로 씻은 다음 배수구 속까지 문질러 물때를 씻어낸 뒤 표백제를 희석한 물을 부어 준다.

4) 사회활동 지원

사회활동은 다른 사람과의 관계를 통해 어떤 목적을 실현하기 위한 활동이다. 그것이 각자의 생계를 목적으로 관계를 맺고 있다면 직업활동이고 오락이나 취미생활을 위한 목적으로 맺어지면 여가 및 취미활동이 되며, 인권이나 이익을 지키기 위한 목적이 되면 시민활동이 된다. 사회활동의 참여는 개인의 행복한 삶을 달성하거나 사회 구성원의 자아를 실현하기 위해 추구하는 최고의 가치이다. 그러나 혼자서의 이동이나 외출이 곤란한 장애인들은 집안에서의 일상생활에 급급한 나머지 사회활동에 참여할 기회를 놓치고 있는 경우가 많다.

사회활동 지원은 대상자가 참여하고 있는 활동의 유형이나 분야에 따라 달라질 수 있다.

사회활동은 대부분 개인이 좋아하거나 가치 있다고 생각하는 특정 분야이므로 사회활동지원서비스를 제공하는 사회복지사는 구체적으로 활동이 무엇인지 이해하고, 활동의 성격이나 활동의 범위와 참여빈도, 지속 가능성, 대상자가 그 활동에서 얻고자 하는 만족 등에 대하여 다양한 방법으로 알아내야 한다. 그래야만, 대상자가 사회활동에 참여하기 위해 필요한 지원을 수행할 수 있다.

(1) 지역자원정보 제공하기

대상자의 지역사회 참여 욕구를 파악하여 대상자에게 지원할 수 있는 지역자원의 정보를 제공하고 연계한다. 지역자원에는 지역사회의 사회복지서비스, 사회복지시설, 병의원, 도서관, 은행, 공원 및 문화 공간, 축제 등의 오프라인 지원뿐만 아니라, 온라인상의 사이버활동 지원이 있다. 주거 밖 출입이 제한된 대상자라하더라도, 마음먹기에 따라 다양한 사회활동에 참여가 가능하다. 인터넷 카페나블로그 참여를 통한 문예활동, 종교활동, 각종 시민사회활동, 시민모니터링활동, 동료상담활동 등은 모두 인터넷을 통한 사이버활동의 다양한 예이다. 사회복지사는 대상자에 대한 개인정보보호에 대한 존중하는 노력, 대상자에게 필요한 정보를 확보하려는 적극적인 태도, 정보에 관련된 지원을 지속적으로 유지하려는 태도를 갖추어야 한다.

(2) 외출 지원하기

외출은 개인이 어떤 목적을 갖고 자신의 주거 밖으로 나가는 것을 의미한다. 외출은 사회활동의 출발행동이다. 외출을 시작하는 것은 개인이 주거라는 일상공간에서 나와 사회라는 환경으로 활동역역을 확대하는 것이다. 운동기능에 심각한 제한을 가진 사람들은 혼자서 외출하는 것에 누군가의 도움이 없이는 거의 불가능한 경우가 많기 때문에 외출 지원이 필요하다. 외출 지원은 외출을 계획, 준비하는 단계, 외출이 이루어지는 단계 그리고 외출에서 돌아오는 과정에서 이루어지는 활동 보조이다. 외출을 계획하고 준비하는 단계에서는 관련된 정보를 수집하여 제공하고 외출 시 이동조건, 식사나 휴식, 용변 여건, 외출 장소의 접근성 등을 확인하여 준비하는 일이다. 외출 중에는 각종 교통수단의 이용 등 이동에 많은 지원이 이뤄지며 외출이 끝나면 휴식이나 정리에 필요한 지원이 이루어진다.

외출에는 특정한 목적, 장소와 거리가 정해진다. 보통 목적에 따라 장소가 정해지고 그에 따라 장소의 위치와 거리, 이동방법이 결정된다. 외출 지원은 이러한 목적과 장소에 따라 달라진다. 외출 직전까지 계획과 준비는 매우 중요하다. 계획과 준비가 잘 이루어지지 않을 경우 모처럼의 외출이 짜증스럽고 다음의 외출을 꺼리게 하는 결과를 가져올 수도 있다. 혼자서 외출이 곤란한 대상자에게 외출은 여러 가지 효과를 가져다 준다.

신선한 공기를 접하고 사람을 만나고 동행자와 이야기를 나누고 거리를 느낌으로써 삶의 즐거움을 느끼고 생활 의욕의 향상과 주체적인 사회활동 참여의 출발이 될 수 있다.

(3) 금전관리 지원하기

금전관리 지원하기는 대상자가 바우처 및 각종 사회서비스 이용 등을 포함한 금전관리의 욕구를 파악하여 금융지식 및 금융 관련 정보의 습득을 지원하는 것이다. 따라서 지원사는 금융에 대한 지식과 정보 습득 방법에 대한 지식을 갖추고 대상자와의 상담을 통하여 대담자의 욕구를 파악하고 금융 지원을 위한 후원자를 연계하여 주고 대상자가 현금출납을 스스로 기록하고 관활할 수 있도록 돕는다. 대상자 스스로의 활동을 통하여 대상자의 자립과 자아존중감을 증진시킬 수 있고 대상자 스스로 수입과 지출을 관리할 수 있도록 한다.

(4) 행정업무 지원하기

행정업무 지원은 관공서나 공공기관의 민원서식에 대한 정보와 작성방법을 지원하고 민간기관의 각종 제안서 및 서식을 지원하며 대상자에게 필요한 민원 요구를 적절한 민원기관에 연계하며 처리할 수 있도록 지원하는 것이다. 대상자가 민원서식을 작성하고 청구하며 서비스를 제공 받는 과정에서 대상자 스스로가 참여함으로써 자립감과 자아존중감을 증진시키도록 도와주고 대상자의 욕구를 파악하는 과정에서 의사소통과 이해에 필요한 스킬이 필요하며 전문가를 연계시키는 역량이 필요하다.

(5) 인권교육하기

인권교육하기는 노인, 장애인, 아동, 여성, 다문화 가족, 학대가정, 성폭력 피해자 등등 사회적 취약계층에게 대상자의 특성에 맞는 인권교육과 지원을 통해서 인권침해의 예방과 대처를 돕는 것이다. 사회복지사는 아동, 청소년, 장애인, 노인의 인권에 관련된 법규, 학대의 개념과 유형, 성폭력 및 성희롱에 대한 지식, 인권 지식 및 인권침해 예방과 대처에 관한 지식 등을 갖추고 인권침해의 요인, 자료분석, 인권보호에 관련 교육능력 및 상담능력 등의 기술이 요구되며 비밀보장, 인권존중, 신속한 대처와 책임감을 갖는 태도가 필요하다.

5) 건강 지원

건강 지원이란 위생 지원, 약복용, 의료기관이용, 재활운동보조를 통해 대상자의 건강을 유지하고 향상시키는 지원활동이다.

우리나라 주요 건강지원사업으로는 방문건강관리사업, 구강보건사업, 모자보건사업, 건강검진 지원사업, 의료비지원사업, 정신건강증진사업, 지역사회통합건강증진사업, 결핵관리, 감염병 관리, 치매관리사업 등이 있다. 사회복지사는 이러한 건강 지원사업에 연계하여 대상자의 특성에 따른 건강 욕구를 지원할 수 있다.

(1) 위생 지원하기

위생 지원하기는 대상자의 특성에 맞는 위생 지원 방법, 구강 청결관리 방법, 생식기 청결관리 방법 등에 대한 지식을 보유하고 관련된 기술을 지원하며 대상자를 관찰하고 관리한다.

위생관리의 가장 기본은 손 위생이다. '비누로 손 씻기'는 가장 기본적이고 비용효과적인 감염병 예방방법으로, 인플루엔자, 감기 등 호흡기 감염질환, 콜레라, 이질, A형간염, 설사 등 소화기 감염질환, 유행성 눈병 등 대부분의 감염병 전파를 상당 수준 예방할 수 있다.

참고

올바른 손 씻기 방법

1단계: 손바닥과 손바닥을 마주대고 문질러 준다.
2단계: 손가락을 마주잡고 문지른다(손가락 등을 반대편에 대고 문질러 준다).
3단계: 손등과 손가락을 마주대고 문질러 준다.
4단계: 엄지손가락을 다른 손바닥으로 돌려주면서 문질러 준다.
5단계: 손바닥을 마주대고 손까지를 문질러 준다.
6단계: 손가락을 반대 편 손바닥에 놓고 문지르며 손톱 밑을 깨끗하게 닦는다.

(활동지원사 양성 교육과정, 2014)

(2) 약물복용 지원하기

대상자의 복용약물을 파악하고, 약물복용 지원계획과 수행하며, 의사의 지시에 준수하여 대상자가 약물을 올바르게 복용토록 지원하며, 약물복용에 따른 대상자의 상태변화를 관찰하여 기록하여 의사와 보호자에게 정보를 제공함으로써 대상자의 건강을 회복하도록 돕는다.

약물 부작용이란 약을 먹은 후에 의사나 환자가 원하지도 기대하지도 않았던 건강에 해로운 결과가 나타나는 것을 말한다. 약물 부작용 중에서 흔한 것은 위염이나 위궤양, 빈혈, 백혈구 숫자가 줄어드는 것, 간기능과 신장기능이 나빠지는 것, 졸림, 입마름, 변비, 기분이 처지는 증상, 정신이 흐려져서 헛소리나 혼동상태에 빠지는 것 같은 증상이 많고, 이외에도 여러 증상들이 약 부작용으로 인해 생길 수 있다(네이버 지식백과, 노인 약물복용).

〈그림 5-1〉새로운 약을 처방받았을 때 의사에게 물어보아야 하는 7가지

① 약의 이름이 무엇이고, 이 약을 먹어서 어떤 증상이 좋아질 수 있습니까?

② 하루에 몇 번, 언제, 얼마 동안 먹어야 합니까?

③ 이 약을 먹으면 언제부터 효과가 나타납니까?

④ 내가 알아야 할 이 약의 부작용이 있습니까?
   만약 부작용이 나타난다면 언제 병원에 와야 합니까?

⑤ 지금 먹고 있는 다른 약들과 같이 먹어도 됩니까?

⑥ 이 약을 먹을 때 같이 먹지 말아야 할 음식이나 음료가 있습니까?

⑦ 만약 약 먹는 것을 잊어버렸다면 어떻게 해야 합니까?

출처: 보건복지부, 대한의학회 제공

(3) 의료기관 이용 지원하기

대상자의 건강상태를 파악하고 상태 변화에 따라 건강상태 개선을 위해 의료기관에 연계할 수 있도록 지원한다. 체온체크 기술, 혈압체크 기술, 질환명과 치료 의료기관 정보 파악, 의료기관 이용 절차 등에 대한 지식이 필요하다.

체온은 측정 부위 및 나이, 건강상태 등에 따라 차이가 나기 때문에 정상 체온 범위를 숙지하는 게 좋으며, 측정 방법은 구강, 직장, 겨드랑이, 고막, 이마 등 부위마다 달라진다.

체온은 특히 귀에서 측정하는 경우가 흔한데, 양쪽 귀 체온이 다른 경우 높은 쪽을 기준으로 생각하면 된다. 체온은 신체 건강상태를 보여주는 중요한 지표 중 하나로, 체온이 1℃만 오르내려도 건강 문제가 발생할 수 있다. 대개 36.5℃를 정상 체온으로 알고 있지만 연령이나 측정 부위에 따라 범위가 달라질 수 있다.

참고 📖

> **연령별 정상 체온**
>
> 0~1세: 37.5~37.7℃   1~3세: 36.7~37.4℃
> 3~6세: 36.5~37.2℃   6~65세: 36.5~37℃
> 65세 이상: 36.0~36.5℃
>
> (출처: 네이버 지식백과, 정상 체온)

(4) 재활운동 보조하기

대상자의 신체특성을 파악하고, 의사의 처방과 대상자의 상태에 따라 재활운동 보조를 계획하고 수행토록 지원한다. 재활운동에 관련 지식과 방법을 습득하고 대상자가 의사의 처방에 따라 올바르게 재활운동을 수행할 수 있도록 지지하고 과정상의 이상 징후 발견 시 의료기관에 연계하며 항상 안전에 주의하도록 한다.

운동치료학(therapeutic exercise)이란 운동을 이용하여 치료하는 학문으로, 신체의 기능 향상을 통해 일상생활에서의 수행을 더욱 용이하게 하여 삶의 질을 높여준다. 주요 목적은 현대생활의 관점에서 볼 때 근력의 강화, 지구력과 심혈관능력 증진, 운동성과 유연성, 안정성, 이완, 협응력, 균형능력, 기능적인 세기와 숙련도를 개발, 향상, 회복 혹은 유지뿐만 아니라 운동기능 이상의 예방을 포함한다(네이버 지식백과, 운동치료학).

6) 가족관계 지원

가족구성원의 정상적이고 건강한 발달을 돕기 위해 다양한 경험의 기회를 제공하는 것이다.

(1) 보호자 교육하기

보호자 교육하기는 아동, 노인, 장애인 가족을 대상으로 하여 기관 및 일상생활 지원 정보의 안내, 그리고 대상자 양육 또는 부양기술의 교육을 제공하는 업무를 의미한다.

보호자 교육은 사회복지서비스 중 가족생활교육의 한 예이다. 가족생활교육은 건강한 가족을 형성하고 가족 및 그 구성원이 생애주기에 걸친 성장과 발달에 필요한 지식을 습득하도록 도우며 가족역할에 대한 잠재력을 향상시키는 것이다. 교육 내용으로는 가족에 대한 이해, 자기이해, 대인관계, 가족관계 향상을 위한 의사소통, 성교육, 의사결정, 가족지원관리, 소비생활교육, 개인, 가족 및 지역사회건강, 가족과 지역사회의 상호작용, 새로운 행동양식 등에 관한 내용 등이 있다.

(2) 가족교류 지원하기

가족교류 지원하기는 아동, 노인, 장애인이 일상생활수행과정에서 그 가족의 바람직한 교류가 지속되도록 지원하여 돕는 업무이다.

사회복지사는 보호자의 정보 관리능력, 가족교류 지원에 필요한 사항을 준비하고 검토하는 능력, 가족교류 지원 진행 시 응급상황 대처능력, 가족교류 지원 신청서 작성 및 관리능력 등을 갖추고 있어야 한다.

(3) 자조모임 지원하기

자조집단은 유사한 어려움을 겪는 당사자들의 지지모임으로 대표적인 가족자조집단으로는 알코올 중독자 가족 자조모임이 있다. 만성질환을 주 대상으로 하는 의료사회복지영역에서는 자조집단모델이 만성질환자의 심리사회적 재활을 위해 활발하게 사용되고 있다. 당뇨, 암, 신장병, 비만, 루프스, 정신분열증 등 다양한 질병에서 자신뿐만 아니라 가족이 모여 서로 정보를 교환하고 지지를 제공하는 자조모델이 발전하였으며, 또한 아동 및 청소년을 양육하는 부모모임, 치매노인을 부양하는 가족모임, 한 부모 가족모임 등이 있다. 자조집단은 말 그대로 당사자들의 상호지지 및 정보제공활동을 위한 모임이지만, 자조집단의 형성단계에서 사회복지사의 지원이 매우 필요하다. 집단의 구성원을 모으고 리더를 세우며, 조직화과정과 활동에 대한 교육과 자문을 제공해야 한다. 자조모임의 성격과 구성원의 특성에 따른 계획을 수립하고, 자조모임의 변화과정과 구성원의 만족도를 파악하며 자조모임의 결과를 분석하고 지속적으로 관리, 자조모임에 필요한 자원을 연계할 수 있어야 한다.

7) 일상생활 위험관리

안전교육, 위험예방, 응급상황 대처를 통해 대상자의 잠재적 위험요소를 해소하는 것이다.

(1) 안전교육하기

일상생활에서 일어나는 사고를 미연에 방지하고, 불의의 재해나 돌발적인 사태가 발생했을 때에는 생명을 지키기 위해서 취해야 할 심신 양면의 행동을 지도할 목적으로 실시하는 교육이다. 안전한 생활을 할 수 있도록 필요한 지식을 주고 태도나 행동을 바람직한 방향으로 바꾸어 나가는 교육인데, 교육의 핵심은 자신이나 타인을 사고나 피해로부터 지키는 안전능력을 기르는 것이다.

안전능력에는 위험을 깨닫고 그것을 제거하거나 회피하는 능력, 사고가 발생해도 피해가 생기지 않도록 하는 능력, 피해가 발생해도 최소한으로 막는 능력(응급처치)이 있다.

파악된 대상자의 특성에 따라 안전교육을 실시하며 대상자의 안전의식을 바람직한 방향으로 바꾸어 나가고 교육의 결과를 기록하고 보고한다.

(2) 위험예방하기

안전과 소방에 관련된 법규, 재난안전대응 매뉴얼, 기관의 안전에 대한 정책과 긴급지원에 관련된 제도, 사회복지시설의 유형별 안전관련 지식을 갖추고 있어야 한다.

대상자가 위험상황에 직면할 수 있는 잠재적 위험요소들을 파악하고 그러한 위험에 처하지 않도록 사전에 해소한다.

장애를 갖고 있는 대상자의 경우, 장애 유형별로 생활안전을 확보하기 위해 주의할 사항들을 사전에 숙지하고 서비스 지원 시 활용한다. 시각장애인의 이동지원 서비스 중의 주의사항, 지체·뇌병변장애인의 신변처리 및 이동지원 서비스 중의 주의사항, 지적·자폐성 장애인의 이동지원 서비스 제공 시 주의사항 등등의 각기 다른 장애 유형을 갖는 대상자에게 서비스를 제공할 때의 생활안전 확보에 필요한 사항들을 정확히 익히고 서비스를 제공하여야 한다.

(3) 응급상황 대처하기

대상자가 응급상황에 직면하게 될 때 신속하고 정확하게 대처할 수 있어야 하며, 이를 위해서는 사고 발생 시 적절히 대처할 수 있는 판단능력을 기르고, 응급처치 기술에 대한 지식과 구난 기술을 습득하고 비상 연락망을 항시 숙지하고 있어야 한다.

간질발작, 실신, 심정지, 질식 등의 응급상황 발생에 대비하여 간질발작에 대처하는 방법, 심폐소생술 및 자동제세동기 사용법, 음식물에 의해 기도폐쇄가 발생했을 때 실시하는 하인리히법 등을 충분히 익히고 활용할 수 있어야 한다.

8) 일상생활 서비스 기록관리

전문적이고 체계적인 기록은
① 제공된 서비스를 점검하고 서비스의 효과를 평가하여 서비스의 질을 높이는 데 기여한다.
② 서비스를 제공한 자의 활동을 입증할 수 있는 자료가 된다.
③ 교대자에게 인수인계를 하거나 다른 기관으로 서비스를 의뢰 시 원활한 연

계가 가능하다.

④ 사회복지사, 의사 등 전문가에게 대상자에 대한 중요한 상태 정보를 제공한다.

⑤ 서비스과정과 결과에 대한 기록이므로 제공한 서비스의 내용이 적절했는지 관리자로부터 지도와 관리를 받을 수 있다.

⑥ 가족 및 보호자와 정보 공유를 통해 의사소통을 원활히 할 수 있다.

⑦ 정형화 된 기록은 서비스를 표준화하는 데 도움이 되며, 서비스 제공자의 책임성을 높인다(한국요양보호협회, 2019).

(1) 업무일지 작성하기

업무일지에 서비스를 제공한 날의 업무를 기록하고 관리자에게 보고하며, 기록된 업무일지를 통해 교대자에게 대상자에 대한 인수인계가 가능토록 해야 한다. 객관적이고 사실에 입각하여 일일 단위로 기록하고 보고한다.

(2) 활동일지 작성하기

활동일지는 대상자에 제공한 서비스와 대상자의 상태를 객관적이고 사실에 입각하여 기록하며 기록된 활동일지를 통하여 서비스를 분석하고 평가하며 대상자의 상태 변화를 파악하고 필요 시 전문가 및 보호자와 정보와 의견을 교환할 수 있다.

(3) 개별파일 관리하기

개별파일은 대상자 개인별로 작성되며, 인테이크, 사정기록, 계약서, 서비스 내용, 상담일지, 업무일지, 활동일지 등 대상자에 관계된 정보를 정리하고 관리한다.

기록물은 개인정보가 담긴 것으로 개인정보보호를 위한 비밀보장 준수를 원칙으로 한다.

(4) 일상생활 지원 회의 참여하기

일상생활 지원 회의는 사례회의, 자원연계회의 등이 있다.

회의의 목적에 따라 회의 자료를 준비하고 회의에 참여하여 객관적 사실을 보고하고 의견을 나누며 회의의 결과를 업무에 반영한다.

CHAPTER
06

사회복지현장 재무·회계실무

사회복지현장에서 많은 담당자는 직접 서비스영역에서 활동하고, 재무회계 분야는 복잡하고 어려울 것이라는 막연한 두려움을 가지고 있다. 또한 전체적인 흐름을 이해하고 파악하기보다 본인이 담당한 영역의 예산을 인지하고, 사업을 진행하는 것이 일반적인 사회복지현장의 모습이다.

하지만 비영리조직(Non-Profit Organization)의 운영에 있어 재무회계는 별개로 구분될 수 없는 긴밀한 연관성을 가지고 있다. 사회복지현장의 주요 재원이 정부 보조금과 개인 및 기업(단체)의 기부금, 서비스이용 당사자의 비용으로 형성되었기 때문이다. 이로 인해 사회복지기관의 효율적인 운영과 회계 투명성의 확보는 향후 사회복지기관의 지속 가능한 서비스를 창출하는 데 결정적 요인으로 작용한다(보건복지부, 2018).

이 장에서는 비영리조직의 재무·회계실무에 대한 이해와 절차의 진행을 정립할 수 있도록 설명한다.

1. 재무·회계 총칙

1) 재무·회계의 목적과 원칙

(1) 재무회계의 개념

재무회계(financial accounting)는 기업의 경영활동을 외부에 공표할 목적으로 재무제표라는 회계보고서를 기록, 분류, 정리, 작성하는 회계(네이버 용어사전)를 말한다. 사회복지현장의 재무회계는 국가, 공공단체 및 사회복지법인과 사회복지시설의 유지에 필요한 재산을 조달·관리·사용하는 일제의 작용인 재무와 재산의 수입·지출의 관리와 운영에 관한 계산제도인 회계의 합성어이다.

즉, 금전, 물품, 기타 재산들의 출납과 보관·관리 등 회계정보를 종합적으로 정리기록하고, 이용자가 합리적으로 의사결정할 수 있도록 전달해 주는 정보시스템이다(이재선 외, 2017).

(2) 재무회계의 목적

사회복지사업법 제23조제4항, 제34조제4항, 제45조제2항, 제51조제2항에 따라 사회복지법인 및 사회복지시설의 재무·회계, 후원금 관리 및 회계감사의 명확성·공정성·투명성을 기함으로써 사회복지법인 및 사회복지시설의 합리적인 운영에 기여함을 목적으로 한다(이하 "규칙"이라 한다)(사회복지법인 및 사회복지시설 재무·회계규칙 제1조).

(3) 재무회계의 기능과 원칙

사회복지법인(이하 "법인"이라 한다) 및 사회복지시설(법인이 설치·운영하는 사회복지시설을 포함하며, 이하 "시설"이라 한다)의 재무·회계는 그 설립목적에 따라 건전하게 운영되어야 한다(규칙 제2조).

① 기능

회계는 개인과 사회적 조직(기업·학교·국가)을 통하여 이루어지는 모든 경제활동을 화폐액으로 측정, 평가하는 기능을 갖는다. 이것은 이해관계자들이 자기이익을 보호하기 위한 의사결정을 하고, 합리적인 의사결정의 결과가 자신의 이익에 어떤 영향을 미칠 것인지 알아야 한다.

사회복지법인 및 사회복지기관은 회계의 기능을 통하여 효율적이고 합리적인 운영을 위한 관리의 기능도 갖고 있다.

- 측정기능: 경제주체의 경제활동을 측정하는 기능으로 가계·기업·정부 등의 경제주체가 지속적으로 제공하는 재화나 용역을 화폐액으로 나타내는 것이다. 이것은 경제활동을 나타내는 데 반드시 필요한 기능이다.
- 전달기능: 경제활동을 화폐액으로 나타낸 자료는 경제주체를 둘러싼 이해관계자에게 일정한 보고서 양식에 따라 작성하여 공개하는 기능을 가진다. 이것은 경제활동에 대한 합리적인 의사결정을 도출하는 데 제공되어야 한다.

■ 관리기능: 측정·전달 등의 기능을 통하여 재산의 손실을 방지하며 관리하고, 계산의 부정, 착오 등을 방지하여 경영자의 관리 목적에 기여하는 자료를 제공하는 기능이다.

② 원칙

재무회계의 원칙은 재무제표를 작성하고, 사회일반에 걸쳐 공정 타당하다고 인정되는 원칙이다. 사회복지법인 및 사회복지기관을 포함하여 재무회계는 그 설립목적에 따라 건전하게 운영되어야 하는 원칙을 가진다.

■ 신뢰성 원칙: 회계의 처리와 보고는 신뢰할 수 있도록 객관적인 자료와 증거에 의해 공정하게 처리되어야 한다.
■ 충분성 원칙: 회계방침, 회계처리 기준, 과목 및 금액에 관한 내용을 재무제표상에 충분히 표시되어야 한다.
■ 계속성 원칙: 회계처리 및 절차는 매 회기 계속하여 적용하고, 정당한 사유 없이 변경하지 않는다. 또한 분기별 비교가 가능하도록 작성하여야 한다.
■ 중요성 원칙: 회계처리와 재무제표 작성에 있어 과목과 금액을 중요성에 따라 실용적인 방법에 의하여 결정되어야 한다.
■ 안정성 원칙: 재무적 기초를 견고히 하는 관점에 따라 회계를 처리해야 한다.

회계는 그 목적에 따라 관리회계, 재무회계로 구분되는데, 관리회계는 경제집단의 관리자(내부 이해당사자)를 위한 회계제도라고 하면, 재무회계는 경제집단의 외부 이해 당사자를 위한 회계제도로서 외부보고회계라고 할 수 있다(이재선, 2017).

2) 재무회계의 구분과 성격 및 처리

(1) 재무회계의 구분

사회복지현장의 회계는 법인의 업무전반에 관한 회계(이하 "법인회계"라 한다), 시설의 운영에 관한 회계(이하 "시설회계"라 한다) 및 법인이 수행하는 수익사업에 관한 회계(이하 "수익사업회계"라 한다)로 구분한다. 법인의 회계는 법인회계, 해당 법인이 설치·운영하는 시설의 시설회계 및 수익사업회계로 구분하여야 하며, 시설의 회계는 해당 시설의 회계로 한다(보건복지부, 2021).

공익법인은 목적 달성을 위하여 수익사업을 하려면 정관으로 정하는 바에 따라 사업마다 주무 관청의 승인을 받아야 한다. 이를 변경하는 경우에도 또한 같다

(공익법인의 설립·운영에 관한 법률 제4조제3항).

(2) 정보통신매체의 의한 재무회계의 처리

2008년부터 사회복지시설 업무의 효율화 및 시설회계의 투명성 제고를 위해 새올복지행정시스템(시·군·구용)과 사회복지시설정보시스템(사회복지시설용) 간 연계시스템이 구축되어 보조금 신청 및 보고 등을 온라인으로 수행하였으며, 2010년 1월 행복e음이 구축됨에 따라, 사회복지서설은 사회복지정보시스템 행복e음으로 보조금 신청 및 보고를 하고 지자체 공무원은 이 정보를 기준으로 보조금 신청 교부 등 각종 업무를 처리한다(보건복지부, 2020).

사회복지정보화를 위해 전자정부 로드맵 추전과제 일환으로 보건복지부에서 구축하였고, 사회복지시설 정보화 기반조성, 회계의 투명성 제고, 시설관리업무의 간소화 미표준화, 사회복지정책 기초자료를 확보하기 위한 목적으로 한국사회보장정보원에서 관리운영하는 사회복지정보시스템(www.w4c.go.kr)을 활용한다.

① 한국사회보장정보원 설립목적

「사회보장급여의 이용·제공 및 수급권자 발굴에 관한 법률」(이하 "법"이라 한다) 제29조에 따라 사회보장정보시스템을 구축·운영·지원 및 같은 법 또는 그밖의 다른 법령에 의해 위탁받은 사업을 합리적이고 효율적으로 수행하여 공정하고 효과적인 사회보장을 통해 국민의 삶의 질 향상에 기여함을 목적으로 한다(김동욱, 2019).

② 사회복지정보시스템의 주요기능

재무회계와 관련된 주요기능은 다음과 같다.

- 통합회계관리: 회계, 예산, 세무, 인사, 급여, 자산관리
- 통합고객관리: 후원자 및 봉사자 관리, 후원금 관리
- 온라인보고: 행복e음으로 시설 수급자 생계급여, 운영비 등 보조금 신청·정산, 예산·결산, 후원금 등을 보고
- 사회복지시설 보조금 전용카드 사용내역 모니터링
- 후원금에 대한 국세청 [연말정산 간소화서비스] 연계

2. 예산과 결산

1) 예산의 수립

(1) 예산수립

예산은 재무계획으로 일정 기간 동안 기관에서 운영되는 모든 수입과 지출을 말한다. 사회복지기관의 예산이란 법인·시설의 1회계연도의 모든 수입을 세입으로 하고, 모든 지출을 세출로 한다(규칙 제7조).

정부 및 지방자치단체 보조금과 기타보조금, 단체 및 개인의 기부금, 후원금, 기업 및 모금단체의 공모사업 수행 지원금, 불용품매각 대금, 예금이자 등의 잡수입을 포함한 모든 수입을 세입예산에 편성하고, 모든 수입은 목적과 용도에 부합되게 모든 세출로 편성한다.

「사회복지법인 및 사회복지시설 재무·회계규칙」이 정한 바에 따라 일정한 형식으로 편성하고 이사회의 심의 및 의결을 거쳐 확정된 회계연도의 재정계획을 말한다.

(2) 예산의 기본원칙

① 예산총계정주의 원칙: 세입과 세출은 모두 예산에 계상하여야 한다(규칙 제8조).

② 회계연도 독립의 원칙: 1회계연도 내에 지출되어야 할 항목의 재원은 당해 수입으로 조달하고 당해연도에 지출한다는 원칙이다.

③ 사전 의결 원칙: 예산은 세입·세출에 관한 계획이므로 이사회의 의결 및 운영위원회의 보고를 거쳐 확정하는 원칙. 법인이 설치·운영하는 시설은 시설운영위원회의 보고 후 법인 이사회의 의결을 거쳐 확정된다.

④ 예산공개의 원칙: 시·군·구(자치구를 말한다. 이하 같다)의 게시판과 인터넷 홈페이지에 20일 이상 공고하고, 법인의 대표이사 및 시설의 장으로 하여금 해당 법인 및 시설의 게시판과 인터넷 홈페이지에 20일 이상 공고하도록 하여야 한다(규칙 제10조제4항).

⑤ 목적 외 사용금지의 원칙: 법인회계 및 시설회계의 예산은 세출예산이 정한 목적 외에 이를 사용하지 못한다(규칙 제15조).

2) 예산

(1) 예산의 종류

① 본예산

법인의 대표이사 및 시설의 장은 확정한 예산을 매 회계연도 개시 5일 전까지 관할 시장·군수·구청장에게 제출(「사회복지사업법」 제6조의2제2항에 따른 정보시스템을 활용한 제출을 포함한다)하여야 한다(규칙 제10조제2항).

② 준예산

회계연도 개시전까지 법인 및 시설의 예산이 성립되지 아니한 때에는 법인의 대표이사 및 시설의 장은 시장·군수·구청장에게 그 사유를 보고하고 예산이 성립될 때까지 다음의 경비를 전년도 예산에 준하여 집행할 수 있다(규칙 제12조).

- 임·직원의 보수
- 법인 및 시설운영에 직접 사용되는 필수적인 경비
- 법령상 지급의무가 있는 경비

③ 추가경정예산

예산성립 후에 생긴 사유로 인하여 이미 성립된 예산에 변경을 가할 필요가 있을 때에는 규정에 의한 절차를 거쳐 추가경정예산을 편성·확정할 수 있다(규칙 제13조제1항).

참고

> **추가경정예산 편성이 필요한 경우**
> ① 수입이 증가한 경유
> ② 지출이 증가한 경우
> ③ 특정 과목의 예산이 증가나 감소되어야 하는 경우
> ④ 새로운 예산과목(신규사업)의 신설이 필요한 경우
> ※ 법인의 대표이사 및 시설의 장은 추가경정예산이 확정된 날로부터 7일 이내에 이를 시장·군수·구청장에게 제출하여야 한다. (규칙 제13조제 2항)

(2) 예산의 편성

① 예산편성지침

법인의 대표이사는 제2조의 취지에 따라 매 회계연도 개시 1월 전까지 그 법인과 해당 법인이 설치·운영하는 시설의 예산편성 지침을 정하여야 한다(규칙 제9조제1항).

법인 또는 시설의 소재지를 관할하는 시장·군수·구청장은 특히 필요하다고 인정되는 사항에 관하여는 예산편성지침을 정하여 매 회계연도 개시 2월 전까지 법인 및 시설에 통보할 수 있다(규칙 제9조제2항).

② 예산편성절차

주요내용	주체	일정
시·군·구에서 법인 또는 시설에 특히 필요하다고 인정하는 사항에 관해 예산편성지침 통보 가능	법인 또는 시설 소재지 관할 시장·군수·구청장	회계연도 개시 2개월 전까지
법인은 법인과 법인 산하 시설의 예산편성지침을 결정	법인 대표이사	회계연도 개시 1개월 전까지
회계별 예산(법인회계, 시설회계, 수익사업회계) 편성	법인 대표이사 및 시설의 장	회계연도 개시 전까지
시설회계 예산안에 대한 시설 운영위원회 보고 ※ 법인이 설치·운영하는 시설의 경우에도 시설회계는 법인이사회 의결 전 시설운영위원회에 보고 필요 ※ 법인회계 및 수익사업회계에 대해서는 불필요	시설의 장	예산안 편성 완료시
법인의 회계별 예산(법인회계, 시설회계, 수익사업회계)안에 대한 이사회 의결, 예산안 확정 ※ 법인이 설치·운영하는 시설의 시설회계도 포함 ※ 법인이 아닌 경우에는 시설 운영위원회 보고로 예산안이 확정됨	법인 이사회	예산안 편성 완료시
확정된 예산안을 시장·군수·구청장에 제출	법인 대표이사 및	회계연도 개시

※ 법인은 법인의 회계별 예산(법인회계, 시설회계, 수익사업회계)을 법인소재지를 관할하는 시장·군수·구청장에 제출하고, 시설의 장(법인이 운영하는 시설도 포함)은 해당 시설의 시설회계를 시설 소재지 관할 시장·군수·구청장에 제출	시설의 장	5일 전까지

↓

법인과 시설의 회계별 세입·세출 명세서를 시·군·구, 법인, 시설의 게시판과 인터넷 홈페이지에 20일 이상 공고 ※「사회복지사업법」제6조의2제2항에 따른 정보시스템에 게재하거나「영유아보육법」제49조의2제2항에 따른 공시로 갈음 가능	시장·군수·구청장, 법인 대표이사 및 시설의 장	예산안 제출 20일 이내

일정에 따른 예산편성, 제출 및 공개 철저

출처: 보건복지부, 2021년 사회복지시설관리안내

(3) 세입·세출 예산과목 편성

별표1~별표10에 따른 세입·세출예산과목 구분에 따라 편성

① 세입예산과목

 시설회계 세입예산과목구분(제10조제3항 본문 관련)

과목			내역
관	항	목	
01 입소자부담금수입	11 입소비용수입	111 ○○비용수입	입소자로부터 받는 보호에 소요되는 비용수입을 종류별로 목을 설정
02 사업수입	21 사업수입	211 ○○사업수입	시설운영으로 인하여 발생되는 사업수입을 종류별로 목을 설정 예: 입소자가 제작한 물품판매 수입
03 과년도수입	31 과년도수입	311 과년도수입	전년도에 세입조정된 수입으로서 금년도에 수입으로 확정된 것
04 보조금수입	41 보조금수입	411 국고보조금	국가로부터 받은 경상보조금 및 자본보조금
		412 시·도 보조금	시·도로부터 받은 경상보조금 및 자본보조금
		413 시·군·구 보조금	시·군·구로부터 받은 경상보조금 및 자본보조금
		414 기타 보조금	그 밖에 국가, 지방자치단체 및 사회복지사업 기금등에서 공모사업 선정

05	후원금수입	51	후원금수입	511	지정후원금	으로 받은 보조금 국내외 민간단체 및 개인으로부터 후원명목으로 받은 기부금·결연후원금·위문금·찬조금 중 후원목적이 지정된 수입
				512	비지정후원금	국내외 민간단체 및 개인으로부터 후원명목으로 받은 기부금·결연후원금·위문금·찬조금 중 후원목적이 지정되지 아니한 수입과 자선행사 등으로 얻어지는 수입
06	요양 급여수입	61	요양 급여수입	611	장기요양 급여수입	노인장기요양보험급여 수입
07	차입금	71	차입금	711	금융기관 차입금	금융기관으로부터의 차입금
				712	기타차입금	개인·단체 등으로부터의 차입금
08	전입금	81	전입금	811	법인전입금	법인으로부터의 전입금(국가 및 지방자치단체의 보조금은 제외함)
				812	법인전입금 (후원금)	법인으로부터의 전입금(후원금)
09	이월금	91	이월금	911	전년도이월금	전년도 불용액으로서 이월된 금액
				912	전년도이월금 (후원금)	전년도에 후원금에 대한 불용액으로서 이월된 금액
				913	○○ 이월사업비	전년도에 종료되지 못한 ○○ 사업의 이월된 금액
10	잡수입	101	잡수입	1011	불용품매각대	비품·집기·기계·기구 등과 그 밖의 불용품의 매각대
				1012	기타예금이자수입	기본재산예금 외의 예금이자 수입
				1013	기타잡수입	그 밖의 재산매각수입, 변상금 및 위약금수입 등과 다른 과목에 속하지 아니하는 수입

② 세출예산과목

시설회계 세출예산과목구분(제10조제3항 본문 관련)

과목					내역
관		항		목	
01 사무비	11	인건비	111	급여	시설직원에 대한 기본 봉급(기말·정근수당 포함)
			112	제수당	시설직원에 대한 상여금 및 제수당(직종·직급별로 일정액을 지급하는 수당과 시간외근무수당·야간근무수당·휴일근무수당 등) 및 기타수당
			113	일용잡급	일급 또는 단기간 채용하는 임시직에 대한 급여
			115	퇴직금 및 퇴직적립금	시설직원 퇴직급여제도에 따른 퇴직급여 및 퇴직적립금(충당금)
			116	사회보험 부담금	시설직원의 사회보험(국민연금, 국민건강보험, 고용보험, 산업재해보상보험 등)부담금
			117	기타후생경비	시설직원의 건강진단비·기타 복리후생에 소요되는 비용
	12	업무추진비	121	기관운영비	기관운영 및 유관기관과의 업무협의 등에 소요되는 제경비
			122	직책보조비	시설직원의 직책수행을 위하여 정기적으로 지급하는 경비
			123	회의비	후원회 등 각종 회의의 다과비 등에 소요되는 제경비
	13	운영비	131	여비	시설직원의 국내·외 출장여비
			132	수용비 및 수수료	사무용품비·인쇄비·집기구입비(물건의 성질상 장기간 사용 또는 고정자산으로 취급되는 집기류는 212목에 계상)·도서구입비·공고료·수수료·등기료·운송비·통행료 및 주차료·소규모수선비·포장비 등
			133	공공요금	우편료·전신전화료·전기료·상하수도료·가스료 및 오물수거료
			134	제세공과금	법령에 의하여 지급하는 제세(자동차세 등), 협회가입비, 화재·자동차보험료, 기타 보험료
			135	차량비	차량유류대·차량정비유지비·차량소모품비
			136	기타운영비	시설직원 상용피복비·급량비 등 운영경비로 위에 분류되지 아니한 경비
02 재산조성비	21	시설비	211	시설비	시설 신·증축비 및 부대경비, 그 밖에 시설비

			212	자산취득비	시설운영에 필요한 비품구입비, 토지·건물·그 밖에 자산의 취득비
			213	시설장비유지비	건물 및 건축설비(구축물·기계장치), 공구·기구, 비품수선비(소규모수선비는 132목에 계상) 그 밖의 시설물의 유지관리비
03	사업비	31 운영비	311	생계비	주식비, 부식비, 특별부식비, 장유비, 월동용 김장비
			312	수용기관경비	입소자를 위한 수용비(치약·칫솔·수건구입비 등)
			313	피복비	입소자의 피복비
			314	의료비	입소자의 보건위생 및 시약대
			315	장의비	입소자중 사망자의 장의비
			316	직업재활비	입소자의 직업훈련재료비
			317	자활사업비	입소자의 자활을 위한 기자재 구입비
			318	특별급식비	입소자의 간식, 우유등 생계외의 급식제공을 위한 비용
			319	연료비	보일러 및 난방시설연료비, 취사에 필요한 연료비
		32 교육비	321	수업료	입소자중 학생에 대한 수업료
			322	학용품비	입소자중 학생에 대한 학용품비
			323	도서구입비	입소자중 학생에 대한 도서구입비, 부교재비
			324	교통비	입소자중 학생에 대한 대중교통비
			325	급식비	입소자중 학생에 대한 학교급식비
			326	학습지원비	입소자중 학생에 대한 사교육비(피아노교습, 사설학원 수강 등)
			327	수학여행비	입소자중 학생에 대한 수학여행비
			328	교복비	입소자중 학생에 대한 교복비
			329	이미용비	입소자중 학생에 대한 이, 미용비
			330	기타교육비	입소자중 학생에 대한 그 밖의 교육경비(학습재료 등)
		33 ○○사업비	331	의료재활사업비	입소자(재활·물리·작업·언어·청능)치료비, 수술비용, 의수족 등 장애인 보조기기 제작수리비 또는 입소자를 위한 의료재활 프로그램비용
			332	사회심리 재활사업비	입소자를 위한 사회심리재활 프로그램 운영비
			333	교육재활사업비	입소자를 위한 교육 프로그램 운영비
			334	직업재활사업비	입소자를 위한 직업재활 프로그램 운영비
			335	○○사업비	의료재활, 직업재활, 교육재활 등 전문프로그램이 아닌 입소자를 위한 프로그램 운영비(하계캠프, 방과 후 공부방 운영 등)

04	전출금	41	전출금	411	법인회계전출금	법인회계로의 전출금(보건복지부장관이 정하는 경우만 해당함)
05	과년도지출	51	과년도지출	511	과년도지출	과년도미지급금 및 과년도사업비의 지출
06		61	부채상환금	611	원금상환금	차입금원금상환금
				612	이자지불금	차입금이자지급금
07	잡지출	71	잡지출	711	잡지출	시설이 지출하는 보상금·사례금·소송경비 등
08	예비비 및 기타	81	예비비 및 기타	811	예비비	예비비
				812	반환금	정부보조금 반환금

(4) 예산의 집행

① 예산과목 내 집행

각 지자체는 세입 및 세출예산과목의 세부내역에 대하여 관련 규정 등에 벗어나지 않게 별도의 지침으로 정하는 것을 원칙으로 한다.

만약 예산이 부족하거나 없는 경우에는 지출·계약행위 전 예산의 전용이나 추가경정예산을 수립하여 예산을 확보한 이후 집행한다. 예산확보 이전의 지출행위는 예산운영에 부적절함과 동시에 예산절차를 어기는 행위가 된다.

② 예산의 목적외 사용금지

법인회계 및 시설 회계의 예산은 세출예산이 정한 목적 이외에 사용금지한다.

③ 예비비의 계상

법인의 대표이사 및 시설의 장은 예측할 수 없는 예산외의 지출 또는 예산의 초과 지출에 충당하기 위하여 예비비를 세출예산에 계상할 수 있다(규칙 제14조).

④ 예산의 전용

법인의 대표이사 및 시설의 장은 관·항·목간의 예산을 전용할 수 있다. 다만, 법인 및 시설(소규모 시설은 제외한다)의 관간 전용 또는 동일 관내의 항간 전용을 하려면 이사회의 의결 또는 시설운영위원회에의 보고를 거쳐야 하되, 법인이 설치·운영하는 시설인 경우에는 시설운영위원회에 보고한 후 법인 이사회의 의결을 거쳐야 한다(규칙 제16조).

- 관간 전용 및 동일 관내 항간 전용: 법인 이사회의 의결 또는 사회복지시설 운영위원회에 보고를 거쳐 전용(법인 산하 시설의 경우 운영위원회 보고 후 이사회 의결을 통해 전용)

- 동일 항내 목간 전용: 법인 대표이사 및 시설의 장이 전용 가능하다.
- 전용의 제한: 예산총칙에서 전용을 제한하고 있거나, 예산심의과정에서 삭감한 관·항·목으로는 전용하지 못한다.
- 전용에 대한 보고: 관·항 전용의 경우 관할 시장·군수·구청장에게 관목 전용 조서를 제출한다(결산 보고서에 첨부).

(5) 세출예산의 이월

법인의 대표이사 및 시설의 장은 법인회계와 시설회계의 세출예산 중 경비의 성질상 당해회계연도 안에 지출을 마치지 못할 것으로 예측되는 경비와 연도 내에 지출원인행위를 하고 불가피한 사유로 인하여 연도 내에 지출하지 못한 경비를 각각 이사회의 의결 및 시설운영위원회에의 보고를 거쳐 다음 연도에 이월하여 사용할 수 있다. 다만, 법인이 설치·운영하는 시설인 경우에는 시설운영위원회에 사전 보고한 후 법인 이사회의 의결을 거쳐야 한다(규칙 제17조).

(6) 특정목적사업 예산

완성에 수년을 요하는 공사나 제조 그 밖의 특수한 사업을 위하여 2회계연도 이상에 걸쳐서 그 재원을 적립할 필요가 있는 때에는 회계연도마다 일정액을 예산에 계상하여 특정목적사업을 위한 적립금으로 적립할 수 있다.

적립금의 적립 및 사용 계획(변경된 계획을 포함한다)은 시장·군수·구청장에게 사전에 보고하여야 한다. 적립금은 별도의 통장으로 관리하며 적립목적에만 사용하여야 한다(규칙 제18조).

3) 결산

1회계연도에 발생한 세입·세출·자산의 변동 내용의 결과를 종합적으로 요약 보고하는 과정이다. 법인의 대표이사 및 시설의 장은 법인회계와 시설회계의 세입·세출 결산보고서를 작성하여 각각 이사회의 의결 및 시설운영위원회에의 보고를 거친 후 다음 연도 3월 31일까지 시장·군수·구청장에게 제출(「사회복지사업법」 제6조의2제2항에 따른 정보시스템을 활용한 제출을 포함한다)하여야 한다. 다만, 법인이 설치·운영하는 시설인 경우에는 시설운영위원회에 보고한 후 법인 이사회의 의결을 거쳐 제출하여야 한다(규칙 제19조제1항).

(1) 결산보고절차

주요내용	주체	일정
법인회계와 시설회계의 세입·세출 결산보고서 작성	법인 대표이사 및 시설의 장	출납 완료 시
결산 보고서의 시설 운영위원회 보고 ※ 법인이 설치·운영하는 시설의 경우에도 시설회계는 법인이사회 의결 전 시설운영위원회에 보고 필요 ※ 법인회계 및 수익사업회계에 대해서는 불필요	시설의 장	결산보고서 작성 후
결산 보고서의 법인 이사회 의결 ※ 법인이 설치·운영하는 시설의 시설회계도 포함 ※ 법인이 아닌 경우에는 시설 운영위원회 보고로 결산보고서 확정	법인 대표이사	결산보고서 작성 후
확정된 결산서를 시장·군수·구청장에 제출 ※ 법인은 법인의 회계별 예산(법인회계, 시설회계, 수익사업회계)을 법인소재지를 관할하는 시장·군수·구청장에 제출하고, 시설의 장(법인이 운영하는 시설도 포함)은 해당 시설의 시설회계를 시설 소재지 관할 시장·군수·구청장에 제출	법인 대표이사 및 시설의 장	다음연도 3월 31일까지
법인과 시설의 세입·세출 결산서를 시·군·구, 법인, 시설의 게시판과 인터넷 홈페이지에 20일 이상 공고 ※ 「사회복지사업법」 제6조의2제2항에 따른 정보시스템에 게재하거나 「영유아보육법」 제49조의2제2항에 따른 공시로 갈음 가능	시장·군수·구청장, 법인 대표이사 및 시설의 장	결산보고서 제출 20일 이내

출처: 보건복지부:2021년 사회복지시설관리안내

(2) 결산을 위하여 준비해야 할 서류

결산보고서에는 규칙 20조에 해당하는 서류가 첨부되어야 한다. 단식부기로 회계를 처리하는 경우 1호~3호, 14호~23호 서류만 첨부할 수 있고, 소규모시설의 경우 1호~17호 서류(노인장기요양기관의 경우에는 1호~3호, 16호~21호)만 첨부할 수 있으며, 어린이집은 보육사업안내에 별도로 정한다.

(3) 결산서 작성

결산을 위한 서류와 증빙자료 작성이 완료되면 결산서를 작성한다. 사회복지
정보시스템을 활용하여 회계연도의 세입·세출에 관한 사항들이 입력되었다면 프
로그램 내에서 자동으로 계산되어서 출력된다.

3. 회계의 과정

1) 사회복지현장의 회계의 성격

(1) 비영리법인의 성격

비영리법인은 재단법인과 사단법인으로 구분되는데 재단법인은 출연한 재산에
기초하여 설립되고, 사단법인은 구성원의 개성을 초월하여 독립된 법인격을 가지
고 권리와 의무의 주체가 된다.

(2) 단식부기에 의한 기록

회계의 기록에는 현금주의회계와 발생주의회계로 구분된다.

현금주의회계(단식부기)는 입·출금 형식에 구애받지 않고 간단하게 기록하는
방식이다. 현금의 입금과 출금을 중심으로 기록하여 미지급, 미수금, 손익에 대한
파악이 어려워 재정에 대한 파악이 어렵다.

발생주의회계(복식부기)는 현금의 입금과 출금 기록 외에 부채, 자산, 자본에
대한 변동요소를 대차평균 원리에 따라 기록방식이다.

사회복지시설의 회계는 단식부기에 의한다. 다만, 법인회계와 수익사업회계에
있어서 복식부기의 필요가 있는 경우에는 복식부기에 의한다(규칙 제23조).

(3) 사회복지법인 회계

사회복지법인의 회계는 예산회계로 예산의 편성, 집행, 결산 등의 과정을 거치
며 자원 조달과 통제의 역할을 한다.

또한 사회복지법인은 기금 회계적 특성을 지녀 기부나 특정 목적·용도를 지정
하거나 제한하는 기능이 있어 독립된 회계단위이다.

2) 회계업무의 관리

(1) 회계의 연도

법인 및 시설의 회계연도는 정부의 회계연도에 따른다. 다만, 「영유아보육법」 제2조에 따른 어린이집의 회계연도는 매년 3월 1일에 시작하여 다음 연도 2월 말일에 종료한다(규칙 제3조). 법인 및 시설의 수입 및 지출의 발생과 자산 및 부채의 증감·변동에 관하여는 그 원인이 되는 사실이 발생한 날을 기준으로 하여 연도소속을 구분한다. 다만, 그 사실이 발생한 날을 정할 수 없는 경우에는 그 사실을 확인한 날을 기준으로 하여 연도소속을 구분한다(규칙 제4조). 1회계연도에 속하는 법인 및 시설의 세입·세출의 출납은 회계연도가 끝나는 날까지 완결하여야 한다(규칙 제5조).

(2) 회계담당자의 임명

법인의 대표이사와 시설의 장은 법인과 시설의 수입 및 지출에 관한 사무를 관리한다. 법인의 대표이사와 시설의 장은 수입 및 지출원인행위에 관한 사무를 각각 소속직원에게 위임할 수 있다(규칙 제21조). 법인과 시설에는 수입과 지출의 현금출납업무를 담당하게 하기 위하여 각각 수입원과 지출원을 둔다. 다만, 법인 또는 시설의 규모가 소규모인 경우에는 수입원과 지출원을 동일인으로 할 수 있다. 수입원과 지출원은 각각 그 법인의 대표이사와 시설의 장이 임면한다(규칙 제22조).

(3) 회계의 감사

법인의 감사는 당해법인과 시설에 대하여 매년 1회 이상 감사를 실시하여야 한다. 법인의 대표이사는 시설의 장과 수입원 및 지출원이 사망하거나 경질된 때에는 그 관장에 속하는 수입, 지출, 재산, 물품 및 현금 등의 관리상황을 감사로 하여금 감사하게 하여야 한다. 감사를 실시할 때에는 전임자가 참관해야 하며, 전임자가 참관할 수 없으면 관계 직원 중에서 전임자의 전임자나 법인의 대표이사가 지정한 사람이 참관해야 한다. 감사는 감사보고서를 작성하여 당해법인의 이사회에 보고하여야 하며, 재산상황 또는 업무집행에 관하여 부정 또는 불비한 점이 발견된 때에는 시장·군수·구청장에게 보고하여야 한다. 감사보고서에는 감사가 서명 또는 날인하여야 한다(규칙 제42조).

(4) 회계 사무의 인계 · 인수

회계사무를 담당하는 직원이 교체된 때에는 당해사무의 인계 · 인수는 발령일로부터 5일 이내에 행하여져야 한다. 인계자는 인계할 장부와 증빙서류 등의 목록을 각각 3부씩 작성하여 인계 · 인수자가 각각 서명 또는 날인 한 후 각각 1부씩 보관하고, 1부는 이를 예금잔고증명과 함께 인계 · 인수보고서에 첨부하여 법인의 대표이사 및 시설의 장에게 제출하여야 한다. 이 경우 법인이 설치 · 운영하는 시설에 있어서는 시설의 장을 거쳐 제출하여야 한다(규칙 제43조).

3) 수입의 회계처리

(1) 수입의 절차(사회복지정보시스템 수입회계절차)

수입	무통장입금을 원칙으로 한다. (보조금, 후원금, 입소자비용 등은 사업에 따라 별도의 통장으로 구분하여 입금 관리한다.)
	후원금의 경우 지정 · 비지정 후원금을 구분한다. (후원금의 경우 기부금 영수증을 발급한다.)

↓

수입결의서 작성	수납된 금액은 수입결의서를 작성하여 결재를 받는다.

↓

금융기관 입금	기부금이나 현금수입일 경우 (회계별 통장)

↓

회계장부 기록	사회복지정보시스템을 활용하여 수입결의서의 관/항/목을 구분하여 작성한다. 작성이 완료되면 현금출납부, 총계정원장 등의 기록이 자동으로 생성된다.

↓

출력	입력된 내용을 출력하여 순서대로 보관한다.

(2) 수입원과 지출원의 재정보증 설정

회계관계공무원(「회계관계직원 등의 책임에 관한 법률」 제2조제2호나목에 해당하는 사람을 포함한다)은 재정보증이 없이는 그 직무를 담당할 수 없다(지방회계법 제50조).

(3) 수입금의 수납관리

모든 수입금의 수납은 이를 금융기관에 취급시키는 경우를 제외하고는 수입원이 아니면 수납하지 못한다. 수입원이 수납한 수입금은 그 다음 날까지 금융기관에 예입하여야 한다. 수입금에 대한 금융기관의 거래통장은 제6조의 규정에 의한 회계별로 구분될 수 있도록 보관·관리하여야 한다(규칙 제25조).

4) 지출의 회계처리

(1) 지출의 절차(사회복지정보시스템 지출회계절차)

예산집행 품의	사업담당 부서	세출예산에 편성된 예산의 목적을 달성하기 위하여 집행 의사를 결정하는 행위를 의미하며, 실질적으로 지출을 확정하는 행위는 아님.

↓ 요구

지출원인 행위	수요 부서	지출원인 행위는 공사·제조 등의 도급계약 또는 물품 구입 계약과 사법상의 채무를 지는 계약 행위, 인건비, 운영비 등 세출예산 항목의 지출을 결정(품의)하는 행위 이다.

↓ 요구

지출결의서 작성 및 결재	지출 명령자	지출결의서 작성 시 지출원인행위 내부결재가 선행된 후, 지출 원인행위는 내부결재로 수행한다.

↓ 지출

장부기록 및 출금 지출원	지출원	세출예산에 의한 지출은 사전에 지출품의가 있거나 지출 원인 행위가 완료된 후 집행되어야 한다. 사회복지정보시스템을 활용하여 지출결의서에 관항목에 따라 기재한다. 이 작업을 마치면 시스템에 의하여 현금출납부, 총계정원장, 시산표 등에 기록과 계상이 자동으로 생성된다.

↓ 청구 → 지출

출력	기재된 내용을 출력하여 순서대로 보관한다.

(2) 지출의 방법

① 지출은 상용의 경비 또는 소액의 경비지출을 제외하고는 예금통장에 의하거나 「전자문서 및 전자거래 기본법」 제2조제5호에 따른 전자거래로 행하여야 한다. 다만, 시설에 지원되는 국가 또는 지방자치단체의 보조금 지출

은 보조금 결제 전용카드나 전용계좌를 이용하여야 한다(규칙 제29조).

② 지출시 통장명의, 세금계산서와 날인, 영수증과 날인이 일치해야 하고, 물품, 공사, 기타 대금지불 시 구비서류 등을 확인한다.

③ 지출은 상용의 경비 또는 소액의 경비지출을 제외하고는 예금통장에 의하거나 전자거래로 행한다.

(3) 증빙서류

① 증빙서류는 원본으로 구비해야 한다. 단 특정사업 보조기관(공동모금회, 사회공헌복지재단 등)에 정산서와 함께 원본으로 지출 증빙서류를 제출해야 하는 경우에는 증빙 사본에 '원본대조필' 도장을 날인하고 결의서에 그 사유를 기재하여야 한다.

② 지출원은 거래 상대방의 사업자등록 정보를 확인하여 제출한 증빙서가 세제관련 법령에 의하여 적법하게 발급한 세금계산서 등을 첨부하여야 한다.

③ 모든 수입지출결의서를 기재하여 법인의 대표이사 또는 시설장의 결재를 받고 결의서 날짜 단위로 일련번호를 진해하고 지출일자 순으로 편철한다.

④ 소액의 거래는 지출결의서와 세금계산서 또는 현금영수증 등 기타증빙서류를 첨부하여야 한다.

⑤ 세법상 증빙서류는 영수증, 세금계산서, 신용카드 전표이다.

(4) 지출의 특례(선금지급, 추산지급)

① 선금지급이란 확정된 계약에 대하여 사업성격상 미리 지급하는 것을 말한다.
- 선금지급을 할 수 있는 경비의 범위
  - 외국에서 직업 구입하는 기계, 도서, 표본 또는 실험용 재료의 대가
  - 정기간행물의 대가
  - 토지 또는 가옥의 임대료와 용선료
  - 운임
  - 소속직원 중 특별한 사정이 있는 자에 대하여 지급하는 급여의 일부
  - 관공서(정부투자기관관리기본법에 의한 정부투자기관 및 특별법에 의하여 설립된 특수법인 포함)에 대하여 지급하는 경비
  - 외국에서 연구 또는 조사에 종사하는 자에 대하여 지급하는 경비
  - 보조금
  - 사례금

- 계약금액이 1천만 원 이상인 공사나 제조 또는 물건의 매입을 하는 경우에 계약금액의 100분의 50을 초과하지 아니하는 금액
② 추산지급이란 지출금액이 미확정인 채무에 대하여 지급의무가 확정되기 전에 추산(推算:짐작으로 미루어 셈함)으로 지급하는 것을 말한다.
- 추산지급을 할 수 있는 경비의 범위
  - 여비 및 판공비
  - 관공서에 대하여 지급하는 경비
  - 보조금
  - 소송비용

4. 물품관리

1) 물품의 정의

(1) 용어의 정의

물품과 비품, 소모품은 다음과 같이 정의한다.

> 물 품: 현금, 유가증권 및 부동산 이외의 것으로서 비품 또는 소모품
> 비 품: 품질현상이 변하지 않고 비교적 장기간 사용할 수 있는 물품
> 소모품: 원재료나 일회용품과 같이 계속사용이 불가능하거나, 저가품 또는 단기 사용품 등 비품으로 관리하기가 적당하지 않은 물품을 말한다. 단, 그 기준을 일률적으로 정할 수 없다.

(2) 물품 구분 기준

① 비품

비품이라 함은 내용연수가 1년 이상 지속적으로 사용할 수 있는 물품으로서 계획적인 수급관리가 필요한 물품을 말한다. 내용연수가 1년 미만일지라도 취득단가가 10만 원 이상의 물품과 기타 지방자치단체장이 지정한 물품을 말한다.

② 소모품

소모품이라 함은 한 번 사용하면 원래의 목적에 다시 사용할 수 없는 물품으로 내용연수가 1년 미만으로써 사용에 비례하여 소모되거나 파손되기 쉬운 물품으로 취득단가가 10만 원 이하의 물품으로서 사용에 비례, 소모, 파손되기 쉬운

물품을 가리킨다.

2) 물품의 관리

(1) 물품의 관리자

① 법인의 대표이사와 시설의 장은 그 소관에 속하는 물품(현금 및 유가증권을 제외한 동산을 말한다. 이하 같다)을 관리한다.

② 법인의 대표이사와 시설의 장은 그 소관에 속하는 물품관리에 관한 사무를 소속직원에게 위임할 수 있다.

③ 법인의 대표이사와 시설의 장(제2항의 규정에 의하여 위임을 받은 자를 포함한다. 이하 "물품관리자"라 한다)은 물품의 출납보관을 위하여 소속직원 중에서 물품출납원을 지정하여야 한다(규칙 제38조).

(2) 물품의 관리

① 물품관리자는 물품을 출납하게 하고자 할 때에는 물품출납원에게 출납하여야 할 물품의 분류를 명백히 하여 그 출납을 명령하여야 한다.

② 물품출납원은 제1항의 규정에 의한 명령이 없이는 물품을 출납할 수 없다(규칙 제40조).

(3) 불용품의 처리

① 법인과 시설의 물품관리자는 물품 중 그 사용이 불가능하거나 수리하여 다시 사용할 수 없게 된 물품이 있을 때에는 그 물품에 대하여 불용의 결정을 하여야 한다.

② 제1항의 규정에 의한 불용품을 매각한 경우 그 대금은 당해법인 또는 시설의 세입예산에 편입시켜야 한다(규칙 제41조).

(4) 재물조사

① 법인의 대표이사와 시설의 장은 연 1회 그 관리에 속하는 물품에 대하여 정기적으로 재물조사를 실시하여야 하며, 필요하다고 인정하는 때에는 정기재물조사 외에 수시로 재물조사를 할 수 있다(규칙 제40조의2).

5. 후원금

1) 후원금의 정의

사회복지법인의 대표이사와 시설의 장은 아무런 대가 없이 무상으로 받은 금품이나 그 밖의 자산(이하 "후원금"이라 한다)(사회복지사업법 제45조).

2) 후원금의 종류

법인의 대표이사와 시설의 장은 후원금을 후원자가 지정한 사용용도 외의 용도로 사용하지 못하는 지정후원금과 후원자가 사용용도를 지정하지 아니한 비지정 후원금으로 구분된다.

3) 후원금 관리

법인의 대표이사와 시설의 장은 후원금의 수입·지출 내용을 공개하여야 하며 그 관리에 명확성이 확보되어야 한다(보건복지부, 2021).

(1) 후원금 접수

후원금의 수입 및 지출은 제10조의 규정에 의한 예산의 편성 및 확정 절차에 따라 세입·세출예산에 편성하여 사용하여야 한다(규칙 제41조의7제3항).

(2) 후원금 영수증 발급

① 법인의 대표이사와 시설의 장은 후원금을 받은 때에는 「소득세법 시행규칙」 제101조제20호의2에 따른 기부금영수증 서식 또는 「법인세법 시행규칙」 제82조제7항제3호의3에 따른 기부금영수증 서식에 따라 후원금 영수증을 발급하여야 하며, 영수증 발급목록을 별도의 장부로 작성·비치하여야 한다.

② 법인의 대표이사와 시설의 장은 금융기관 또는 체신관서의 계좌입금을 통하여 후원금을 받은 때에는 법인명의의 후원금전용계좌나 시설의 명칭이 부기된 시설장 명의의 계좌(이하 "후원금전용계좌등"이라 한다)를 사용하여야 한다. 이 경우 후원자가 영수증 발급을 원하는 경우를 제외하고는 제1항에 따른 영수증의 발급을 생략할 수 있다.

③ 법인의 대표이사 및 시설의 장은 후원금을 받을 때에는 각각의 법인 및 시설별로 후원금전용계좌등을 구분하여 사용하여야 하며, 미리 후원자에게

후원금전용계좌등의 구분에 관한 사항을 안내하여야 한다.

④ 모든 후원금의 수입 및 지출은 후원금전용계좌등을 통하여 처리하여야 한다. 다만, 물품 형태의 후원금은 그러하지 아니하다(규칙 제41조의4).

(3) 후원금 수입 및 사용내용 통보와 결과 공개

법인의 대표이사와 시설의 장은 연 1회 이상 해당 후원금의 수입 및 사용 내용을 후원금을 낸 법인·단체 또는 개인에게 통보하여야 한다. 이 경우 법인이 발행하는 정기간행물 또는 홍보지 등을 이용하여 일괄 통보할 수 있다(규칙 제41조의5).

① 법인의 대표이사와 시설의 장은 결산보고서를 제출할 때에 후원금수입 및 사용결과보고서(전산파일을 포함한다)를 관할 시장·군수·구청장에게 제출(「사회복지사업법」 제6조의2제2항에 따른 정보시스템을 활용한 제출을 포함한다)하여야 한다.

② 시장·군수·구청장은 제1항에 따라 제출받은 후원금수입 및 사용결과보고서를 제출받은 날부터 20일 이내에 인터넷 등을 통하여 3개월 동안 공개하여야 하며, 법인의 대표이사 및 시설의 장은 해당 법인 및 시설의 게시판과 인터넷 홈페이지에 같은 기간 동안 공개하여야 한다. 다만, 후원자의 성명(법인 등의 경우는 그 명칭)은 공개하지 아니한다(규칙 제41조의6).

③ 후원금 수입 및 사용결과 보고·공개 의무 위반 시 300만 원 이하의 과태료 부과되므로 각 시·군·구 및 시·도는 법인과 시설의 후원금 수입 및 사용결과 보고 및 공개의무를 사전에 안내하고 사후에 철저히 지도·감독하여야 한다(보건복지부, 2021).

6. 감사의 실시

① 법인의 감사는 당해법인과 시설에 대하여 매년 1회 이상 감사를 실시하여야 한다.

② 법인의 대표이사는 시설의 장과 수입원 및 지출원이 사망하거나 경질된 때에는 그 관장에 속하는 수입, 지출, 재산, 물품 및 현금 등의 관리상황을 감사로 하여금 감사하게 하여야 한다.

③ 감사를 실시할 때에는 전임자가 참관해야 하며, 전임자가 참관할 수 없으면 관계 직원 중에서 전임자의 전임자나 법인의 대표이사가 지정한 사람이 참

관해야 한다.

④ 감사는 감사를 한 후 감사보고서를 작성하여 당해법인의 이사회에 보고하여야 하며, 재산상황 또는 업무집행에 관하여 부정 또는 불비한 점이 발견된 때에는 시장·군수·구청장에게 보고하여야 한다.

⑤ 제4항의 감사보고서에는 감사가 서명 또는 날인하여야 한다(규칙 제42조).

사회복지상담실무

사회복지실천에서의 사회복지사와 클라이언트와의 관계는 상담을 통해 이루어진다.

상담은 사회복지실천의 기본적인 수단이며 기술이다.

1. 사회복지상담 초기면접

1) 상담 접수

클라이언트는 자발적으로 또는 가족, 지역사회 등의 의뢰를 통해 기관과 접촉을 하거나 또는 기관의 사례관리자가 기관 밖 아웃리치(outreach)를 통하여 클라이언트를 발굴하고 독려하여 기관에게 접촉토록 유도한다. 상담 접수는 개입단계의 시작으로 기관과 클라이언트의 계약(engagement)을 의미한다. 그러나 접수과정에서 클라이언트의 욕구와 기관의 서비스제공 내용이 맞지 않으면 적절한 다른 사회복지기관에 의뢰한다.

2) 클라이언트 특성 파악

접수과정에서 또한 중요한 것은 클라이언트의 특성과 상황을 파악하는 것이다. 파악된 내용을 토대로 기관이 이에 적합한 서비스를 제공할 수 있을지를 판단하며 또한 클라이언트의 문제를 확인하여 앞으로의 개입계획을 수립하는 데 필요하기 때문이다.

클라이언트의 특성과 문제, 욕구, 강점과 자원, 대처능력 등에 대한 파악이 필요하다. 성, 연령, 종교, 교육수준, 성정체성 장애 유무, 사회적 지위, 문제 유형 등 다양성에 대한 선입견과 고정관념이 없어야 하며 이에 대한 사회복지사의 감수성이 요구된다(이재선, 2017: 188~189).

3) 상담구조화

사회복지 상담유형으로는 전화상담, 내방상담, 서신상담, 찾아가는 상담 및 개인, 가족, 집단상담 등이 있다.

(1) 사회복지상담의 특성

사회복지실천과정에서의 상담은 네 가지 특성이 있다(Compton & Galaway, 1984).

① **맥락과 세팅**: 클라이언트에게 서비스를 제공하는 특정 기관의 상황과 장소를 의미한다.

② **계약**: 목적달성을 위한 서비스 제공기관과 클라이언트와의 합의가 이루어져야 한다.

③ **목적과 방향성**: 구체적인 목적과 구조화된 형식에 의해 진행된다.

④ **역할관계**: 사회복지 원조과정에서의 사회복지사와 클라이언트의 관계는 목적성과 한정성을 지닌 특수한 역할관계를 수반한다.

(2) 사회복지상담의 구조적 조건

효과적인 상담이 이루어지기 위해서는 장소, 시간, 상담기록과 같은 구조적 요인들이 중요하다. 상담장소는 사회복지사가 클라이언트에게 집중할 수 있는 조용한 공간으로 클라이언트의 긴장감을 완화하고 심리적인 안정을 유도할 수 있는 환경이어야 한다.

상담시간은 일반적으로는 1회 50분 정도를 제시하나 상담목적에 따라 다를 수 있기 때문에 정확히 규정지을 수는 없다.

(3) 사회복지상담의 형태

① 정보수집을 목적으로 한다.

클라이언트에 관한 정보수집은 접수과정에서 뿐 아니라 개입과정 전반에 걸쳐 진행되며 클라이언트의 심리사회적 배경, 개인력, 가족력, 문제 등에 관한 포괄적인 자료수집이 이루어진다. 이 외에 클라이언트가 문제를 어떻게 인지하며 문제가 일상생활에 미치는 영향, 클라이언트의 문제해결능력 등에 관한 내용을 확인한다.

② 사정을 목적으로 한다.

사정을 목적으로 하는 상담을 보다 구체적이며 목적 지향적이다. 클라이언트의 문제가 세밀하게 상담되며 그에 따른 해결 목표와 구체적인 개입방안이 논의된다.

③ 치료를 목적으로 한다.

치료를 목적으로 하는 상담은 일차적으로 클라이언트의 자기인식과 이해에서 출발한다. 클라이언트 개인의 변화에서 나아가 클라이언트가 속한 사회와 환경의 변화를 목적으로 한다(이재선, 2017: 188~189).

2. 사회복지상담 기록관리

1) 상담내용기록

사회복지실천과정에서의 상담기록은 사회복지사가 클라이언트를 처음 접하는 접수단계에서부터 종결, 사후관리까지의 상담내용을 형식에 맞추어 서술하는 것이다.

(1) 상담기록의 목적 및 활용

① 클라이언트의 욕구를 확인하고 적합한 서비스 계획을 세운다.
② 제공서비스 내용의 평가 및 수정에 중요한 자료가 된다.
③ 전문가 간의 의사소통을 원활하게 한다.
④ 기록의 정보 공유를 통하여 서비스 질 향상에 도움을 준다.
⑤ 서비스 제공과정을 점검한다.
⑥ 관리자의 슈퍼비전, 자문, 동료 검토를 원활하게 한다.
⑦ 기관의 행정적인 과업, 연구조사 자료로 활용한다.

(2) 상담기록의 유형

사회복지실천현장에서 일반적으로 사용하는 기록의 유형에는 과정기록, 요약기록, 문제중심기록 등이 있다(이재선, 2017: 190~192).

① 과정기록: 상담과정과 내용을 세밀하게 기록하는 방법이다. 클라이언트 관

찰내용과 사회복지사의 판단과 소견 등 최대한 상세하게 기록한다. 사회복지실습이나 직원교육 등에 유용하게 활용되는 장점이 있으나 시간이 많이 소요되고 상담내용을 사실 그대로 기록하는 데 어려움이 있어 근래에는 클라이언트의 동의하에 녹음이나 동영상 촬영을 한다.

② 요약기록: 요약기록은 주요한 사실만을 요약하여 기록하는 것으로 사회복지기관에서 주로 사용하는 방법이다. 상담의 구체적인 내용은 기록하지 않으며 시간의 흐름에 따라 서비스 새입방법 및 사정, 중요정보, 변화상황 등을 요약기록한다. 기록의 융통성은 있으나 사회복지사의 주관적 판단에 의존하는 경향이 있으며 지나치게 단순화시켜 초점이 명확하지 않을 수 있다.

③ 문제중심기록: 클라이언트의 기본적인 정보(나이, 성별, 연령, 결혼 유무)와 문제목록, 목표와 계획을 세우고 진행사항을 기록한다. SOAP 방식으로 기록하며 이 방법은 다양한 전문가들이 함께 일하며 정보교환이 필요한 곳에서 유용하게 활용된다.

> Ⓢ Subjective information(주관적 정보): 클라이언트 및 가족의 주요 호소내용. 클라이언트의 인식에 근거
> Ⓞ Objective information(객관적 정보): 사회복지사의 관찰, 자료수집 등에 근거
> Ⓐ Assessment(사정): 주관적, 객관적 정보를 토대로 한 사회복지사의 평가 및 분석
> Ⓟ Plan(계획): 개입계획, 해결방법의 제시

2) 비밀보장, 개인정보보호

비밀보장은 사회복지실천에서 전문적 관계로 이어진 클라이언트의 개인정보에 대한 비밀보장을 의미하며, 비밀보장은 사회복지실천에서의 기본원칙이자 윤리적 의무이다. 클라이언트와 관계된 내용은 소중히 다루어져야 하며 클라이언트가 동의하지 않는 한 함부로 타인에게 알려서는 안 된다.

개인정보보호의 한계는 첫째, 클라이언트의 생명보호가 필요한 경우, 둘째, 클라이언트의 행동이 타인에게 위해를 가하는 경우, 셋째, 클라이언트와 사회복지사의 권리가 충돌되는 경우로 이러한 경우는 양쪽의 권리를 비교하여 중대한 쪽을 선택한다(이재선, 2017: 194~195).

3. 사회복지상담 사정

클라이언트의 문제와 욕구를 명확히 하기 위해서는 클라이언트에 관한 자료수집과 사정에 의한 개입방향, 목표설정이 규정되어야 한다. 자료수집은 생태체계적 관점에서 클라이언트 개인과 그가 속한 환경에 관한 객관적인 정보를 확보하는 활동이며, 사정은 수집된 자료를 분석하고 해석하여 클라이언트가 지닌 문제를 규정하고 해결에 따른 개입목표를 설정하는 과정이다.

1) 클라이언트 정보수집

사회복지사와 클라이언트는 목표달성을 위한 협력관계를 구축하고 상호 간의 합의를 명확히 하여야 한다.

(1) 정보수집 요소

① 클라이언트의 욕구 및 문제 유형
② 기본정보: 성명, 성별, 나이, 직업, 가족관계, 주호소 내용 등
③ 개인력: 생애발달 단계에 따른 사건, 타인과의 관계, 질병 등
④ 가족력: 가족상황, 가족관계, 현재의 가족구성원 등 포함
⑤ 기능: 지적, 정서적, 신체적 기능 및 문제해결, 대처능력 등
⑥ 자원: 문제해결에 필요한 사회적 자원 및 이용 중인 서비스 등
⑦ 클라이언트의 동기, 강점, 한계점: 환경 속에서 클라이언트가 갖는 동기, 강점, 한계 등에 관한 정보

(2) 정보의 출처

① 클라이언트의 이야기: 클라이언트가 상담과정에서 직접적으로 말한 내용
② 클라이언트 작성 양식: 접수 시 작성한 일반적이며 기초적인 내용
③ 부수적인 정보: 클라이언트 환경에서 관계되는 가족 친구, 학교, 직장, 기관 등에서 얻는 정보로 클라이언트의 동의 필수
④ 심리검사: 전문가로부터의 풀 배터리 심리검사를 통한 클라이언트의 지능 및 인성, 심리상태 등의 정보 확인. 이외 다양한 검사(자아존중감, 대처능력 등)를 통한 클라이언트 이해에 필요한 정보 확인
⑤ 클라이언트의 비언어적 행동: 비언어적 행동(얼굴표정, 목소리 톤, 제스처 등)을

통한 클라이언트의 감정과 사고 확인

⑥ 중요한 타인과의 상호작용: 클라이언트 삶에 중요한 타인과의 상호작용 확인
⑦ 클라이언트와의 상호작용에서 사회복지사가 느끼는 감정: 상호작용과정에서 클라이언트의 행동패턴 이해. 사회복지사가 느끼는 감정은 클라이언트의 문제해결에 중요 정보가 된다(이재선, 2017: 196~197).

2) 자료분석

사정단계는 수집된 자료를 해석하고 분석하여 문제를 규정하는 사회복지실천과정에서의 핵심단계이다. 사정단계에서의 과업은 수집된 자료를 바탕으로 클라이언트의 주요 문제 및 욕구를 판단하여 목표를 설정하고 그에 대한 개입계획을 세운다.

클라이언트의 문제를 규정하고 그에 적합한 개입계획을 세우기 위해서는 클라이언트 개인에 대한 정보뿐 아니라 클라이언트가 처한 상황과 환경 등 생태학적 요인에 관한 이해가 필요하다.

(1) 사정에 유용한 도구

① 가계도

가족을 사정하기 위해서는 가족구조에 영향을 미치는 가족의 경계 및 하위체계(부부체계, 부모-자녀체계 등), 규범, 의사소통 유형 등의 확인이 필요하다. 가족의 구조와 기능을 사정하기 위한 도구로 가계도가 활용된다. 가계도는 2~3세대의 가족관계를 도표로 작성한 것으로 사회복지사와 클라이언트가 함께 작성한다. 가족구성원과 그에 대한 정보를 볼 수 있으며, 세대 간의 생물학적, 정서적, 환경적 관련성과 반복되는 관계유형 등을 발견하고 그에 대한 통찰력을 갖는 데 유용하다(이영분, 2007: 65~66).

② 생태도

생태도는 생애체계적 관점에서 클라이언트와 가족에게 의미 있는 체계들과의 관계를 그림으로 확인할 수 있다. 생태도는 환경 속의 클라이언트와 가족들에 초점을 두고 클라이언트가 지역사회 다양한 체계들과 어떻게 관계를 맺고 상호작용하는지를 살펴봄으로써 생태학적 관점에서 클라이언트를 이해하는 데에 도움이 된다.

③ 사회도

사회도는 집단 내 성원들 간의 상호작용을 그림으로 나타낸 것으로 Mores와 Jennings에 의해 개발되었다. 사회도는 집단 성원들 간의 수용 및 거부, 관계를 평가하는 데 유용하다. 상·하단으로 나누어 집단의 지위를 나타내고 우호적인 관계는 가까이 소원한 관계는 멀리 띄어서 그린다. 관찰만으로 파악하기 어려운 집단 내 소외자, 결탁, 연합, 하위집단 등을 파악할 수 있다. 집단과 일하는 사회복지사들에게 유용하게 활용된다.

3) 상담계획수립

실천과정에서 상담계획을 수립하는 것을 클라이언트의 변화에 초점을 둔 사정과 개입을 연계하는 중요과정이다. 계획은 클라이언트 문제해결을 위한 목표설정과 계약을 동시에 포괄한다. 목표설정은 개입의 방향성을 제시하여 종결 시 평가의 기준이 되며 목표설정은 사회복지사와 클라이언트 간의 합의과정을 통해 계약으로 이루어진다.

(1) 목표설정

목표는 '문제의 해결', '변화'를 의미하며 사회복지사와 클라이언트의 합의에 의해 정해진다. 합의되지 않은 목표로 진행하다 보면 사회복지사와 클라이언트 모두에게 만족스럽지 못한 결과를 초래할 수 있으므로 합의가 이루어질 때까지 기다려야 한다.

목표가 여러 가지인 경우에는 목표의 우선순위를 정한다. 일반적으로 첫째, 클라이언트에게 가장 시급한 문제, 둘째, 단기간에 성취 가능한 것, 셋째, 다른 목표 도전에 동기부여 가능한 것, 넷째, 사회복지사의 능력, 기관 기능에 무리되지 않는 것을 기준으로 한다. 우선순위를 정하는 것은 정확한 개입의 방향 설정을 위해 필요하다.

(2) 계약

목표가 설정되면 사회복지사와 클라이언트 간의 역할 및 과업, 구체적 개입방안 등을 상호 동의하는 계약단계로 들어간다. 계약은 사회복지사와 클라이언트의 권리를 보호하고 상호 간의 역할과 책임을 명확하게 하며 또한 클라이언트의 적극적인 참여가 필요함을 인정하는 데에 의의가 있다.

4. 개인상담

사회복지실천과정에서는 상이한 상황에서 서로 다른 문제와 욕구를 지닌 클라이언트에게 개입하기 위한 다양한 접근방법이 이루어지고 있다. 일반적으로 클라이언트 개인과 가족, 집단, 지역사회 개입이 있다.

1) 개인 내적 변화 개입

개인을 대상으로 한 사회복지는 역사적으로 가장 먼저 개발되어 개별사회사업으로 발전하여 왔다. 개별사회사업은 클라이언트 개인의 내적 변화에 초점을 맞추어 클라이언트로 하여금 문제를 해결하고 보다 환경에 잘 적응할 수 있도록 돕는 데 목적이 있다. 일대일 관계를 기반으로 한 개인의 내적 변화 개입에는 상담기술이 필수적이다. 개인 수준에서의 상담을 클라이언트의 현재 상황과 감정, 사고와 행동, 타인과의 관계 등에 초점을 두고 클라이언트의 왜곡을 수정하는 데에 있다. 이와 같은 개입을 직접적 치료, 심리적 개입이라고 한다(이재선, 2017: 200~202).

(1) 인지적 영역의 변화

인지이론에서는 개인의 심리적 문제는 개인이 가지고 있는 비합리적인 사고와 잘못된 신념에 의해 만들어진 정서적 반응이라고 본다. 인지이론은 Ellis(1982)의 합리적 정서치료(Rational Emotive Behavior Therapy, REBT)가 대표적이다.

(2) 정서적 영역의 변화

개인이 지닌 우울, 불안, 공포, 분노 등의 정서적 문제에 개입하려면 먼저 클라이언트 스스로 자신의 주된 감정을 이해하고 표현할 수 있도록 한다. 사회복지사는 클라이언트로 하여금 표현하는 감정의 원인과 배경을 이해하고 수용하도록 도와야 하며 클라이언트의 감정표현이 지나치지 않도록 조절하여야 한다.

상담과정에서 클라이언트의 정서적 안정을 위해 사회복지사가 사용할 수 있는 기술로는 격려, 재보증, 환기 등이 있다. 격려는 클라이언트의 행동결과 또는 태도 등을 구체적으로 칭찬하고 인정하는 것으로 문제해결능력 향상과 자신감 고취에 도움이 된다. 재보증은 자신 없어 하는 클라이언트에게 신뢰를 표현하므로 자신감을 가질 수 있도록 "당신은 잘 할 수 있습니다. 그동안 열심히 준비했으니 분명히 좋은 결과가 있을 것입니다."와 같은 접근을 한다. 환기는 클라이언트의 내재된 부정적 감정을 자연스럽게 표출시키어 약화시키거나 또는 해소시키는 기술이다.

(3) 행동적 영역의 변화

행동수정이론은 클라이언트의 현재의 문제행동을 변화시켜 바람직하지 못한 행동은 제거하고 바람직한 행동을 발전시키는 데 초점을 둔다. 인간행동의 발현을 선행조건과 행동, 결과라는 A−B−C 관계로 정의하였으며 인간의 특정 행동은 선행조건과 결과의 영향으로 형성되기 때문에 선행조건과 결과에 조작을 가하는 것이 목표하는 해동의 변화를 이끈다고 가정한다.

2) 대인관계 변화개입

많은 클라이언트들이 관계상의 문제로 어려움을 호소한다. 관계상의 문제는 주로 가족, 이웃, 동료, 직장 등 클라이언트가 속한 체계 내에서 발생한다. 상호작용이 일어나는 클라이언트 체계가 함께 변화될 때 개인뿐 아니라 관계에서 비롯한 문제해결에 효과적이다. Mead(1964)는 인간은 타인을 통해 자신을 인식하고 자신의 인식에서 타인의 의미를 가지게 되므로 타인과의 관계를 통해 환경의 특수한 의미를 발견하게 된다고 하였다. 대인관계에서의 문제를 호소하는 클라이언트의 변화를 위한 전략적으로 효과적인 의사소통기술 습득을 통하여 문제해결능력을 향상시킨다.

(1) 의사소통기술

의사소통기술은 대인관계형성기술로 언어적, 비언어적 요소로 이루어졌다. 하지만 언어, 감정 등과 같은 표현방식은 사람마다의 개인적 편차로 조금씩 다른 의미로 사용되기도 한다. 효과적인 의사소통을 막는 역기능적 의사소통으로 조급하게 주제를 바꾸거나 피하기, 과잉 일반화, 흑백논리 태도, 부정적 평가, 지시, 위협, 훈계, 비난 등이 있으며, 비언어적 소통으로는 노려보기, 외면, 목소리 톤 높이기, 위협적 표현 등이 있다(양옥경 외, 2014). 사회복지사는 상담과정에서 표현되는 클라이언트의 의사소통 방법을 확인하여 부정적 의사소통을 기능적으로 바꿀 수 있도록 돕는다(이재선, 2017: 203~204).

(2) 언어적 · 비언어적 의사소통

kirst−Ashman과 Hull(1993)은 클라이언트의 언어적 · 비언어적 의사소통을 원활하게 하기 위한 방법을 다음과 같이 소개하였다.

① 언어적 의사소통

- 지지적 언어반응: 클라이언트의 말 사이사이 긍정적 언어반응을 하므로 경철하고 있음을 알려준다.
- 언어의 재구성: 클라이언트의 말을 다른 말로 재구성하여("그러니까 그때 당신이 기분이 많이 상하셨단 말씀인가요?") 말의 의미를 확인한다.
- 인식의 명료화: 클라이언트의 생각과 사회복지사의 이해를 보다 명료화 한다.
- 감정반응: 클라이언트가 자유롭게 감정표현 할 수 있도록 지지하고 공감한다.

이 외 방법으로 클라이언트의 강점을 강조하고 효과적인 의사소통 방법, 기술 등에 관한 정보 제공, 클라이언트의 말 요약, 해석을 통하여 구체화·명료화 하도록 한다.

② 비언어적 의사소통

눈맞춤과 표정, 제스처, 억양, 자세와 동작 등이 있다. 눈은 말로 하지 않는 정보를 전달하는 중요한 곳이다. 타인과의 대화 시 상대와 눈을 맞추는지, 다른 곳을 응시하는지를 통해 대화에 관심 여부를 확인할 수 있다. 또한 표정, 제스처, 자세, 동작 등과 같은 비언어적 표현은 상대방의 현재 상황을 더 정확히 확인할 수 있다. 예를 들어 얼굴을 찡그리거나 몸을 비틀고 다리를 떨거나 주먹을 불끈 쥐는 등의 표현들을 통해 상대방의 기분이 좋은지 좋지 않은지, 불안한지, 지루한지, 화가 났는지 등을 알 수 있다.

3) 개인 환경 변화개입

개인 수준에서의 개입의 목적은 클라이언트의 개인 내적 변화와 대인관계상의 변화, 그로 인한 환경적 적응에 있다. 그러나 사회복지실천활동을 하다 보면 이와 같은 것만으로는 부족하다. 클라이언트의 문제는 부적절한 환경자원과의 불균형에 의해 기인되는 경우가 많기 때문에 클라이언트를 둘러싼 환경체계에 대한 이해가 중요하다.

환경적 어려움에 있는 클라이언트를 위한 사회복지사의 환경적 개입활동은 클라이언트가 속한 사회적, 물리적 환경을 증진시키고 지역사회 자원을 개발·연계하는 것이다. 환경적 개입은 다른 개입활동과 병행하여 통합적으로 이루어져야 한다. 클라이언트의 문제는 다양한 하위체계 간의 상호작용과 클라이언트가 경험하는 다차원적인 상황에서 발생하기 때문이다.

5. 가족상담

가족은 한 인간의 생물학적 탄생과 성장, 사회적 적응에 필요한 가장 기본적인 일차적 환경을 제공하는 자연발생적 공동체이다. 가족을 통하여 기본적인 욕구를 충족하고 기분적인 행동양식을 배우고 사회적 기능을 익히게 된다. 가족이 가족으로의 기능을 제대로 수행하지 못할 경우 문제의 근원이 되기도 하지만 더불어 문제해결의 근원이 되기도 한다. Zastrow(1995: 222)는 가족의 중요기능을 재생산, 보호, 성행동규제, 애정 제공, 사회화로 보았다. 이러한 가족의 기능이 원활하게 잘 수행될 수 있도록 돕는 것이 가족적 개입, 가족치료이다(이재선, 2017: 204~205).

1) 가족사정

가족은 클라이언트가 사회적 기능을 안정되게 잘 수행할 수 있도록 가장 중요한 역할을 담당하는 곳이다. 사회복지실천에서는 체계적 관점이 널리 받아들여지면서 가족에 대한 사정을 강조하였다. 가족사정에서 중요하게 다루는 것은 가족성원들의 관계와 외부환경과의 관계이다. 가족관계사정을 위하여 살펴보아야 할 것은 가족의 구조와 기능, 하위체계, 규칙, 결속력, 의사소통 등이며 외부환경사정에서는 사회적·물리적·환경적 자원과 자원과의 교류 등이 포함된다.

2) 가족문제 변화 개입

체계란 상호의존적이며 상호 영향을 주고받는 부분들로 구성된 전체를 의미한다. 가족체계는 개인이 속한 다양한 사회체계 중 가장 기본적인 단위의 체계로, 구조적으로는 다른 체계들과 경계를 가지면서 동시에 상호작용하는 특성이 있다. 가족은 상호의존적인 관계로 서로 영향을 주고받으며 가족만의 특수한 상호작용 행동유형을 만들어 외부체계와 구분되는 경계를 형성한다.

(1) 기능적인 가족 역기능적인 가족

가족체계가 효과적으로 기능하기 위해서는 가족 내 구조와 위계질서, 규칙, 경계 등이 명확히 세워져야 하며 정서적 친밀감과 신뢰가 안정되게 형성되어야 한다. 기능적인 가족은 서로의 인격을 존중하고 개방적이며 서로의 독특함, 차이를 인정하고 공감적이고 개방적인 의사소통을 한다. 가족의 규칙은 유연하며 부모의 권위는 위협적이지 않다. 그러나 역기능적인 가족은 폐쇄적이며 가족 간의 경계가 경직되거나 모호하고 규칙은 유연하지 않으며 위협적이고 폐쇄적인 모호한 의사소통을 한다.

(2) 가족치료

가족치료는 클라이언트 가족을 사정하는 과정에서 발견된 것으로 가족의 역기능을 해소하는 데 활용되는 유용한 사회복지실천 방법 중 하나이다. 2차 세계대전 이후 가족구조의 변화를 통해 개인의 변화를 유도하는 가족치료에 관심이 모아지기 시작하였다. 초기에는 정신분열증 환자와 그 가족이 대상이었으나 차츰 일반가족으로 확대되어 1960년대는 사회복지사들에 의한 새로운 개입전략과 기술이 일반가족 전체에 활용되기 시작하였다.

3) 가족환경 변화 개입

사회복지실천에서의 가족적 개입은 가족원들의 원활한 상호작용과 가족구조 및 기능 개선에 초점을 두면서 동시에 가족에 영향을 미치는 외부환경에 대한 관심이 중요하다. 가족적 개입은 가족체계뿐 아니라 가족과 관계를 맺고 있는 다양한 외부체계를 모두 고려한다. 가족원들의 내적 성장과 변화, 다양한 사회적, 물리적 환경 증진을 통한 유용한 자원과의 연계는 반드시 함께 이루어져야 한다. 즉, 가족적 개입은 가족의 문제 한 면만 강조하는 것이 아니라 가족을 둘러싼 다양하고 다차원적인 체계를 통합적 관점으로 살펴야 한다(이재선, 2016: 120~121).

6. 교육 및 학습문제와 상담

학업은 학생의 자아개념의 발달, 상급학교로의 진학, 사회진출을 위한 취업 등과 밀접한 관련을 맺고 있으며, 성인기의 생활에도 영향을 미치게 된다. 이러한 학업의 문제는 학생 자신뿐만 아니라 그들의 부모에게도 중요한 문제이다. 학교학습에서 거듭되는 실패의 경험은 자신에 대한 낮은 자아개념을 갖게 하고 이러한 경험의 누적은 정서적으로 독립하려는 학생의 욕구를 좌절시키고, 원만한 대인관계 형성과 자기성장에도 방해가 되어 좌절감과 두려움이 생겨 모든 일을 성공적으로 처리하지 못하고 자기 자신에 대한 열등감을 갖게 되어 원만한 학교생활에 문제가 될 수 있고, 학생의 교육 및 학습문제가 시급하다고 볼 수 있다.

1) 기능장애

① 전반적 발달장애: 자폐장애는 대인 상호작용의 손상, 의사소통 및 상상행동의 손상, 행동과 흥미의 극한 상황 제한이라는 증상이 모두 나타난다.

② 기초학습기능 발달장애: 산수 발달장애, 글표현 발달장애, 읽기 발달장애 등이 있다.

2) 공부문제

수업부진의 원인으로 선수학습의 결핍, 학습동기 결여, 가정환경문제, 부모-자녀관계, 또래집단의 영향, 비효과적 공부방법, 실험불안, 정신문제가 있다. 극복방법은 공부방법 향상 프로그램, 글표현 발달장애 보충교육상담 등이다.

3) 학교생활적응문제

상습적 지각, 결석, 외톨이, 교사와의 관계에서의 문제, 귀국자녀 등의 문제가 있으며 학업지도와 생활지도 및 상담치료와 사회복지상담 등이 그 치유법이다. 대학에서는 학업 적응, 주거환경, 대인관계, 이성교제와 성이라는 문제가 이슈가 되기도 한다.

4) 청소년 비행

비행청소년의 문제는 다음과 같다.

초기 단계에는 부모, 교사, 사회복지상담자의 설득으로 치료가 가능하다. 비행이나 폭력이 수반되지 않는 중간단계에서도 부모, 교사, 카운슬러와 대화가 가능하며 노력에 따라 끊게 될 수도 있다. 그러나 이 단계를 넘어서면 사법당국에 문제가 되어 약물 오·남용 전문가가 맡아야 한다. 그리고 마지막으로 약물중독상태가 되면 중독치료 금단증상 및 합병증에 대한 치료를 함께 해야 한다. 성장만으로 치료가 되지 않는다.

5) 청소년 성교육과 성상담

남자 청소년의 주 관심은 자위, 포경수술, 음경, 정액, 발기 등이며 여자 청소년의 주된 관심사는 순결, 처녀막, 월경, 임신, 인공임신중절, 강간 등이다. 공통관심사로 성충동, 음모, 성교 및 오르가슴, 성별, 에이즈(AIDS), 피임 등이다.

6) 진로문제와 장담

커다란 변화의 물결 속에 놓여 있고 이러한 급격한 변화와 발전을 특징으로 하고 있는 현대사회에 능동적으로 대처하기 위해 청소년은 자신이 변화의 주체로서 현재를 이해하고 미래를 창조할 수 있는 능력을 갖추어야 한다. 진로를 선택하는 일은 개인의 전 생애에서 가장 중요한 일이다. 그러므로 사회는 청소년 개개인이 가지고 있을 수 있는 가능성을 탐색, 발견하고 이를 충분히 개발시켜서 원하는 진로를 선정할 수 있게 해 주고, 의미 있고 행복한 삶을 미리 준비할 수 있게 선도하는 것이 필요하다. 청소년이 행복한 개인으로서, 생산적 사회구성원으로서, 자아를 실현시키기 위해 자기의 적성에 알맞은 진로 선택과 그에 알맞은 능력을 잘 키워 나가도록 하여 주체적 사람으로 성장하게 하여 전인적 발달이 이루어지도록 해야 한다(이현심, 2013: 65~80).

7. 집단상담

초기 사회복지실천에서의 집단적 개입은 사회환경조직, 개선 등의 지역사회조직 개념과 연결지어 발전하였다. 그러나 1960년대 이후부터는 사회의 변화뿐 아니라 개인의 변화와 치료를 목적으로 병원 및 학교, 사회복지기관, 교정시설 등에서 소그룹활동 및 집단상담 등의 방법으로 성장하였다.

1) 집단운영계획 및 사전준비

집단상담은 단순한 친목모임이 아니므로 집단성원 공통의 목표가 수립되어야 하며 달성하고자 하는 목표에 기반을 두고 상담과정을 통해 이루어져야 한다. 최종적으로 이의달성 정도를 파악한다.

(1) 집단운영계획(NCS, 2016)

① 집단상담 목표 및 평가 계획: 집단상담을 통하여 달성하고자 하는 목표의 핵심을 요약 정리하여 기록한다. 평가도구는 목표의 달성 여부를 평가할 척도, 조사도구를 의미하며 평가계획은 평가도구를 어떻게 활용할 것인지에 대한 계획을 의미한다.

② 회기별 계획: 회기별 계획은 각 회기에서 수행해야 할 과업을 어떻게 수행할 것인지 이에 대한 방법과 필요한 준비물을 기록한다.

③ 예산: 집단의 목표와 진행 내용을 토대로 세목을 자세하게 수립한다. 산출기초는 필요금액의 근거가 되므로 인원수, 횟수, 준비물 등을 고려하여 작성한다.

(2) 사전준비

집단 운영을 위한 사전준비로 먼저는 참여 집단의 유형과 집단이 추구하는 목적에 대한 이해가 필요하며 집단의 크기, 개입기간, 개방성 여부 등에 관한 확인이 필요하다.

2) 집단 개입방법

집단의 유형과 목적에 따라 개입방법은 다양하다. 참여집단의 유형과 특성, 집단의 크기, 집단이 추구하는 목적 등에 대한 사전조사가 먼저 이루어져야 한다.

(1) 지지집단(support group)

집단 성원들이 현재의 문제를 잘 대처하고 이후에도 효과적으로 잘 대처할 수 있도록 효능감 및 대처능력 향상을 위한 개입방법을 세운다. 사회복지사는 집단에 직접적으로 개입하여 집단 성원들을 지지하고 격려하며 촉진시키기도 하지만 간접적으로 자문과 의뢰 등 중개자로의 역할을 수행하기도 한다. 예를 들어 호스피스 암 환자 가족집단, 알코올 자조집단 등이 있다.

(2) 성장집단(growth group)

성장집단은 질병치료가 목적이 아니라 집단 성원들의 심리사회적 건강 증진을 우선으로 다룬다. 인식의 증진을 통해 행동과 태도의 변화를 가져오도록 한다. 예를 들어 청소년의 자존감. 사회성 향상 집단활동, 부부관계회복 집단상담 등이다.

(3) 치료집단(therapy group)

우울·강박과 같은 정신내적 어려움과 알코올, 약물남용 등의 역기능적 문제를 지닌 집단 성원들의 행동 변화, 개인적 문제완화, 재활 등을 목적으로 한다.

3) 집단상담 진행

(1) 초기 단계

집단의 성원들이 공통된 목적을 가지고 함께 활동할 수 있는 기초를 마련해 주어야 한다.

① 집단 구성원 소개

첫 모임에서 구성원들을 소개한다. 소개는 구성원이 가지고 있는 관심사와 흥미를 공유하게 하고, 신뢰감을 가지게 되는 계기가 되게 때문이다. 자신을 소개하는 방법은 구성원들의 특성을 고려하여 다양하게 선택할 수 있다.

② 집단 목적에 대한 설명과 피드백

집단의 목적을 분명하게 전달하여야 하며 다룰 수 있는 문제와 제공할 수 있는 서비스를 명확히 한다. 구성원들의 의견 욕구를 반영한다.

③ 개별 구성원의 목표설정

개별 목표는 집단 목표의 범주 내에서 최대한 구체적으로 설정하도록 한다. 예를 들어 집단 목표가 부모−자녀관계 회복이라면 개별 목표는 관계 회복을 위한 '원만한 의사소통'이라든지 또는 '긍정적 감정표출. 표현하기' 등이 될 수 있다.

④ 계약

초기에는 상담자의 역할, 구성원의 역할 및 자신에게 기대할 수 있는 것 등에 대해서 잘 알 수가 없으므로 계약을 통해 명확히 해야 한다. 일반적으로 계약은 기관을 대표하는 상담자와 구성원 사이에 이루어진다.

(2) 중기 단계

중기 단계는 구성원 간에 친밀감이 증가하고, 집단 응집력이 향상하는 시기로 사회복지사는 집단과 구성원이 목표를 잘 달성할 수 있도록 격려하고 목표달성에 방해가 되는 장애를 극복할 수 있도록 원조한다.

① 집단의 구조화

구조화는 집단이 목표하는 방향으로 변화할 수 있도록 계획적, 체계적으로 시간제한적인 개입을 하는 것을 의미한다(김혜란 외, 2009: 66~78).

② 구성원의 참여와 권한 부여

상담자 중심이 아니라 집단성원들 스스로 자신의 삶에 책임을 질 수 있도록 권한을 가지게 한다. 집단상담의 내용과 방향이 집단성원들의 결정에 달려 있다는 것을 알린다.

③ 구성원의 목표 성취 원조

사회복지사는 집단성원들이 자신의 목표를 인식하고, 구체적인 계획을 발전시켜 실행에 옮길 수 있도록 한다. 적당한 상담기법이나 사회복지프로그램을 활용할 수 있다.

(3) 종결 단계

종결 단계의 주요과업은 성공적으로 마무리하는 것이다. 그러나 목표를 달성하지 못한 채 종결하는 경우도 있으므로 성패 정도를 고려하여 적절하게 마무리 한다.

① 조기종결에 대한 이해

집단의 성원이 상담과정 중간에 탈락하거나 집단의 목표를 달성하지 못한 채 조기에 종료되는 경우도 있다. 사회복지사는 어떤 요인이 집단 해체에 영향을 끼쳤는지를 파악하여 향후 진행에 반영한다.

② 변화노력 유지

종결 후에도 변화가 계속해서 지속되는 것은 매우 중요하다. 변화를 통해 나타나는 작은 긍정적인 결과에 초점을 맞추어 지속하기 위한 구체적인 계획을 수립한다.

③ 종결감정 처리

종결에 이르면 진행자와 집단성원들은 긍정적 감정과 부정적 감정을 동시에 느낀다. 서로의 감정을 공유하며 또한 양가감정이 있다면 솔직히 표현할 수 있도록 한다.

④ 의뢰

종결 후 욕구가 충족되지 않거나, 성취하고 싶은 다른 목표가 있을 때 다른 프로그램을 소개하건 자조집단을 형성하도록 안내하며 타 기관으로 연결시킬 수 있다.

8. 사회복지 상담 종결

개입과정을 마무리한다는 것은 상담결과를 평가하고, 종결에 이르는 것으로 상담과정에서의 최종 단계를 의미한다. 종결 단계에서는 클라이언트의 기능강화와 상담 전 과정을 통해 변화된 클라이언트의 변화에 대해 이해시킨다. 또한 상담 개입 전반에 걸친 평가가 병행되며 이때의 평가는 목적과 목표의 달성 정도와 동시에 사용된 방법의 적합성 등을 확인한다.

1) 상담결과평가

평가는 사회복지사와 기관의 책무성, 효과성과 효율성을 입증할 뿐만 아니라 클라이언트의 문제나 욕구가 충족되었는지에 대한 효과를 검증하고 더욱 효과적인 방법을 모색하는 과정이다.

(1) 평가유형

① 양적평가와 질적평가
- 양적평가: 신뢰도, 타당도가 확보된 측정도구 사용, 객관적·계량화한 측정
- 질적평가: 인터뷰를 통해 클라이언트 입장에서 경험한 것에 관한 심층적 이해

② 총괄평가와 형성평가
- 총괄평가: 개입의 결과, 상담의 전반적인 효과성과 효율성 평가
- 형성평가: 개입과정 평가

③ 실천평가와 프로그램평가
- 실천평가: 개입대상(개인, 가족, 집단)에 따른 사회복지사의 개입노력평가
- 프로그램평가: 프로그램과 지역사회 기관을 단위로 한 효과성·효율성평가

(2) 평가도구

① 개별화한 척도

개인 클라이언트나 집단 성원 개개인의 행동 정서, 태도 등의 빈도, 기간, 강도 등을 자기보고 형태로 측정할 수 있는 척도이다. 클라이언트의 독특한 상황에 맞추어 개발되고 적용될 수 있다. 예를 들면 자신감이 부족한 청소년의 자신감을 상담을 통해 점검하기가 쉽지 않을 때 자신감 매우 부족은 0점, 매우 높은 10점으로 척도화 하여 청소년 스스로 체크하도록 한다.

② 표준화 척도

표준화된 척도는 보통은 15 내지 30개의 문항을 5점 단위로 응답하게 되어 있다. 초기 단계 사전검사와 종결단계 사후검사를 통해 개입의 효과성을 평가한다. 신뢰성과 타당도를 확보한 일반화된 과학적 도구로 상담결과 및 개입의 효과성을 검증하는 데 유용하다.

③ 목표달성 척도

클라이언트와 함께 설정한 '클라이언트 개별목표'의 달성 정도를 측정 평가하는 것으로 계약과 목표설정 단계에서부터 할 수 있다. 시간 경과에 따른 목표달성 정도를 한눈에 볼 수 있다.

④ 단일사례설계

특정 기간 동안 클라이언트의 행동, 감정의 변화를 평가하여 개입의 효과성을 평가하는 방법으로 개입 전과 후의 변화를 반복해서 측정한다. 기초선과 개입으로 구성되어 있다. AB설계(기초선→개입)는 기초선을 설정 후 개입을 시도한 것으로 개입 전후의 비교는 가능하지만 개입 받지 않은 경우와 비교는 불가능하다. ABA설계(기초선→개입→제2기초선)는 AB설계에 개입의 효과를 검증하기 위하여 일시적으로 개입을 중단한다. 이후 다시 A를 추가함으로써 변화의 개입 효과를 확인한다. 개입 전후의 비교는 가능하지만 개입 받지 않은 경우와 비교는 불가능하다. ABAB설계(기초선→개입→제2기초선→개입)는 ABA 설계에 다시 개입을 추가한 설계로 개입 효과의 인과관계 파악이 가능하며 개입 전후의 비교가 가능하다. 개입하지 않은 경우와의 제한된 비교가 가능하다.

2) 상담목표 재설정

종결단계에서는 개입의 효과성과 함께 클라이언트와 함께 설정하였던 목표의 달성 정도를 검증해야 한다. 목표의 달성 정도에 따라 재개입 또는 의뢰의 필요성이 제기되기 때문이다. 사회복지사는 개입의 효과를 위해 반드시 달성해야 할 목표 중 달성하지 못한 것을 발견하여 추후 어떻게 할 것인지 고려해야 한다.

3) 대처능력 강화

개입이 종결되더라도 개입을 통해 성취한 클라이언트의 변화는 계속 유지되어야 한다. 사회복지사는 클라이언트의 변화가 일상적인 삶 속에서 지속적으로 유지될 수 있도록 도와야 한다. 또 다른 문제와 환경을 경험하게 되더라도 상담개입을 통해 학습한 문제해결능력이나 대처능력 등을 잘 발휘할 수 있어야 하고 또한 이러한 능력이 더욱 강화됨으로써 사회적 기능이 향상되고 사회적 관계를 원만하게 잘 형성할 수 있도록 한다. 클라이언트 대처능력에 대한 확인과 활용 가능성은 개입과정에서의 지속적인 점검을 통해 가능하다(이재선, 2017: 216~217).

4) 사례의뢰

종결이 개입의 완전한 중단이 아닌 경우가 있다. 종결단계에서 클라이언트의 문제가 확인되어 추가적인 서비스가 필요한 경우나 클라이언트가 도움을 재요청할 경우, 기관에서 제공할 수 있는 서비스 내용이 아닌 경우 적절한 타 전문기관과 전문가에게 의뢰를 요청한다. 의뢰는 기관에서 제공하는 서비스로, 문제해결에 어려움이 있거나 추가적인 서비스가 필요한 경우에 타기관이나 전문가를 선택하여 클라이언트에게 제안하는 기술이다. 사회복지사는 지역사회의 다양한 전문기관을 포함한 자원에 대한 정보와 서비스의 내용과 질 등에 대해 잘 알고 있어야 하며 지역사회 기관들과의 유기적인 관계를 유지하여야 한다. 의뢰 제안 시 주의할 것은 다른 기관이나 자원이 클라이언트에게 더 적합하기 때문에 의뢰를 제안한 것임을 명확히 설명하고 의뢰 기간에 대한 상세한 정보를 제공하여 클라이언트 스스로 결정할 수 있도록 돕는다.

5) 사후관리

사회복지사는 종결시점에 클라이언트와의 합의를 통해 사후관리를 계획해야 한다. 사후관리를 개입과정을 통해 달성한 목표를 유지·강화하기 위한 과정으로 종결 후 1~6개월 사이에 진행한다. 사후관리를 통해 클라이언트는 노력에 대한 격려를 받기도 하고 필요한 경우 추가적인 원조를 받기도 한다. 사회복지사는 사후관리과정에서 클라이언트의 변화 유지를 모니터링하고 클라이언트의 주변체계를 활용하여 변화가 지속적으로 유지될 수 있도록 돕는다. 또한, 클라이언트가 원하는 경우 같은 문제로 어려움을 겪었던 동료들과의 자조모임결성을 지원할 수 있다.

9. 사회복지 상담슈퍼비전

사회복지 상담슈퍼비전은 클라이언트에게 최선의 서비스를 제공하고 사회복지사의 전문성 강화를 목표로 지식과 경험을 가진 선배 전문가가 사회복지 교육·행정 등의 영역에서 후배 사회복지사를 돕고 지도하는 것이다. 슈퍼비전의 일반적인 방법은 클라이언트의 사례, 윤리적 딜레마, 개입기술 등에 대하여 강의, 교육, 토론, 질문기법 등을 활용한 실천기술의 전수, 사후지도 등이 있으며 직접 현장관찰을 통하여 슈퍼비전을 제공하는 방법이 있다.

1) 상담사례 발표

사회복지사는 클라이언트의 복합적인 문제와 욕구를 인식하고 이에 적절한 서비스를 효율적으로 제공할 수 있어야 한다. 그러나 서비스 목표, 계획수립과정이나 자원연결과정에서 어려움이 있을 경우 사례회의에서의 사례발표를 통하여 다양한 분야의 전문가와 선배 전문가, 동료와의 협의를 통해 서비스 계획을 구체화한다. 다양하고 복잡적인 문제를 지닌 클라이언트를 접하는 사회복지사는 의료, 법률, 교육, 심리분야 등의 전문지식과 기술을 필요로 할 때가 많다. 그러나 고유 분야의 전문가만큼 그 역할에 맞는 지식과 기술의 심도를 가지고 있지 못하기 때문에 각 분야 전문가와의 협의가 반드시 필요하다. 클라이언트의 문제, 욕구가 기관에서 해결하기에 어려움이 있거나 자원의 연결을 필요로 할 경우 통합사례회의나 솔루션회의를 진행하여 클라이언트 문제해결과 욕구충족을 위한 통합적인 접근을 시도한다.

2) 상담활동과정 점검

클라이언트에 대한 임상적 이해를 바탕으로 상담의 방향성을 결정한다. 이에 앞서 초기면접에서 얻은 기본정보와 임상자료를 전문가들이 이해할 수 있는 내용으로 바꾸는 '사례개념화' 작업을 한다.

사회복지사는 어떠한 이론을 가지고 전문가와 소통할 것인지 이론적 입장을 분명히 하여야 한다. 상담이론은 어떻게 상담을 진행할 것인지에 대한 과정을 말해 주는 것이다. 사회복지사는 자신이 선택한 이론적 입장에 따라 상담전략을 수립한다. 또한 사회복지사는 클라이언트에 대한 개입과정 진행 여부를 구체적으로 확인하는 평가를 통해 서비스계획 이행 정도와 목표성취 정도를 점검한다. 평가는 실제적으로 사회복지실천과정 전반에 걸쳐 진행되며, 상담을 진행하는 과정에서 발생한 일과 사회복지사와 클라이언트의 상호작용 방식 등을 평가한다.

3) 타 전문가와 함께 일하기

산업화, 도시화가 진행되며 효율성, 효과성의 가치가 대두됨에 따라 사회복지의 통합적 접근이 강조되고 있다. 지적장애, 정신질환, 신체장애 등의 의료문제뿐 아니라 심리적 어려움과 사회·경제적인 문제 등의 복합적 문제와 욕구를 가진 클라이언트에게는 다양한 전문영역의 협력이 필요하다. 다양한 전문가가 참석하는 사례회의를 통해 사례를 공유하고 클라이언트의 문제해결을 위해 통합적으로 개입해 나갈 자원을 선택해야 한다. 다양한 전문영역의 전문가와의 협력은 클라이언트에게 적합한 서비스를 어느 한 기관에서 제공할 수 없는 경우로, 어떤 경우는 개입과정에서부터 다른 분야의 전문가와 긴밀한 협력관계를 유지하는 경우도 있다. 사회복지사가 전문가 네트워크를 형성하여 원활한 상호관계를 유지하는 것은 무엇보다 중요하다. 전문가 네트워크는 서비스 제공기관 간의 상호작용과 서비스의 적절성 파악, 서비스와 서비스 간의 상호작용을 원활하게 이루어질 수 있도록 한다(엄명용 외, 2014: 82~90).

사회복지현장 사례관리실무
-공공복지 중심-

1. 사회복지현장 통합사례관리

1) 복지전달체계 도입 배경 및 기대효과

(1) 도입 배경[1]

우리나라 복지 제도의 기본적인 사회안전망 틀은 구축되었으나, 국민의 복지 체감도는 낮아 복지서비스의 효율적인 전달체계 구축이 필요하게 되었다. 또한 중앙 부처의 복지사업 360여 개 중 50~70%가 지자체 일선에서 수행하고 있고, 지자체 복지사업 6천여 개가 시·군·구, 읍·면·동을 통해 전달되고 있어서 종합 상담 및 정보 제공, 찾아가는 서비스 등 복지 수요에 대한 능동적 대응이 어려운 상황이다.

정부는 2014년 7월부터 2015년 12월까지 15개소를 대상으로 읍·면·동의 복지기능 강화 시범사업을 실시한 결과 사각지대 발굴은 6.2배, 방문상담은 4.3배, 서비스 연계는 3.4배가 각각 향상되었다. 2016년부터는 읍·면·동의 전달체계 개편을 전국으로 확산하기 위한 「읍·면·동 복지허브화 추진계획」을 의결하고, 2018년부터는 찾아가는 보건·복지서비스를 전국 읍·면·동에 시행하였다. 2020년 11월에는 전체 읍·면·동 3,489개소 중 91.1%에 해당하는 3,178개소에 찾아가

---

[1] 보건복지부 지역복지과(2021: 3), 희망복지지원단 업무안내.

는 보건·복지팀을 설치하여 운영을 시작하였다.

(2) 기대 효과

① 국민의 복지체감도 제고를 위한 통합서비스를 지원함으로써 찾아가는 복지 대상 발굴 및 심층상담을 진행하고, 가구별 위기상황의 근본적인 해결을 지원하여 욕구에 따른 통합서비스를 제공한다.

② 찾아가는 보건복지팀 운영 및 복지업무 역량 강화를 통해 통합서비스를 활성화하고, 복지인력 전문성을 제고한다.

③ 민관협업을 통한 지역사회 복지자원 총량을 극대화하여 사각지대 발굴 및 위기 가구 모니터링을 강화하고, 복지자원 활용의 효율성을 제고한다.

2) 공공부문 사례관리사업 운영 체계

공공부문 사례관리사업은 읍·면·동 찾아가는 보건복지팀과 시·군·구 희망복지지원단에서 이루어지는 통합사례관리, 노인맞춤돌봄서비스, 드림스타트(취약계층 아동 통합서비스), 아동보호서비스, 방문건강관리서비스(장애인은 지역사회 중심 재활사업), 의료급여사례관리, 자활사례관리, 중독사례관리(중독관리 통합지원), 정신건강사례관리로 구성된다.

2. 통합사례관리사업 개요

1) 통합사례관리사업의 의의

(1) 개념

지역 내 공공·민간자원에 대한 체계적인 관리·지원체계를 토대로 복합적이고 다양한 욕구를 가진 대상자에게 복지·보건·고용·주거·교육·신용·법률 등 필요한 서비스를 통합적으로 연계·제공하고, 이를 지속적으로 상담·모니터링 해나가는 사업이다.

> **'통합사례관리' 용어 사용 이유[2)]**

- 동 사업은 「사회보장급여의 이용 · 제공 및 수급권자 발굴에 관한 법률」 제42조의2 '통합사례관리'를 근거로 하며, 지역사회의 공공복지를 담당하는 지자체에서 수행할 핵심적인 업무로서 '통합사례관리'라는 용어로 통칭함
- 현재 공공 · 민간이 다양한 분야에서 다양한 방식으로 사례관리사업을 수행하고 있는 점을 감안하여 동 사업의 차별성을 부각
- 동 사업은 사업대상을 사례관리 가구와 서비스 연계 가구로 구분을 하고 있는 점을 감안하여 이를 모두 포괄하는 의미로도 사용하고자 함

(2) 목표

지역주민의 다양한 욕구에 맞춤형 서비스를 연계 · 제공함으로써 지역주민의 삶을 안정적으로 지원 · 지지하고, 복지제도의 효과성과 효율성을 향상한다.

일반적으로 지역주민을 대상으로 하나, 복지욕구 및 경제적 여건을 고려하여 빈곤 계층의 탈빈곤 · 빈곤예방을 중점 목표로 고용과 복지의 연계에 중점을 둔다.

2) 통합사례관리의 절차

(1) 통합사례관리의 절차 개요

① 대상자 발굴, ② 초기상담, ③ 대상자 접수, ④ 욕구 및 위기도 조사, ⑤ 사례회의, ⑥ 대상자 구분 · 선정, ⑦ 서비스제공계획 수립, ⑧ 서비스제공 및 점검, ⑨ 종결, ⑩ 사후관리 총 10단계로 구성되어 있으며, 희망복지지원단은 읍 · 면 · 동에서 초기상담 후 의뢰된 사례관리 가구에 대해 대상자 접수부터 종결까지의 사례관리를 수행한다.

---

2) 보건복지부 지역복지과(2021: 17), 희망복지지원단 업무안내.

〈그림 8-1〉 통합사례관리의 절차

(2) 유의사항

① 처리기한: 대상자 접수일로부터 30일 이내 서비스 제공계획을 수립해야 한다.

② 초기상담: 초기 상담 시 위기도 조사표를 체크리스트로 활용하여 위기개입 초동 대응을 해야 한다.

　　예: 위기도 조사지 "안전영역"에서 신체적, 성적 폭력과 같은 위기 또는 긴급사례라고 의심·판단되는 경우 전문기관으로 즉시 신고 또는 의뢰

③ 대상자 구분: 읍·면·동에서 요청된 가구에 대해서는 욕구 및 위기도 조사 실시 후 사례회의를 거쳐 사례관리 가구와 서비스 연계 가구로 구분하여 적용한다.

④ 관리 기준: 통합사례관리 업무담당자 1인이 담당하고 있는 사례관리 가구 수는 20가구 내외로 하고, 담당 가구 수 등을 감안하여 통합사례관리 팀장이 적정하게 배분을 한다.

3) 운영체계

(1) 희망복지지원단: 통합사례관리사업 총괄 수행 및 관리

① 읍·면·동 찾아가는 보건·복지서비스 운영 모형에 따라 고난도 사례관리, 슈퍼비전 및 솔루션회의 운영, 자원관리, 읍·면·동 관리 및 지원, 교육 및 홍보 업무를 수행한다.

② 통합사례관리사업 팀장(또는 선임 복지직): 통합사례관리 조정자 역할을 수행
- 사례관리 지원체계 마련: 공공·민간에서 수행하고 있는 다양한 사례관리 사업 간 연계·협력 체계 마련을 위하여 유관기관 등에 대해 협력대상사업현황을 파악하고 사업담당자와 정보공유 소통경로를 구축한다.
- 사례관리 대상가구 발굴의뢰 체계를 마련하고, 지역사회보장협의체 등과

의 정보교류, 공동 교육, 슈퍼비전 등을 추진한다.

- 운영체계 마련: 읍·면·동의 고난도 사례에 대한 전문적인 슈퍼비전 제공을 위한 솔루션 위원회를 구성·운영한다.
- 사업홍보: 지역주민 및 유관기관 등에 대하여 통합사례관리사업을 홍보하여 대상가구 발굴·의뢰 체계를 마련하고 통합사례관리 수행 시 연계 기반을 마련한다.

③ 팀원(복지공무원 및 통합사례관리사): 주사례관리자로서 실무를 수행한다.

- 대상자 접수, 욕구 및 위기도 조사 실시, 서비스제공계획 수립, 서비스 제공 의뢰 및 점검, 종결업무 수행 등
- 팀원 중 공무원은 5년 이상 복지업무 근무경력이 있는 복지직을 배치하고, 통합사례관리사는 통합사례관리사업 외에 타 업무 담당 금지
- 보건복지상담센터(129)로부터의 이관 민원 처리

〈그림 8-2〉 통합사례관리사업 운영체계

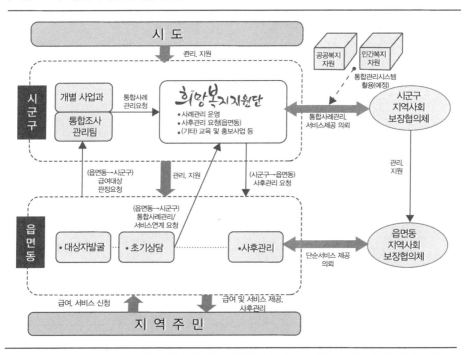

출처: 보건복지부 지역복지과, 2021: 20, 희망복지지원단 업무안내

(2) 읍·면·동

통합사례관리 대상가구 발굴, 초기상담, 통합사례관리 및 서비스 연계, 종결가구에 대한 사후관리 등을 수행한다.

① 기본형: 개별 동 단위로 대상자 발굴 및 초기상담, 통합사례관리, 사후관리, 자원관리 및 민관협력 체계를 구성·운영하여 직접 수행

② 기존 권역형: 인근 일반 읍·면·동 2~3개가 하나의 권역으로 이루어져 중심 읍·면·동에서 통합사례관리, 자원관리 및 민관협력을 주도적으로 수행하고, 일반 읍·면·동은 대상자 발굴, 초기상담 및 사후관리를 수행

(3) 민간 복지기관

통합적이고 효율적 사례관리를 위하여 민간 사례관리 전문기관(지역사회복지관 등)과 통합사례관리 협력 체계를 구축하여 대상가구 발굴·의뢰 및 서비스를 제공한다.

◉ 민간복지기관 협력우수사례 – 서울시 찾동 〈예시〉

• 서울특별시 '찾아가는 동주민센터', 구 희망복지지원단, 그리고 민간복지기관 간 사례관리 연계·협력 기준을 시 차원에서 제시, 이를 근거로 현장 업무 진행
• 동주민센터는 일반사례, 구 희망복지지원단은 위기사례, 민간복지기관은 집중사례로 사례관리 유형 및 수행기관을 구분 예시함

구분	일반사례	집중사례	위기사례
사례관리의 목적	지역사회 자원과 서비스 연계, 기초상담 등이 필요한 사례	지역사회 자원과 서비스 연계, 심층상담 및 개입이 필요한 사례	위기안정화를 주요 목적으로 하며, 현재 당사자의 삶을 위협하는 요소를 제거 혹은 보호장치를 마련함으로써 위기를 안정화하는 것에 초점
수행기관	동 주민센터 등	민간복지기관 등	희망복지지원단 등

출처: 찾아가는 동주민센터 업무매뉴얼(서울특별시, 2017)

---

(4) 통합조사관리팀

복지대상자에 대한 자산조사 수행과정에서 인지한 정보를 토대로 통합사례관리사업 필요가구를 읍·면·동에 의뢰한다(특히, 국민기초생활보장수급 탈락가구에

대한 정보는 원칙적으로 해당 읍·면·동에 전달함).

(5) 지역사회보장협의체

공공·민간 간 사례관리사업에 대한 정보 공유, 역량 강화를 위한 지원활동(교육, 공동 슈퍼비전 등)을 수행한다.

(6) 교육청(학교)

교육복지 우선지원사업과 통합사례관리사업 간 연계·협력 수행한다. 특히 학교에 배치되어 있는 교육복지사, 상담교사 등을 사례회의 등에 참여 유도한다.

(7) 고용센터

고용센터 구직 상담과정에서 복지대상자 발굴 및 희망복지원단 통합사례관리 의뢰 등 상호 연계·협력, 필요한 경우 고용센터 담당자가 사례회의 등에 참여 유도한다.

(8) 노인보호전문기관

통합사례관리과정에서 노인학대 사례에 대해서는 노인보호전문기관과 희망복지지원단의 통합사례관리사업 간 사례회의 공동운영 및 점검 등 유기적 연계·협력 체계 지원. 단, 노인학대상담은 노인보호전문기관에서 운영하고 복지관련 서비스 연계 필요가 있는 경우 희망복지지원단과 연계한다.

(9) 아동보호전문기관

아동학대 의심사례 발견 시, 아동보호전문기관에 신고 및 사례관리과정에서 협력이 필요한 경우 상호 연계 및 협조한다.

(10) 노인돌봄서비스 수행기관

고위험 독거노인(치매, 자살 위험, 학대피해 등) 관리 및 고독사가 발생되지 않도록 협력이 필요한 경우 상호 연계 및 협조한다.

(11) 자활관련 사업팀

희망복지지원단 사례회의와 자활사례회의 통합운영 등 고용-복지 연계를 중점적으로 수행한다.

(12) 보건소

희망복지지원단 사례회의에 방문건강관리사 또는 간호직 공무원, 필요 시 정신건강복지센터(정신건강사례관리) 및 중독통합지원센터(중독관리통합지원), 자살예방센터 근무자, 보건소 지역사회중심 재활사업 재활전담인력(장애인건강보건 사례관리)의 참여를 통해 희망복지지원단 통합사례관리사업의 보건 연계 부문을 지원한다.

(13) 시·군·구 사업팀

드림스타트, 의료급여사례관리 등 지역사회에서 수행되고 있는 사례관리사업과 희망복지지원단의 통합사례관리사업 간 연계·협력을 통해 상호 적합한 관리대상가구 발굴 의뢰체계 마련. 필요 시 공동 사례회의 등 실시

사례관리 1단계 대상자 접수

1. 개념
읍·면·동에서 초기상담을 거쳐 희망복지지원단에 의뢰한 통합사례관리사업 대상가구를 접수한다. 읍·면·동에서 초기상담 후 지역 내 자원이 부족하거나 협력 체계가 미흡하여 해결이 어려운 고난도 사례의 경우 희망복지지원단으로 요청 가능하며, 시·군·구-읍·면·동 간 충분한 사전 협의를 통해 주사례관리 기관을 결정한다.

2. 수행주체: 시·군·구 사례관리 팀장

3. 시기: 읍·면·동 의뢰 요청 시 즉시 접수 처리를 한다.

4. 접수 시 확인사항
초기상담의 충실도: 읍·면·동 복지업무 안내에 의거하여 초기상담지〈서식 1〉가 충실하게 작성되었는지 여부를 확인한다. 읍·면·동으로부터 의뢰된 고난도 사례에 대해서는 고난도 선정사유 근거를 확인한다.

사례관리 2단계 욕구 및 위기도 조사

1. 개념
  1) 욕구조사: 통합사례관리가 필요한 가구를 대상으로 욕구영역별 현상 및 원인을 파악하여 그 결과에 따라 사례관리 가구와 서비스 연계 가구로 구분 선정하기 위한 심층조사를 하는 것이다.
  2) 위기도 조사: 사례관리 대상자 선정을 위한 기준으로 대상가구의 위기 정도 파악 및 사례관리 종결의 적정성 판단 등에 활용한다.

2. 수행주체: 주사례관리자

3. 시기
  1) 사회보장정보시스템(행복e음)에 의한 통합사례관리사업 요청일로부터 10일 내외의 기간 중에 실시
  2) 위기도 조사는 욕구조사와 병행하여 실시하되, 사례관리 종결 전에도 다시 한 번 실시하여 통합사례관리의 효과성 및 종결의 적정성을 판단하는 기초 자료로 활용
  3) 욕구조사는 통합사례관리사업 절차를 진행하는 과정에서 대상가구의 주요 욕구가 변화된 경우 추가 실시

4. 수행방안
  1) 욕구조사 실시 전 준비사항
    ① 시·군·구 사례관리 팀장은 대상가구의 특성 등을 감안하여 주사례관리자를 지정
    ② 초기상담 내용 확인한 후 욕구영역별 확인이 필요한 사항을 정리, 상담 질문을 사전에 준비한다.
    ③ 대상가구에 연락하여 욕구조사를 위한 방문상담 일정을 협의한다.

참고　　　욕구영역별 질문(예시)

욕구영역	점검항목별 질문(예시)
안전	• 가족 구성원, 비동거 가족, 이웃, 친구, 사회(학교, 직장)로부터 안전을 위협받고 있는가? • 대상자가 타인의 안전을 위협하고 있는가? • 응급 시 도움을 요청할 체계가 있는가? [강점관점 질문의 예] • 가족 구성원으로부터의 위협에 대처하기 위해 어떠한 것들을 시도하였는가? • 가족 외부적 요인으로부터의 위협을 극복하기 위해서 무엇을 하였는가? • 이들 중 도움이 되었던 것들은 어떤 것이었나? • 어떤 경우에 안전하다고 생각하는가? • 자녀를 어떻게 안전하게 보호하는가?
건강	• 본인이나 동거가족 중 신체적 질환 혹은 정신적 질환(중독*, 우울, 조현증 등)으로 약물관리를 하는가? 　* 술, 담배, 약물, 의약품, 인터넷, 스마트폰, 게임, 도박, 쇼핑, 성 중독 등을 포함 • 신체적 질환 또는 정신적 질환으로 일상생활, 사회생활 등에 어려움이 있는가? • 본인이나 동거가족 중 지난 6개월 동안 자살을 시도한 적이 있는가? [강점관점 질문의 예] • 어떤 경우에 본인이 신체적으로 정신적으로 건강하다고 생각하는가? • 신체적으로 가장 잘할 수 있는 것은 무엇인가? • 무엇이 자신을 신체적으로나 정신적으로 건강하게 만든다고 생각하는가? • 현재까지 이 정도의 건강을 유지하는 비결은 무엇이라고 생각하는가? • 몸이 또는 마음이 아플 때 누구에게 연락하는가?
일상생활 유지	• 본인이나 동거가족이 일상생활*에 어려움이 있는가? 　* 식사, 용변처리, 옷입기, 세탁, 몸씻기, 청소, 정리정돈, 수면, 그 외 가사활동 • 외출 시 이동이 어려운가? [강점관점 질문의 예] • 어떻게 모든 일상생활(의식주 관련, 가사 등)을 처리하고 있는가? • 어떤 지원을 받고 있는가? • 휴가나 여가시간에 주로 무엇을 하는가? • 얼마나 자주, 어디서, 누구와 이것을 하는가? • 특별히 좋아하는 활동은 무엇인가? • 어떤 경우에 여가나 휴가를 잘 보냈다고 생각하는가? 그때는 무엇이 달랐는가?

욕구영역	점검항목별 질문(예시)
가족관계	• 동거 혹은 비동거 가족구성원 간 갈등이나 단절된 상황인가? • 영유아, 아동, 노인, 장애인 등을 양육하거나 돌보는 데 어려움이 있는가? [강점관점 질문의 예] • 도움이 필요할 때 가족 중 누가 가장 많은 의지가 되고 도움을 주는가? • 가족 중 주로 누구와, 무엇을 하며 시간을 보내는가? • 가족 중에서 누가 가장 당신을 걱정하고 있다고 생각하는가?
사회적 관계	• 도움을 받을 만한 친인척, 이웃, 동료관계, 단체나 기관이 있는가? • 본인이나 동거가족이 방에서 거의 나오지 않으면서 외부와 관계가 단절된 상황인가? • 본인이나 동거가족이 이웃과 갈등을 유발하고 있는가? [강점관점 질문의 예] • 삶에서 가장 중요한 사람은 누구인가? • 도움이 필요할 때 누가 가장 많은 의지가 되고 도움을 주는가? • 이웃, 지역사회기관, 종교기관 등으로부터 어떤 지지를 받고 있는가? • 과거에 이웃, 지역사회기관, 종교기관 등으로부터 어떤 지지를 받았었는가? • 누구와 주로 시간을 보내는가? • 잘 지내는 친구나 이웃은 누구인가? • 누가 가장 당신을 걱정하고 있다고 생각하는가? • 현재 참여하고 있는 모임은 무엇인가?
경제	• 돈이 없어서 기초생활(의식주, 교육비, 의료비, 집세, 퇴거위험, 난방, 공과금 등)에 어려움이 있는가? • 금전관리(수입과 지출)나 빚 때문에 어려움이 있는가? [강점관점 질문의 예] • 어려운 형편에 어떻게 지금까지 유지를 잘 해왔는가? 현재 가족 혹은 정부로부터 어떤 도움을 받고 있는가? • 어떻게 관리를 해오고 있는가? • 가족원 중에 누가 어떤 일을 하는가? • 돈이 있다면 무엇을 가장 먼저 구매하겠는가? • 당신을 위해 어떤 보상을 줄 것인가? • 과거에 세금 같은 것을 어떻게 지불했는가?
교육	• 본인이나 자녀가 기초학습능력(읽기, 쓰기, 말하기, 듣기, 타인이해하기, 계산하기 등)이 부족하여 사회생활이 어려운가? • 본인이나 자녀가 학교생활이나 학업유지에 어려움이 있는가? [강점관점 질문의 예] • 어떤 과목을 좋아했는가? • 이것만은 최고라고 자부할 수 있는 본인의 기술/특기는 무엇인가?

욕구영역	점검항목별 질문(예시)
	• 교육관련 정보를 어느 정도 확보하고 있는가? • 아이가 어린이집이나 유치원, 기타 또래그룹에 참여하고 있는가? 어떻게 상호작용하는가? • 누가 아이와 함께 놀아주고 책을 읽어 주는가?
직업	• 본인이나 동거가족이 근로능력, 가족돌봄, 자녀양육, 일자리 발굴, 대인관계기술, 신용, 신체 및 정신건강 등에 어려움이 있어서 일하기 어려운가? [강점관점 질문의 예] • 어떤 직업들을 가져보았는가? • 현재 직장생활을 잘하고 있는 것은 무엇 때문이라고 생각하는가? • 직장과 관련해서 무엇을 가장 좋아하는가? • 일하는 동안, 어떤 영역에서 최선을 다하는가?
생활환경	• 주거나 주거환경이 본인이나 가족의 안전과 건강에 해를 끼치는가? • 주거환경 문제로 본인이나 동거가족이 이웃과 갈등을 유발하고 있는가? [강점관점 질문의 예] • 자신이 살고 있는 곳/지역사회의 어떤 점이 좋은가? • 다른 사람들은 현재 거주하고 있는 곳/지역사회에 사는 것이 어떤 면에서 좋다고 이야기 할 것 같은가? • 이동 시 누구의, 어떤 도움을 받는가?
법률 및 권익보장	• 본인이나 동거가족이 법적문제로 일상생활이나 사회생활에 어려움이 있는가? • 본인이나 동거가족이 차별대우나 불이익을 받고 있는가? [강점관점 질문의 예] • 현재 법적인 문제와 관련하여 누구에게 어떤 기관의 자문을 받고 있는가? • 어떻게 대처하고 있는가?

③ 대상가구에 연락하여 욕구조사를 위한 방문상담 일정을 협의한다.

④ 대상가구의 특성 및 안전문제* 등을 감안하여 2인 동행 방문을 준비한다.

  * 알코올중독자 등 안전 문제가 우려되는 대상가구의 경우에는 반드시 보조인력 및 정신건강복지센터 정신건강전문요원 등과 동행방문

⑤ 대상자(알코올중독자, 학대행위자 등)의 특성상 접근이 어려운 대상자의 경우 의뢰기관 및 주변인 등을 통해 대상자의 특성 및 상황을 사전에 파악한다.

⑥ 사회보장정보시스템(행복e음)을 통해 대상가구의 자산현황, 서비스 수혜 이력 등 기본정보를 조회하고, 초기상담지를 참고하여 사전확인이 가능한 욕구조사 내용을 정리한다.

2) 욕구조사 실시

① 대상가구의 주관적 욕구를 파악하되, 주사례관리자의 전문적인 판단을 추가

② 대상가구의 전반적인 문제를 파악하되 주요 대상자를 누구로 할 것인지 결정

3) 위기도 조사 실시
　① 욕구조사와 별도로 위기도 조사를 통해 대상가구의 욕구영역별로 문제의 시급성 및 중요도를 파악한다.
　② 위기도 조사결과는 대상자 선정기준이 되며, 대상가구의 위기영역과 위기 정도 파악, 서비스제공계획 수립 시 참고자료, 대상가구의 상황 변화를 통한 사례종결의 적정성 판단 시 참고로 활용한다.

4) 통합사례관리사업 안내 및 개인정보 활용 동의
　① 희망복지지원단 및 통합사례관리사업의 내용, 통합사례관리 대상자 선정 및 지원 절차를 안내한다.
　② 통합사례관리 및 서비스 연계 실시와 관련된 개인정보 활용 동의서를 필수로 작성한다.

사례관리 3단계 사례회의 개최

1. 개념
1) 대상자 선정, 종결 시 필수로 진행하되(사례회의 최소 2회) 대상자 구분·선정 및 사례관리 가구에 대한 서비스 제공계획 수립부터 사례관리가 진행된 이후 대상가구의 욕구 변화 및 문제해결 정도, 서비스 제공 점검, 주사례관리자의 개입방법, 사례관리 종결 등을 협의하기 위하여 수시로 실시(욕구조사를 기초로 하되, 필요 시 자산조사 결과도 활용)한다.

2) 시·군·구에서 직접 수행하는 사례의 경우, 내부사례회의와 통합사례회의를 개최할 수 있음
　① 내부사례회의: 사례관리 가구선정, 서비스 제공계획 수립, 점검, 종결 등을 협의하기 위하여 희망복지지원단 내부에서 수시 개최
　② 통합사례회의: 주요 서비스기관과 서비스내용을 협의하여 연계방식을 조정(정기적 실시 권고)
　③ 솔루션회의: 읍·면·동에서 통합사례회의를 최소 1회 이상 진행해 보았으나 더 큰 범위의 자원과 전문가 개입이 필요하여 시·군·구로 요청한 사례에 대해 다루며 다양한 기관담당자 및 전문가로 구성된 사례 해결 중심의 회의

참고

> **담당자가 고려해야 할 사항**
> • 사례관리 대상자의 욕구해결을 위한 주요 강점은 무엇인가?
> • 사례회의를 통해 해결할 수 있는 과제는 무엇인가?
> • 사례회의를 통해 결정해야 할 서비스제공 관련 내용은 무엇인가?
> • 기존의 지역 내 공공–민간자원을 어떻게 활용할 것인가?

2. 수행주체: 시·군·구 통합사례관리 팀장+사례관리자 전원

3. 시기: 대상자 선정, 종결 시 필수로 진행하되 사례관리 수행 중 필요 시 수시로 실시(사례 관리 최소 2회)

4. 수행방안

1) 사례회의 참석 범위: 대상가구의 특성에 따라 시·군·구 통합사례관리 팀장이 참석범위를 정하고 탄력적으로 운영

① 시·군·구 통합사례관리 팀장과 팀원(사례관리자)은 전원 참석 원칙

② 읍·면·동 담당공무원: 업무와 관련 있는 가구의 경우 반드시 참석하여 진행과정을 파악하고, 사후관리에 연결하여 진행할 수 있도록 준비

③ 대상가구의 특성 등을 감안하여 보건소(방문건강관리사업팀, 정신건강 및 중독 사례 관리 관련 담당 등), 시·군·구 사업팀(의료급여사례관리, 드림스타트), 노인맞춤돌봄서비스 수행기관, 자활사례관리 수행기관 등 공공·민간의 서비스 제공기관 및 관련 전문기관의 적극 참여 권장

④ 그 밖에 전문가의 슈퍼비전이 필요한 경우 외부 전문가 참여 요청하고, 필요 시 대상가구 (주사례관리 대상자)도 참여 유도

2) 사례회의 진행 방법

① 사전준비

- 회의 참가자의 참석여부 확인
- 회의자료 준비(대상자 개요, 주요욕구와 문제 논의할 안건에 대해 기록)
- 참여기관과 참석자 소개
- 서비스 제공을 위해 필요한 범위 내에서 각 기관에서 알고 있는 대상자 정보를 공유
- 동료 슈퍼비전을 먼저 실시하고, 해결되지 않는 경우 전문가 슈퍼비전을 진행
  ※ 대상자가 참석하는 경우 편안하게 자기 의견을 이야기할 수 있도록 돕기
- 동원 가능한 자원의 장·단점을 확인하고 참석자들이 연계할 자원을 함께 선택
- 장·단기 목표 달성을 위한 주사례기관과 협력기관의 역할 분장

참고 📖

주사례관리 기관(주사례관리자) 선정 기준

- 초기상담이 이루어진 기관 혹은 신뢰관계 형성이 가장 잘 된 기관
- 대상자의 주요 욕구 및 문제를 해결할 수 있는 서비스를 제공하는 기관
- 대상자가 선택한 기관

사례관리 4단계 대상자 구분 및 선정

1. 개념
사례회의 결과를 바탕으로 대상가구를 사례관리 가구와 서비스 연계 가구로 구분·선정한다.

2. 수행주체: 시·군·구 사례관리 팀장+주사례관리자

3. 시기: 욕구조사 결과 등록 완료일로부터 5일 내외의 기간에 수행

4. 수행방안
1) 욕구 및 위기도 조사 결과를 토대로 사례회의를 통해 시·군·구 사례관리 팀장이 주 사례관리자와 협의하여 대상가구 구분을 결정
2) 대상자 구분 기준
   ① 사례관리 가구: 원칙적으로 대상가구의 특성 및 가용자원 등을 감안하여 개입 기간을 기준으로 1개월 이상 예상되는 가구
   ② 서비스 연계 가구: 대상가구의 특성 및 가용자원 등을 감안하여 개입 기간이 1개월 미만으로 예상되는 가구로 선정 후 30일 이내 관련 서비스 연계
   ③ 미선정 가구: 통합사례관리사업이 불필요한 경우, 대상자 연락두절 및 거부 등으로 인해 기한 내에 욕구조사를 수행하지 못한 경우(미선정 처리 후, 재신청 유도)
3) 서비스 연계를 위한 준비사항
   ① 서비스 제공 동의: 서비스 제공기관 담당자, 제공 자원, 방법(제공횟수 및 시간) 등을 상세히 확인한 후, 서비스 제공기관의 책임자 또는 담당자로부터 전화 등을 통해 서비스 제공 동의 확보
   ② 서비스 이용 동의: 서비스 연계 가구에 전화 등을 통해 서비스 제공기관 등을 충분히 설명하고 서비스 이용 동의를 구한 후 서비스 연계 내용 최종 확정
4) 서비스 제공의뢰 요청
   ① 사례관리 가구 및 서비스 연계 가구에 필요한 서비스 의뢰 내용을 기술하여 해당 기관에 서비스 제공 요청
   ② 의뢰하는 서비스 내용을 명확히 기술하여 불필요한 조사과정이 반복되거나 대상가구의 욕구와 다른 서비스가 제공되지 않도록 유의
5) 서비스 제공 점검
   ① 서비스 연계가 시작되고 1~3개월 이내에 대상가구의 참여 여부와 서비스 제공기관의 서비스 제공 상황 등을 점검
6) 대상자 미선정 처리로 결정된 가구에 대해서는 이의신청을 제기할 수 있으므로 미선정 사유를 명확하게 기재하여 서면으로 통보
7) 타 사례관리사업(아동사례관리, 의료급여사례관리)으로 의뢰
   ① 의뢰 기준
      • 아동사례관리: 대상가구의 주 대상자가 12세 이하 아동(초등학생 이하)으로 취약계층(수급자 및 차상위계층 가정, 보호대상 한부모가정 등) 아동 중 건강, 언어, 기초학습, 심리 정서 등 복합적인 문제 및 욕구로 인해 지속적인 사례관리가 필요한 경우 아동통합사례 관리(드림스타트사업) 대상으로 의뢰 가능

- 의료급여사례관리: 대상자가 의료급여수급자이나 의료쇼핑, 중복처방, 입·퇴원 반복, 사회적 입원 등 질병 대비 부적정 과다 의료를 이용할 경우 의료급여사례관리 대상으로 의뢰 가능
  ② 의뢰 사유 발생 시 사전 협의 후 공문을 통해 대상자 의뢰
  ③ 의뢰된 대상자 사례관리 종료 시 통보
  ④ 대상자 의뢰는 1회 가능하며, 동일 대상자 재의뢰는 불가능

사례관리 5단계 서비스 제공계획 수립

1. 개념
사례회의 결과를 토대로 선정된 사례관리 가구에 대한 개입목표(장·단기)를 설정하고, 구체적인 서비스 제공 계획 수립

2. 수행주체: 주사례관리자

3. 시기: 사례관리 가구 결정 후 15일 내외의 기간 동안 서비스제공계획 수립

4. 수행방안
  1) 서비스 제공계획 수립 전 준비사항: 서비스 제공기관 담당자, 제공내용, 방법(제공횟수 및 시간) 등을 상세히 확인
  2) 목표 설정: 사례관리 개입 목표를 단기와 장기로 구분하여 수립하며, 목표달성 가능성 및 구체성, 측정가능성, 대상가구 상황 등을 종합 고려하여 수립
    ① 단기목표: 서비스 제공 후 3~6개월 이내에 달성 가능한 목표 수립. 장기목표를 달성하기 위해 단계별로 제공해야 하는 서비스와 연관되게 설정하고, 개입시기를 고려하여 구체적으로 수립
    ② 장기목표: 6개월 이상의 개입을 통해 대상가구의 긍정적인 변화를 도모하기 위한 목표 설정
  3) 서비스 제공 세부계획 수립
    ① 욕구영역별 개입목표를 수립하고, 문제의 심각성을 감안해 우선순위 및 개입 시기 결정
    ② 사례관리 대상가구의 자활·자립을 위한 고용관련 서비스가 원활하게 연계되도록 유의
    ③ 서비스 제공자, 서비스 내용, 서비스 제공 횟수·시간 등을 반드시 포함
  4) 서비스 제공계획 수립에 따른 승인 처리
    ① 통합사례관리의 체계적인 관리 및 전문성 확보를 위해 서비스 제공계획 수립 단계에서 통합사례관리 팀장(또는 선임공무원)의 승인절차를 포함하여 진행
    ② 통합사례관리 팀장(또는 선임공무원)은 서비스제공 계획수립이 완료된 대상가구의 욕구조사 및 목표 설정 적정성, 서비스제공계획 수립 적절성 등 상세내용 확인 후, 승인 처리
  5) 서비스 제공 및 이용 동의
    ① 서비스 제공 동의: 서비스 제공기관의 책임자로부터 대상자에게 보유한 자원과 서비스를 제공하겠다는 동의를 전화 등을 통해 구함

② 서비스 이용 동의: 서비스 이용 대상자에게 서비스제공계획을 충분하게 설명하고 서면으로 이용 동의를 구함

6) 개인정보활용 동의: 서비스 제공 및 연계를 위하여 서비스 제공기관 등을 충분히 설명하고 개인정보 활용 동의서를 징구

7) 서비스 제공계획 확정: 서비스 제공 및 이용 동의 과정에서의 변경사항, 의견 등을 종합하여 최종 확정

사례관리 6단계 서비스 제공 및 점검

1. 개념

사례관리 가구에게 서비스 제공계획에 따른 서비스를 제공하고, 이행 상황 및 대상가구의 환경 · 욕구 변화 등을 주기적으로 점검 · 파악

2. 수행주체: 주사례관리자

3. 시기: 서비스 제공계획 수립 후 종결까지

4. 수행방안

1) 서비스 제공의뢰 요청

① 주사례관리자는 서비스 제공계획에 따라 사례관리 대상가구의 서비스 의뢰내용을 기술하여 해당 기관에 서비스 제공 요청

② 이 경우 대상가구의 욕구조사 결과 및 의뢰하고자 하는 서비스 내용을 명확히 기술하여 불필요한 조사과정이 반복되거나 욕구와 다른 서비스가 제공되지 않도록 유의

2) 서비스 제공 점검: 사례관리 가구에 대한 점검사항

① 사례관리 서비스를 통한 대상자의 변화 정도(수립된 성과목표 일치성, 대상자의 삶의 변화)

② 대상자가 연계된 서비스에 실제로 참여하는 정도, 서비스 내용의 적절성, 서비스 양의 충분성, 서비스의 품질과 이에 대한 대상자의 만족도, 서비스의 제공방법의 적절성 등

③ 대상자 욕구 및 환경 변화에 따라 욕구재조사 또는 서비스제공 계획 수정 필요 여부
• 서비스 제공기관에 대한 점검사항

④ 서비스 제공계획, 서비스 제공기간, 횟수, 내용 일치성

⑤ 서비스 제공여건, 서비스 제공자의 변화여부

⑥ 서비스 제공기관 사이의 연계 및 협력의 원활성 등

3) 점검 방법

① 상담: 전화 · 방문상담 · 설문지 등을 통해 대상가구의 서비스 평가, 생활실태 등 파악

② 서비스 이용 시 동행: 서비스 이용모습 및 서비스 내용 파악

③ 서비스 제공자와의 연락: 사례관리 대상자의 욕구와 상황의 변화를 파악

④ 기록지 검토: 사례관리 기록에 대한 체계적 검토를 통해 변화의 시점 등을 발견

사례관리 7단계 종결

1. 개념
사례관리의 개입목표가 달성되었거나 거부 등의 사유로 사례관리 개입이 불가능할 경우 사례회의를 통해 종결 여부 결정

2. 수행주체: 주사례관리자

3. 시기: 사례관리 종결 5일 전부터 절차 진행

4. 수행방안
1) 종결 유형: 대상가구의 긍정적 변화에 의한 종결: 장기 목표 달성, 단기 목표 달성, 상황 호전
    ① 타 시·군·구로의 전출(대상자 정보를 해당 시·군·구로 이관)
    ② 대상자 사망(1인 가구인 경우에만 해당)
    ③ 거절(서비스 제공계획 해지 요구 등), 포기, 3개월 이상 연락 두절
        • 자체 종결: 기관의 자원·능력의 한계로 인한 종결
2) 종결 절차
    ① 위기도 조사 실시: 사례관리 가구의 위기 심각도의 변화를 측정
    ② 종결사례 평가: 서비스 제공과정, 위기도 조사 결과 등을 종합하여 사례관리 개입의 적정성 및 대상가구의 변화를 평가
    ③ 사례회의 실시: 종결사례 평가, 목표달성 정도 등 사례관리 개입 전체 과정을 평가하여 종결 여부 결정
    ④ 종결심사서 작성: 서비스 제공계획에 따른 목표달성 정도, 변화정도, 사후관리 계획 등 정리

참고

종결 시 고려사항
• 대상자가 종결을 수용할 수 있도록 일정 기간을 남겨두고 종결논의 등 속도 조절
• 종결 이후에도 필요한 경우 주사례관리자에게 도움을 요청할 수 있음을 안내
• 욕구나 문제가 해결되어 종결된 대상자도 문제가 재발하거나 새로운 욕구가 발생할 수 있으므로 지속적인 사후관리를 통해서 대상자의 긍정적 변화 유지 여부 확인
• 대상자에게 종결시점을 사전 고지하고 종결 이후에 있을 사후관리 계획(9개월 내 2회 실시. 단, 최초 1회는 3개월 이내 실시) 고지

사례관리 8단계 사후관리

1. 개념

1) 통합사례관리 가구(사례관리 가구 및 서비스 연계 가구)에 대한 개입 종결 후 일정기간을 설정하여 대상가구가 변화를 지속적으로 유지하는지 등을 모니터링

2) 사후관리 결과 새로운 문제나 욕구가 발생할 경우에는 재개입 필요성 등을 판단하여 위기상황의 재발 예방

2. 수행주체: 읍·면·동 주사례관리자(사후관리 직접수행)

3. 시기: 종결 후 9개월 내 2회 실시. 단, 최초 1회는 3개월 이내 실시(서비스 연계 가구는 1회 실시)

4. 수행방안

1) 희망복지지원단 및 읍·면·동에서 종결된 통합사례관리 가구는 주소지 읍·면·동에서 사회보장정보시스템(행복e음)을 통해 '모니터 대상자'로 확인 가능

2) 모니터 대상가구별로 상담계획 수립 후, 계획에 따라 모니터 상담 시행

3) 원칙적으로 대상가구에 대해 방문상담을 실시하고 상담·사례관리 시스템의 [모니터 상담관리]에 상담내용 입력하고, 특이사항이 있는 경우에는 희망복지지원 단 또는 읍·면·동 찾아가는 보건복지팀에 즉시 보고

① 대상자의 건강·영양 상태, 주거환경 등 생활실태와 욕구파악

② 제공된 급여·서비스가 제대로 전달되고 있는지 파악

③ 신규 제도 및 서비스, 변화된 내용, 이용 가능한 자원 정보 제공 등

4) 읍·면·동은 만족도 조사 병행 실시(사례관리 종결가구에 대해 1회에 한하며, 서비스 연계 가구는 제외)

🌑 비대면 공공부문 사례관리 연계·협력 사례

온택트 복지사각지대 발굴

복지사각지대 발굴을 위한 특화사업 추진

☐ 사업 내용: 콩나물 재배 키트 1+1 배부로 지역 내 복지사각지대 발굴

☐ 사업 대상: 저소득 독거노인 50명

☐ 진행 방법: 사랑의 밥 차 도시락 지원과 함께 콩나물 재배 키트를 배부하고 콩나물 재배 키트를 배부 받으신 어르신에게 기초수급자가 아닌 생활이 어려운 이웃 1가구에게 콩나물 재배 키트를 전달 요청하여 배부된 50가구에 대한 복지사각지대 발굴 실태조사

☐ 대상자 발굴 및 정보공유

대상자 발굴: 주민자치형 공공서비스-찾아가는 보건복지 대상자 발굴

- 수급자 외 생애전환기, 돌봄필요대상, 위기가구 등으로 대상을 확대하여 우편물 발송 및 유선연락을 통해 다음의* 대상자 스크리닝 시행

```
    * 생애전환기, 돌봄필요대상, 위기가구
  ■ (생애전환기) 각종 복지제도의 집중적인 안내가 필요한 노인가구, 출산양육가구
  ■ (돌봄필요대상) 고위험 1인 가구, 복지시설 및 의료기관 등 퇴원 및 퇴소 예정자
    를 중심으로 재입소 예방
  ■ (위기가구) 빈곤 · 주거취약 가구, 아동학대 한부모가족, 장애 등 잠재적 위기가구
□ 취약지역 집중 홍보단 운영
  대상지역: 고시원, 모텔 등 숙박시설, 공원, 공중화장실, 역 · 터미널 주변, 원룸 밀집
           지역, 비닐하우스, 교각 아래, 폐가, 쪽방 등 취약지역
  홍보내용: 복지사각지대 발굴, 긴급복지 및 무한돌봄(코로나19에 따른 위기사유 확
           대)사업
  홍보방법
    - 비대면 방식으로 복지사각지대 발굴 홍보물 및 홍보물품 배부
    - 시 홈페이지 배너, OO돌봄톡 제보방법 안내 및 홍보
```

출처: 보건복지부 · 한국사회보장정보원, 공공부문 사례관리 연계 · 협력 업무 안내

◎ 현장경험 사례

OO시 공공사례관리 경력자(12년)의 실무 후기 인터뷰 내용(2021.04)

질문 내용	현장 경험 실무 후기
1. 공공사례관리사업을 하면서 새롭게 알게 된 것이 있는지요?	• 사례관리를 시작하면서 라포형성이 매우 중요하다는 것을 알게 되었고, 공동 목표를 이루기 위해서는 사람을 신뢰하고 함께 나아가는 것이 중요하다는 것을 알게 되었습니다.
2. 공공사례관리사업이 우리 기관(관할 시)에 어떤 도움이 되었는지요?	• 고질적인 민원을 사례관리사업으로 해결하여 민원 건수가 대폭 감소하였습니다. • 사례관리 업무 역량이 향상되면서 각종 공모전에 선정이 되고, 업무 능력을 인정받았습니다. • 동료를 가르치기도 하고 함께 공부하면서 우리 기관 사례관리 업무 담당자들이 성장하였고, 사례관리 역량이 강화되어서 OO시 사례관리 서비스의 질이 향상되었습니다.
3. 공공사례관리사업을 하면서 감사할 대상과 보람을 느꼈다면 언제였는지요?	• 첫 번째는 나의 가족과 동료들에게 감사합니다. • 두 번째는 전국 5개 지자체 통합사례관리사들과 5년 동안 스터디를 함께 하면서 서로 의지하고 성장할 수 있어서 감사합니다. • 세 번째는 힘들 때마다 잘 하고 있다면서 격려를 해주신 나의 '클라이언트'에게 감사합니다.

출처: OOO, 2021, 공공사례관리 경력자의 실무 후기 인터뷰

사회복지 슈퍼비전의 이해
-원칙과 구성-

1. 슈퍼비전의 개념 및 정의

1) 개념 1

슈퍼비전은 사회복지의 학문과 실천 모든 내용을 포괄하고 있으면서도 독자적 이론이나 뚜렷한 방법론이 아직 개발되지 못하고 있다. 슈퍼비전이 제공되어 온 역사는 꽤 긴 편이지만 통일된 정의도 없으며 방법론과 기법과 기술도 발달해 오지 못했다.

그러다 보니 다양한 개념, 원칙, 모델 중심으로 설명되고 있고, 현장 중심으로 이해되고 있는 수준이다. 따라서 실제 현장이 다양한 만큼 슈퍼비전의 적용도 그 특성에 따라 독특성이 강조되어 오고 있는 것이 현실이다(양옥경 외, 2014).

사회복지 슈퍼비전이란 클라이언트에게 최선의 서비스를 제공하기 위하여 중간관리자나 경험이 많은 선임자인 슈퍼바이저가 일선 실천가인 슈퍼바이지에게 긍정적인 슈퍼비전 관계 속에서 특정 세팅이나 상황의 고유한 특성을 고려하면서 그 세팅의 정책과 절차에 따라 행정적·교육적·지지적 기능을 수행하는 것이다(김융일 외, 2004).

사회복지 슈퍼비전의 1차적인 목적이 클라이언트에게 최선의 서비스를 제공하는 것이라는 점에서 볼 때 서비스를 제공하는 기관이나 실무자에게 슈퍼비전은 서비스의 질적 제고를 위해 꼭 필요한 기능이라고 할 수 있다(홍순혜 외, 2014).

사회복지 슈퍼비전의 정의를 한마디로 내리는 것은 쉽지 않다.

슈퍼비전을 주는 사람과 받는 사람, 최소 2인 이상의 관계에서 이루어지는 것으로서 둘 간의 관계, 위계, 주고받는 과정, 기능, 역할 등 매우 포괄적인 개념을 내포하고 있기 때문이다. 이에 더해 클라이언트의 위치까지도 고려해야 하는 것으로 여러 구성요소를 포괄하는 종합적 정의를 내려야 하기 때문에 슈퍼비전의 정의는 간단명료하게 내려지지 않고 있다. 따라서 거의 대부분의 저서에서도 슈퍼비전의 정의는 내리고 있지 않으며, 카두신(Kadushin)의 경우 정의를 내리기 위한 개념 설명에 그치고 있다(Kadushin & HarKness, 2002).

라틴어의 'super(over, 위에서)'와 'videre(watch, 지켜보다)'의 합성어에서 유래한 사회복지 슈퍼비전은 사회복지실천현장에서 사회복지의 질적 함양을 위해 사회복지사가 하는 일을 그 일에 대한 사전 경험이 풍부한 사회복지사가 지도·감독하는 일을 지칭한다. 따라서 슈퍼비전은 사회복지사가 하는 일을 가장 잘 아는 직속상관의 위치에 있는 사람이 제공하는 것이 가장 바람직하다. 그리고 일에 대한 감시나 감독이 아니라 교육하고 훈련하고 지도하고 지원하는 교육·지도의 형태여야 한다.

행정적 업무지시나 인사고과를 위한 평가가 아니라 사회복지업무수행의 능률을 올리고 클라이언트에 대한 효과를 극대화 할 수 있도록 교육하고 모니터하여 결국 전문가로서 성장할 수 있도록 교육하여 형태여야 한다는 것이다.

그러므로 슈퍼비전은 상급자나 기관장이 업무지시하듯이 언제든지 언제까지나 제공할 수 있는 것이 아니다. 슈퍼비전은 사회복지사에게 교육과 지도가 필요한 때까지만 한정적으로 제공되는 것이어야 한다. 슈퍼비전은 일상적 업무에 대한 일상적 지시도 아니고 회의도 아니며 행정적 감시도 아니다. 그렇다고 해서 개인적 관심과 의식을 가진 몇몇 사람이 모여서 진행할 수 있는 것도 아니다. 즉, 슈퍼비전은 기관 차원에서 업무 및 과업과 관련되어 구체적으로 체계를 갖추어 슈퍼바이지를 교육·지도하여 슈퍼바이지가 스스로 전문가로서 성장할 수 있도록 도모하는 것이다.

사회복지 슈퍼비전은 "사회복지의 질적 함양을 목적으로 사전 경험과 지식이 풍부한 사회복지사로서 중간관리자의 위치에 있는 슈퍼바이저와 일선 실무자인 슈퍼바이지 간의 위계적이면서도 민주적이고, 참여적이며, 합리적이고, 개방적이며, 긍정적인 슈퍼비전 관계 속에서 라포(rapport), 신뢰, 배려의 3대 요소를 기본으로 하여, 소속기관의 정책과 절차에 따라 행정적 · 교육적 · 지지적 · 기능과 기능별 고유역할, 과제, 활동을 수행함으로써 슈퍼바이저가 슈퍼바이지의 업무수행을 지시, 조정, 향상, 평가하는 의무적 상호작용과정으로, 개별화, 정규화, 사례 중심화 등의 원칙으로 체계를 갖춘 전문적 학습 서비스"이다(양옥경 외. 2014).

2) 개념 2

Robinson(1949)은 일정한 지식 및 기술로 준비된 사람이 비교적 준비가 덜 된 사람을 훈련시킬 책임을 가지는 교육적 과정으로 정의하였다.

Skidmore(1983)는 사회복지 슈퍼비전을 효과적이고 효율적인 업무수행에 있어서의 슈퍼비전에 대한 개념을 명확히 해줄 5가지 기본원리를 다음과 같이 제시하였다.

① 조직과 서비스에 관한 올바른 지식과 원칙 및 기술을 가르치고 난 후에는 슈퍼바이저로 하여금 자율적으로 자신의 일을 처리할 수 있도록 도와야 한다.
② 사회복지사는 슈퍼바이저로부터 배운 지식 및 원칙과 일치하는 적절한 목적과 목표를 세우도록 한다.
③ 슈퍼바이저는 슈퍼바이지가 도움을 필요로 할 때 항상 응할 수 있도록 준비되어야 하며 정규적인 가르침을 제공해야 한다.
④ 사회복지사는 슈퍼바이저에게 도움을 요청할 수 있어야 한다.
⑤ 사회복지사는 슈퍼바이저에게 자신의 직무에 관하여 수시로 보고해야 한다.

Tsui(2004)는 슈퍼비전을 다음과 같이 규범적 · 경험적 · 실용적 접근으로 세분화 시켜 정의하면서 행정적 · 교육적 · 지지적 기능의 균형을 강조하고 있다.

① 규범적 접근(normative approach): 슈퍼비전의 목표를 성공적인 직무 실행과 전문적으로 보고 클라이언트에게 효율적이고 효과적인 서비스를 제공
② 경험적 접근(empirical approach): 슈퍼바이저를 간접서비스를 제공하는 행정 직원으로 보고 행정적 · 교육적 · 지지적 기능을 통합적으로 제공하는 슈퍼바이저의 역할에 초점
③ 실용적 접근(pragmatic approach): 형식적인 목표나 정의에 중점을 두지 않고 행동지침과 과제를 제공하는 방식

이 밖에도 Morrison(2001)과 Haynes 등(2002)은 슈퍼비전을 정의함에 있어서 슈퍼비전의 관계를 강조하고 있다. 이들은 슈퍼비전을 슈퍼바이저와 슈퍼바이지, 그리고 클라이언트 사이에서의 특수한 관계 또는 독특한 전문적 관계로 보면서 슈퍼비전과 관련된 이해당사자들 간의 관계에 초점을 두고 있다.

다음의 <표 9-1>은 학자들의 슈퍼비전 정의 내용을 정리한 것이다(안정선 외, 2019).

〈표 9-1〉 사회복지 슈퍼비전의 정의 분류

학자	특징	정의
Robinfon (1949)	교육적 측면 강조	일정한 지식 및 기술로 준비된 사람이 비교적 준비가 덜 된 사람을 훈련시킬 책임을 가지는 교육적 과정
Towel (1954)	행정적 측면 강조	사회복지실천현장의 조직 차원에서 직원개발 및 관리에 중점을 둔 행정적 과정
Kadushin (1974)	지지적 측면 강조	슈퍼바이저는 슈퍼바이지의 업무수행을 지지·조정·강화·평가하도록 권위를 위임받은 기관 행정직원으로서 교육적·행정적·지지적 기능을 수행해야 함
Barker (1995)	행정 및 교육적 측면 강조	사회복지사의 기술 향상과 클라이언트에 대한 질적 서비스 제공을 위해 행해지는 행정적·교육적 과정
Skimore (1993)	직원원조과정 기본원리 제시	효율적·효율적인 업무수행에 있어서 지식과 기술을 사용하려는 직원을 원조하는 과정
Tsui (2004)	행정적·교육적·지지적 기능의 균형 강조	규범적·경험적·실용적 접근으로 세분화 • 규범적 접근: 클라이언트에게 효율적·효과적인 서비스 제공 • 경험적 접근: 슈퍼바이저는 간접서비스를 제공하는 행정직원 • 실용적 접근: 행동지침과 과제를 제공하는 방식
Morrison (2001) Haynes 등(2002)	슈퍼비전 관계 강조	슈퍼바이저와 슈퍼바이지, 그리고 클라이언트 사이의 특수한 관계 또는 독특한 전문적 관계로 보면서 슈퍼비전과 관련된 이해 당사자들 간의 관계에 초점

이상에서 내용들을 토대로 "사회복지 슈퍼비전이란 클라이언트에 대한 최선의 서비스 제공 및 사회복지사의 전문성 향상을 위해 조직 차원에서 공식적으로 실행되는 기제로 슈퍼바이저와 슈퍼바이지에 의해 이루어지는 상호작용과정"이라고 정의할 수 있다(안정원 외, 2019).

3) 개념 3

슈퍼비전 초기의 정의는 주로 교육적이거나 행정적인 측면에 초점을 맞추었으나, 점차 행정적·교육적·지지적 측면의 통합적인 정의를 강조하는 경향을 보이고 있다.

슈퍼비전의 개념을 학교 내 사회복지실천가에게 적용해보면, 슈퍼비전이란 교육복지 분야에서 일정 정도의 지식과 경험을 가진 슈퍼바이저가 지식과 기술의 향상을 통해 슈퍼바이지가 전문적으로 성장할 수 있도록 돕고(교육적 기능), 교육복지서비스의 효과적인 전달을 위해 학교 내외의 정책과 절차를 이용해 효율적으로 업무를 수행하며(행정적 기능), 실천현장에서 슈퍼바이지가 직면하는 문제점을 해결할 수 있도록 지원(지지적 기능)하는 활동이다.

슈퍼비전은 슈퍼바이지저, 슈퍼바이지, 클라이언트, 조직이 서로에게 영향을 주고받는 활동이며, 조직 내에서 슈퍼바어저와 슈퍼바이지 간의 활동을 통해 궁극적으로 클라이언트에게 최상의 서비스를 제공하고자 계획된 행위로 볼 수 있다 (홍순혜 외, 2014).

2. 사회복지 슈퍼비전의 목적

1) 목표

슈퍼비전의 목표는 슈퍼비전의 궁극적 목적을 달성하는 것이다.

사회복지 슈퍼비전의 궁극적 목적은 효과적이고 효율적인 사회복지서비스의 제공이다(Kadushin & Harkness, 2002: 23).

즉, 클라이언트에게 특정 기관이 제공하도록 되어 있는 특정 서비스를 효과적이고 효율적으로 제공하여 클라이언트의 변화를 꾀하는 것인데, 이는 슈퍼비전의 장기목표라고 할 수 있다. 그리고 이와 같은 장기목표를 달성하기 위해서는 일련의 단기목표가 달성되어야 한다.

슈퍼비전의 단기목표는 효과적이고 효율적인 서비스 제공을 위한 슈퍼바이지, 즉 사회복지사의 변화와 성장이다.

즉, 슈퍼바이지가 자신의 업무를 효과적으로 수행할 수 있도록 능력을 향상시키는 것이며, 이를 위해 작업배경 제공, 업무만족감 제공, 각종 교육과 훈련 제공 등을 슈퍼비전의 단기목표라 할 수 있다. 이에 덧붙여 전문직으로 사회복지의 전문성 유지, 향상, 그리고 정체성의 확립 등을 위한 노력이라고 할 수 있다.

이는 기본적으로 슈퍼비전의 일차 목표인 슈퍼바이지 교육을 의미한다. 대학이나 대학원을 졸업하고 사회복지실천현장에 직접 투입되는 신입 사회복지사는 이론교육과 몇 시간 되지 않은 실습교육이 현장에 임하기 전 훈련과정의 전부이다. 특히 실습시간이 짧아 실천현장에 대한 교육과 훈련이 부족한 신입 사회복지사에게 현장에서 직접 즉시 실행되는 슈퍼비전은 교육적 특성이 더욱 커지게 된다.

이는 미국처럼 대학원 중심의 교육에서 연간 1,200시간 정도의 실습교육을 2년 동안이나 제공 받는 경우에서도 비슷한 것으로, 오스틴과 홉킨스는 대인서비스 제공에 있어서의 학습문화(learning culture) 정립을 강조하고 있다(Austin & Hopkins, 2004; 양옥경 외, 2014).

2) 학교 내 사회복지실천가 대상 슈퍼비전 목적

학교 현장사회복지 슈퍼비전은 사회복지사의 전문적인 성장을 통해 교육복지사업의 원활한 수행 및 발전에 기여하는 것을 목표로 하여, 이를 통해 궁극적으로 클라이언트인 학생 및 학부모에게 최선의 서비스를 제공하는 것을 목적으로 한다고 볼 수 있다.

슈퍼비전은 클라이언트, 슈퍼바이저, 슈퍼바이지, 조직 모두에게 유익을 주는 활동으로 볼 수 있다.

payne(1994)의 구분에 따라 슈퍼비전에 영향을 받는 관련 당사별로 학교 내 사회복지실천가 슈퍼비전의 목적을 분류해 보면 다음과 같다.

(1) 슈퍼바이지 차원, 클라이언트 차원, 슈퍼바이저와 조직 차원

① 슈퍼바이지 차원

학교 내 사회복지실천가가 효과적으로 실천을 수행하도록 지원. 자신의 고유한 개입방법을 개발, 전문적 발달을 도모하고 스스로 관리 및 성장할 수 있도록 함

② 클라이언트 차원

교육복지서비스의 대상이 되는 아동, 청소년, 학부모 등이 최대의 이익을 얻도록 부적절한 실천으로 아동, 청소년, 및 가족을 보호함

③ 슈퍼바이저와 조직 차원

슈퍼비전을 제공하면서 역시 함께 성장. 조직이 학교 내 사회복지실천가의 업

무를 관리하고 학교 내 사회복지 실천사업의 궁극적인 비전 달성을 위한 조직 차원의 개입목표를 유지하도록 함(홍순혜 외, 2014).

슈퍼비전의 목적을 Kadushin & Harkness(2002)가 제시한 기능별로 분류해 학교 내 사회복지실천가의 슈퍼비전에 적용해 보면 다음과 같다.
① **행정적 슈퍼비전**: 학교 내외의 자원을 활용해 효과적이고 효율적으로 업무 수행
② **교육적 슈퍼비전**: 학교 내 사회복지실천가가 전문가로서 성장하고 발전할 수 있도록 실천기술과 지식 확대
③ **지지적 슈퍼비전**: 학교 내 사회복지실천가의 업무만족을 높임(홍순혜 외, 2014)

Morrison(2001)은 슈퍼비전의 목표를 다음의 8가지로 제시하고 있다.
① 슈퍼바이지가 자신의 역할 및 책무성을 명확히 확보하는 것
② 이용자의 향상에 대한 최상의 관심을 확보하는 것
③ 사회복지사가 기관 목적과 기준 이해를 확보하는 것
④ 적절한 업무량을 확보하는 것
⑤ 실천과 직무를 위한 긍정적이고 지지적인 분위기를 개발하는 것
⑥ 사회복지사의 발달을 강화하는 것
⑦ 업무 요구 관리에 있어서 사회복지사를 지지하는 것
⑧ 조직과 사회복지사 사이의 명확한 의사소통을 촉진하는 것

최근에 이루어진 안정선(2007)의 연구는 우리나라 사회복지관에서 일하는 사회복지사가 인식한 슈퍼비전의 목적을 4가지로 설명하는 것으로 보고하고 있다. 213명이 응답한 결과에 따르면, 슈퍼비전의 목적은
① 서비스 질의 향상
② 클라이언트의 문제해결
③ 슈퍼바이지의 전문적 성장
④ 슈퍼바이지의 동기부여
로 나타났다. 사실 이러한 결과는 이전의 문헌에서 강조된 행정적·관리적 측면의 목적이 배제되어 있는 것으로 슈퍼바이지와 클라이언트에게 초점을 두고 있는 것

을 알 수 있다.

<표 9-2>는 이처럼 여러 학자들이 명명한 슈퍼비전의 목적을 정리한 것이다.

이상의 내용들을 토대로, 사회복지 슈퍼비전의 목적은 "클라이언트에게 최상의 서비스를 제공하기 위해 직원의 전문성을 향상시키고 기관의 책무성을 실현하기 위한 것"으로 요약할 수 있다(안정선 외, 2019).

〈표 9-2〉 사회복지 슈퍼비전의 목적

학자	특징	목적
Eisikovits 등(1985)	슈퍼바이지의 전문적 향상에 초점	사회복지사의 전문적 기능을 향상시키기 위한 것
Payne (1994)	슈퍼비전 목표를 슈퍼비전 이해 당사자로 구분	• 클라이언트 차원: 클라이언트가 최대한의 이익을 얻을 수 있도록 직원의 부적절한 실천에 대하여 클라이언트를 보호하는 것 • 슈퍼바이저 차원: 사회복지사가 효과적인 실천을 수행하고 자신만의 고유한 개입을 고려하도록 전문적인 발달을 도모하여 스스로 잘 관리할 수 있도록 하는 것 • 슈퍼바이저와 조직 차원: 슈퍼바이지의 업무를 관리하고 다양한 규정을 적용함으로써 서비스 단위의 표준과 개입목표를 유지
조휘일 (1999,2002)	슈퍼비전과 사회복지 실천이 분리될 수 없음을 강조	클라이언트에게 최대한 효과적으로 질적인 서비스를 제공하는 전문적 실천과 직원 및 기관의 책무성을 실현하도록 보장하는 것
Morrison (2001)	슈퍼비전 목표를 8가지로 제시	• 슈퍼바이지의 자신의 역할 및 책무성을 명확히 확보 • 이용자의 향상에 대한 최상의 관심을 확보 • 사회복지사가 기관 목적과 기준이해를 확보 • 적절한 업무량을 확보 • 실천과 직무를 위한 긍정적이고 지지적인 분위기 개발 • 사회복지사의 발달 강화 • 업무 요구관리에 이어서 사회복지사를 지지 • 조직과 사회복지사 사이의 명확한 의사소통을 촉진

학자	특징	목적
Kadushin & Harkness (2002)	슈퍼비전을 기능별로 구분	기관의 정책과 절차를 따르면서 클라이언트에게 양적으로나 질적으로 최선의 서비스를 전달하는 것 • 교육적 슈퍼비전: 사회복지사가 전문가로서 성장·발전할 수 있도록 실천기술 및 지식을 확대 • 행정적 슈퍼비전: 효과적인 업무수행에 필요한 내용을 제공 • 지지적 슈퍼비전: 사회복지사들의 업무만족을 높이기 위함
Hayness 등 (2003)	슈퍼바이저의 역할에 초점	슈퍼바이지가 독자적인 전문가가 되기 위해 필요한 경험을 획득할 수 있는 환경을 만들어 주는 것
Tsui (2004)	기존 문헌과 관련 지침서를 분석하여 4개 차원으로 분류	• 클라이언트의 복리증진 • 슈퍼바이지를 위한 교육 • 슈퍼바이지가 전문가협회에 가입하고 자격증 취득하도록 점검 • 슈퍼바이지의 역량강화
안정선 (2007)	사회복지사의 인식 근거	• 서비스 질의 향상 • 클라이언트의 문제해결 • 슈퍼바이지의 전문적 향상 • 슈퍼바이지의 동기부여

3. 슈퍼비전의 원칙

사회복지 슈퍼비전을 효과적으로 제공하기 위해서는 슈퍼비전의 원칙을 세우고 그 원칙에 준하여 슈퍼비전을 제공하는 것이 바람직하다.

아직까지 슈퍼비전의 원칙이 학문적으로 정립되어 구체적으로 제시되고 있지는 못하나, 이 책에서는 카두신과 먼슨이 제시하는 효과적이고 바람직한 슈퍼비전의 요소에 근거하여(Kadushin, 1992; Munson, 1983) 8개로 정리하였다. 슈퍼비전의 기본원칙은 공식화, 구조화, 정규화, 개별화, 성장 중심화, 욕구 중심화, 그리고 상호교류중심화이다(양옥경 외, 2014).

1) 공식화

공식화(formalize)는 슈퍼비전에서 가장 중요한 원칙이다. 슈퍼비전을 기관의 공식 업무로 지정하는 절차로서, 슈퍼비전이 일상의 업무지시로 생각되어서는 안 되며, 관심 있는 몇몇 사람의 개인적 활동으로 여겨져서는 안 된다는 것을 의미한다.

슈퍼비전을 직접 주고받는 슈퍼바이저와 슈퍼바이지 간의 권위의 위계화를 기초로 하여 진행되어야 한다. 이것이 기관에서의 슈퍼비전의 공식화이다.

슈퍼비전의 공식화는 슈퍼바이저와 슈퍼바이지 간의 권위의 위계화를 기초로 하여 진행되어야 한다. 공식화 과정에서 슈퍼바이저는 슈퍼바이저로서의 권위를 갖고 또 지켜나가야 한다. 슈퍼바이지의 적극적이고 건설적인 참여, 양방향 의사소통 등도 중요하지만, 슈퍼비전을 제공하는 자와 제공받는 자의 위계적 관계를 부인할 수는 없는 것이다. 따라서 그 권위를 갖고 유지하기 위한 노력을 보여야 한다.

2) 구조화

구조화(structurize)는 시간, 장소, 유형, 회수 등 슈퍼비전의 구조를 갖추어서 제공하는 것을 의미한다.

언제, 어디서, 무엇을, 어떻게 제공할 것인지를 정해야 한다(Hart, 1982). '언제'는 시간적 요소로서, 동시, 즉시, 사후 등 3개 차원으로 이루어질 수 있다. '동시'는 슈퍼바이지의 업무가 진행되는 동안 그 자리에서 동시에 진행되는 것으로 라이브(live) 슈퍼비전이라고도 한다. '즉시'는 슈퍼바이지의 업무가 진행되는 동안 그 자리에서 진행될 수도 있고 사무실로 자리를 옮겨서 진행될 수도 있다. 즉각 (instant, immediate) 슈퍼비전으로 설명된다. '사후'는 슈퍼바이지의 업무가 종료된 후 어느 정도 시간이 지난 후에 진행되는 것으로 가장 빈번하게 이루어지는 슈퍼비전의 형태라고 할 수 있다. 대부분의 경우에는 레코딩(recording)을 활용한다. 지체(delayed) 슈퍼비전이라고 불리기도 한다.

'어디서'는 장소적 요소로서, 슈퍼바이지의 업무가 진행되는 곳, 슈퍼바이지의 사무실, 슈퍼바이저의 사무실, 슈퍼비전을 제공하는 별도의 장소 등으로 생각해 볼 수도 있다. 장소는 어디어도 좋으나, 슈퍼바이저와 슈퍼바이지가 전화나 방문자 등으로 인해 방해받지 않으면서 두 사람 간 대화의 비밀이 보장될 수 있는 장소여야 한다.

'무엇을'은 내용적 요소로서, 슈퍼바이저와 슈퍼바이지의 사이에서 주고받는 내용을 의미한다. 교육적, 행정적, 지지적 요소를 갖춘 것으로서 내용은 기관의 특성과 슈퍼바이지의 업무내용에 따라 다양하다.

'어떻게'는 상황적 요소로서, 슈퍼비전의 단계(steps)와 형태(format)를 포함한다. 단계를 기본적으로 3단계를 갖게 되는데, 슈퍼바이저와 슈퍼바이지가 관계를 형성하고 계획을 세우는 시작 단계, 실질적 슈퍼비전이 행해지는 중간 단계, 그리고 슈퍼비전 내용과 슈퍼비전 관계를 평가, 정리하는 종결 단계이다. 형태 역시 기본적으로 3개 유형을 갖는데, 개별, 집합, 또는 집단이다(양옥경 외, 2014).

최근 들어 동료 간에 이루어지는 슈퍼비전인 동료슈퍼비전(peer supervision)도 슈퍼비전 유형의 하나로 인식되어 가고 있는 추세이다.

3) 정규화

정규화(regularize)는 슈퍼비전을 기관의 정책으로 삼고 정규적 정식 업무로 인정하는 것이다. 슈퍼비전을 1회성으로 어느 한 해에만 진행하는 것이 아니라 기관이 지속적으로 진행할 업무로 정착시키는 것은 매우 중요하다. 또한 슈퍼비전을 정규 업무로 삼았으면, 슈퍼비전의 시간을 정하는 것은 무엇보다도 중요한 것으로, 매주 혹은 격주 등 정기적으로 시간을 정해 놓고 제공하여야 한다.

4) 개별화

개별화(individualize)는 슈퍼바이지 각 개인의 학습욕구 및 성향에 기초하여 슈퍼비전을 제공하는 것을 의미한다.

슈퍼바이저와 슈퍼바이지는 모두 성인이면서 자신의 업무에 대해 나름대로의 원칙과 신뢰를 갖고 있는 사람들이다. 그리고 그 원칙에 바탕을 두고 각자의 사회복지전문직에서의 업무수행에 임하게 된다.

슈퍼바이저는 자신의 스타일과 슈퍼바이지의 스타일을 확인하여 개별화된 슈퍼비전을 제공할 필요가 있다. 그렇지 않으면 불필요하게 게임을 걸고 게임에 말려들게 된다. 따라서 슈퍼바이저는 슈퍼바이저 자신의 스타일이 슈퍼비전 목표달성에 어떤 영향을 주는지 알아야 하며, 슈퍼바이지로 하여금 자신의 스타일을 찾고 그 스타일이 슈퍼비전에 어떤 영향을 미치게 되는지 이해하도록 도와주어야 한다.

5) 맥락화

맥락화(contextualize)는 업무의 전반적 맥락 안에서 슈퍼비전의 내용이 이해되는 것을 의미한다. 사례를 중심으로 슈퍼비전을 주는 것은 맥락화가 잘 지켜지는 것이라 하겠다. 슈퍼바이저는 유추, 설화, 비유 등을 사용하거나 자신의 경험 또는 일반론에 입각하여 슈퍼비전을 주는 것을 가급적 자제하고 슈퍼바이지의 직접적 사례를 통해 구체적으로 슈퍼비전을 주도록 해야 한다. 이렇게 하다 보면 이론이나 기법, 윤리원칙 등을 적용함에 있어 슈퍼비전의 과정 내내 처음부터 끝까지 일관성을 유지할 수 있게 된다.

6) 성장중심화

성장중심화(growth based)는 슈퍼바이지의 성장을 목적으로 슈퍼비전이 진행되는 것을 의미한다. 슈퍼비전은 잘못한 것을 지적하여 더 잘할 수 있도록 가르칠 뿐 아니라 잘한 것을 칭찬하고 격려하여 더 잘할 수 있도록 하는 것에 큰 비중을 두고 있다. 따라서 이는 평가와 직접적으로 연계되는데, 성장을 위한 평가결과에 기초하여 슈퍼비전을 주는 것은 매우 바람직하다. 평가에 의해 새로운 내용이 보완되는 슈퍼비전이어야 한다는 것이다. 긍정적 발전을 위한 평가를 거쳐야 하며, 평가에서 지적된 내용이 반영되어 보완된 변화가 있어야 한다.

7) 욕구중심화

욕구중심화(needs based)는 슈퍼바이지의 욕구에 맞춰 슈퍼비전을 계획하고 제공하는 것을 의미한다. 이는 개별화와 맥을 같이하는 것으로서, 학습자인 슈퍼바이지의 욕구의 독특성에 맞춰 슈퍼비전을 제공해야 함을 의미한다. 슈퍼바이지가 슈퍼바이저로부터 슈퍼비전을 통해 받고 싶은 것, 받을 필요가 있는 것 등을 미리 파악하고 그에 맞춰 제공해야 한다(양옥경 외, 2014).

8) 상호교류중심화

상호교류중심화(interaction based)는 투명하고 명확한 의사소통을 바탕으로 일방적이 아닌 양방향 의사소통하는 것을 의미한다. 비언어적 의사소통에 의존하지 말고 언어를 사용하여 명확하고 분명하게 교류하는 것이 바람직하다. 투명한 의사소통으로 정확하게 교류하는 것만이 교육의 효과를 높이 낼 수 있다. 이 같은 의사소통은 슈퍼바이지와 서로 긍정적이고 적극적으로 주고받는 상호관계에 중심을 둔 슈퍼비전을 제공할 수 있다.

4. 사회복지 슈퍼비전의 구성요소

1) 슈퍼바이지(supervisee)

슈퍼비전에서 가장 중요한 사람이다. 슈퍼비전을 받는 사람으로서 사회복지사업을 수행함에 있어 지도 받아야 할 내용을 제공하고 슈퍼비전을 받는 사람이다. 각종 업무의 최 일선에 서 있다. 슈퍼비전을 통해 더욱 발전된 서비스를 클라이언트에게 전달할 책임이 있으며, 이를 위해 슈퍼비전을 성실히 받아야 할 의무도 있다. 슈퍼비전을 위해 진실된 보고 자료를 제공해야 하며, 소속기관의 슈퍼비전 구조에 맞춰 성실히 슈퍼비전을 받을 의무가 있다.

2) 클라이언트(client)

슈퍼바이지가 슈퍼비전을 받게 하는 이유의 중심에 있는 사람이다. 슈퍼비전을 통해 슈퍼바이저로부터는 간접적 서비스를 제공받기도 하는 사람이다. 직접서비스 기관에서 클라이언트는 서비스 욕구를 가진 사람이며, 간접서비스 기관에서의 클라이언트는 다른 기관, 단체, 정부 등이다.

3) 슈퍼바이저(supervisor)

슈퍼비전에서 슈퍼바이지에게 슈퍼비전을 제공하는 사람으로서 슈퍼비전의 Rc이라 할 수 있다. 사회복지사업 전달에 있어 관리자, 연결자, 멘토로서의 역할을 해낸다(Lewis et al., 2001). 리더(leader)로서 슈퍼바이지의 성장에 관심을 갖고 서비스와 행정, 정책을 조화롭게 정리하는 역할을 한다.

4) 슈퍼바이저와 슈퍼바이지와의 관계

서로 믿고 의존하는 관계이다. 수퍼바이저는 슈퍼바이지가 자신의 업무를 최대한 효율적이고 효과적으로 수행해 낼 수 있도록 도우며, 수퍼바이저의 지도 내용을 반영하여 수행함으로써 자신의 성장을 도모한다.

5) 조직

조직 밖에서 주어지는 자문은 자문일 뿐 슈퍼비전이라 부르지 않는데, 그 이유는 조직 안에서의 행정적 처리가 슈퍼비전의 핵심요소가 되기 때문이다. 첫째, 슈퍼비전은 조직의 정책적 차원에서 만들어져야 한다. 둘째, 슈퍼비전은 조직의 운영체계와 함께 진행되어져야 한다(양옥경 외, 2014).

5. 사회복지 슈퍼비전의 필요성

사회복지 슈퍼비전의 필요성이 강조되는 이유를 보다 자세히 살펴보면 다음과 같다.

첫째, 사회복지현장의 환경은 계속 변화하고 있다. 다양하고 심각한 문제를 가진 클라이언트들이 증가하고 있고, 전에 경험해 보지 못한 새로운 유형의 문제들이 지속적으로 발생하고 있기 때문에 이에 대처하기 위해 사회복지사들은 다양한 문제영역과 대상에 대한 풍부한 지식과 개입기술들을 갖추어야 할 필요가 있다. 따라서 슈퍼비전을 통해 사회복지사들의 전문적 역량을 강화하고 자기효능감을 강화시키는 작업이 필요하다. 이는 직무에 대한 만족을 향상시키고 직무 스트레스를 줄여줄 수 있다.

둘째, 사회복지실무자들은 다양한 기관에서 휴먼서비스를 제공하는 타 전문가들과 함께 일하는 경우들이 많다. 휴먼서비스의 제공은 한 인간에 대한 전인적(holistic) 접근을 지향하기 때문에 전문영역별로 서비스를 정확히 구분하여 제공하기 쉽지 않다. 그러다 보면 다양한 전문직들 간의 역할갈등 또는 전문직 정체성 혼란을 경험할 수 있다.

셋째, 사회복지실천은 일반적으로 공적 자금의 지원을 받게 되는데, 이 경우 사회복지사의 의사결정을 통해서 클라이언트에게 자원이 할당된다. 따라서 클라이언트에게 서비스를 효율적·효과적으로 전달했는지를 객관적으로 보여주어야 하는 책무성 이행이 사회복지사들에게 강조된다. 이와 같은 목적달성을 위해 전문가 또는 전문가집단에 대한 관리와 감독을 필요로 한다.

넷째, 사회복지실천은 업무의 특수성으로 인해 윤리적 딜레마 상황을 자주 경험할 수 있다. 이런 문제의 해결을 위해서 선임자의 풍부한 경험과 지식이 도움을 줄 수 있다. 또한 사회복지사의 실천이 윤리적으로 적절했는지에 대한 지속적인 모니터링도 필요하다(홍순혜 외, 2014).

마지막으로 사회복지실천은 그 개입의 효과성을 예측하기 쉽지 않을 뿐만 아니라 복잡하고 심각한 문제를 가진 클라이언트를 다뤄야 할 경우 사회복지사 자신이 정서적으로 소진할 수 있는 가능성이 많기 때문에 지속적인 정서적 지지가 필요하다.

6. 슈퍼바이저의 가치 및 태도

슈퍼바이저의 지식 및 기술 이외 슈퍼바이저의 가치와 태도는 슈퍼비전에 영향을 미치는 또 다른 중요한 요인이다. 즉, 슈퍼바이저는 자신의 성장과 학문적 배경, 슈퍼바이지로서의 경험 및 실천가로서의 경험 등을 통해 형성된 가치는 태도로 표면화되며, 자신도 모르는 사이에 슈퍼바이지에게 전달되고 슈퍼비전의 효과에 영향을 미치게 된다. 그러므로 슈퍼바이저는 사회복지 및 학교교육에서 추구하는 고유의 가치를 포함하여 종교, 낙태, 결혼과 이혼, 정서적 성향, 영성, 자살 등에 대한 자신의 가치에 다양한 가치관에 대한 자신의 가치에 대해 올바르게 인식해야 한다. 더불어 슈퍼바이저는 슈퍼바이지가 가지는 다양한 가치관에 대한 유사점과 차이점을 인식하고 슈퍼비전 과정에 영향을 끼치지 않도록 유의해야 하며, 자신의 가치 및 태도의 향상을 위해 지속해서 노력해야 한다(안정선·최원희, 2010).

슈퍼바이저는 슈퍼바이지의 약점과 강점을 잘 이해해야 하고, 지지적인 관계로서 전문적인 발전을 이룰 수 있는 태도와 자세를 가져야 한다. 이를 위해 슈퍼바이지에 대한 존중감과 공감, 그리고 일관성, 구체성, 자기 공개, 상냥함과 개방성, 적극성, 헌신 등을 지녀야 하며, 이를 상황에 따라 다르게 융통성 있게 표현할 줄 알아야 한다. 실제 슈퍼비전에 영향을 미치는 요인들에 관한 선행연구에서 슈퍼바이지와 슈퍼바이저의 일치성 있는 관계와 무조건적 존중은 슈퍼비전의 만족감에 영향을 주는 것으로 나타났다(성희자, 2009).

슈퍼바이저의 기본적인 자세와 태도는 슈퍼비전의 스타일이 되며, 슈퍼비전의 스타일은 슈퍼비전에 중요한 영향력을 미친다.

"나는 어떤 스타일의 슈퍼바이저인가?"

슈퍼바이저의 주요 스타일은 적극적·반응적 스타일로 구분되며, 하위영역은 철학자, 이론가, 기술자 스타일로 구분할 수 있다. 이를 구체적으로 살펴보면 다음과 같다.

◉ **적극적 스타일(active style)**
• 직접적이고 예리한 질문을 슈퍼바이지에게 던지며, 슈퍼바이지의 질문에도 직접적으로 응답하고 해석
• 문제 중심적이고 대인적 개입을 통해 탐색
• 클라이언트의 역동에 초점을 두고, 결과에 대한 추론 등에 집중하는 경향

◉ **반응적 스타일(reactive style)**
• 간접적이고 억제하는 경향이 있어서 제한된 질문만 하며 답 또한 제공하지 않음
• 치료중심적이고 상호작용의 쟁점을 탐색하며, 슈퍼바이지의 역동에 초점을 두고, 과정에 집중하는 경향(홍순혜 외, 2014)

◉ **철학자 스타일(philosopher style)**
• 매우 편안한 방식으로 슈퍼비전 제공
• 어떤 설명이나 예를 제공하지 않음
• 사례를 직접적으로 다루지도 않고, 솔직한 응답도 없으며, 피드백도 주지 않음
• 많은 지식을 가지고 있지만 그걸 설명하기 어려워함
• 그러나 새로운 이론의 적용이나 의견교환에 있어서 슈퍼바이지로 하여금 자유로움을 느끼게 하며, 슈퍼바이지의 정서적 지지에도 힘이 됨

◉ **이론가 스타일(theoretician style)**
• 이론을 적용하는 것이 가장 전문적이고 훌륭한 실천을 보장한다고 믿음
• '왜'에 초점을 둠

◉ **기술자 스타일(technician style)**
• 철학자나 이론가와는 전혀 다른 모습
• 숙련되고 공감적인 방법으로 구체적이면서 초점 있는 질문을 통해 철저하게 사례의 문제를 다루는 기술과 연결시킴
• 슈퍼바이지가 스스로 해답을 찾을 수 있을 때까지 격려하면서 기다려 줌
• 너무 많은 요구를 하는 슈퍼바이저로 평가되기도 함

이외 슈퍼바이저가 가져야 하는 바람직한 가치와 태도는 슈퍼비전을 위한 자신의 시간을 아낌없이 할애, 슈퍼바이지의 발달수준에 적절한 슈퍼비전 제공, 좋은 관계를 형성하고 유지하려는 태도, 비심판적인 자세와 태도, 슈퍼비전에 대한 준비, 윤리적인 가치와 태도전이 등이다(홍순혜 외, 2014).

"나는 어떤 가치와 태도를 지닌 슈퍼바이저인가?"

참고 📖📄

슈퍼바이저의 가치 및 태도영역
• 슈퍼비전에서 일관적인 태도 유지
• 사회복지 및 학교 현장 윤리의 내재화 및 기관규정을 준수하는 윤리적 태도
• 슈퍼바이지를 수용하고 그가 담당하고 있는 직무의 어려움을 이해
• 슈퍼바이지의 자율성에 대한 적극적으로 인정하는 태도
• 슈퍼바이지의 전문적 성장에 대해 신념을 지니고 헌신적 태도
• 진실한 태도로 공감적 이해
• 직무수행의 모델로서 기능하기 위해 업무수행에서 책임감 있는 태도
• 슈퍼바이지와 협력하고 협동하는 태도로 직무수행
• 직무평가 및 슈퍼바이지에 대한 처우에 있어 공정한 태도

(출처: 안정선 · 최원희, 2010 일부 수정 및 보완)

사회복지 슈퍼비전 과정과 기법

CHAPTER 10

1. 슈퍼비전의 과정

1) 사회복지 슈퍼비전의 필요성

① 사회복지현장의 연속성과 변화성: 다양하고 심각한 문제를 가진 클라이언트들이 증가하여 전에는 경험해 보지 못한 새로운 유형의 문제들이 지속적으로 발생하고 있기 때문에 이에 대처하기 위해 사회복지사들은 다양한 문제영역과 대상에 대한 풍부한 지식과 개입기술들을 갖추어야 할 필요가 있다(홍순혜, 2014: 13).

② 전문적인 휴먼서비스 연계: 휴먼서비스의 제공은 한 인간에 대한 전인적 접근을 지향하기 때문에 전문영역별로 서비스를 정확히 구분하여 제공하는 데 있어 어려움이 있다(홍순혜, 2014: 13).

③ 책무성 이행의 강조: 사회복지실천의 경우 사회복지사의 의사결정을 통해 클라이언트에게 자원이 할당된다. 따라서 클라이언트에게 서비스를 효율적·효과적으로 전달했는지를 객관적으로 보여 주어야 하는 책무성이 있다. 이와 같은 목적 달성을 위해 관리와 감독이 필요로 한다(홍순혜, 2014: 13~14).

④ 사회복지실천의 윤리적 딜레마: 사회복지실천의 특수성으로 인해 이런 문제를 해결하기 위해서는 선임자의 풍부한 경험과 지식을 필요로 한다. 또한 실천이 윤리적으로 적절했는지 지속적인 모니터링도 필요하다(홍순혜, 2014: 14).

⑤ 정서적 소진: 사회복지실천 개입의 효과성을 예측하기 쉽지 않을 뿐만 아니라 복잡하고 심각한 문제를 가진 클라이언트를 다뤄야 할 경우 정서적인 지지가 필요하다(홍순혜, 2014: 14).

2) 슈퍼비전의 맥락

(1) 물리적 맥락

① 사무실: 슈퍼바이지를 지도 및 사무정보를 전달할 때 유용한 장소
② 인터뷰방: 슈퍼바이지에게 정서적인 지지를 주고 그들의 감정을 표현하도록 할 필요가 있을 경우 유용한 장소
③ 정원 또는 커피숍: 평상시 태도를 독려하고 슈퍼바이지들의 느낌들을 쉽게 표현할 수 있도록 도움을 주며 브레인스토밍 또는 창조적인 사고를 통해 개방된 공간에서 영감을 불러일으킬 수 있음(안정선, 2019: 193).

(2) 대인적 맥락

① 관계성1: 행정적으로 지향되는 경향이 있음. 지시가 주어지고 업무수행을 모니터에 초점을 둠
② 관계성2: 전문적인 측면에 중점을 두며 가치, 지식, 기술에 의한 전문적인 성장을 촉진에 초점을 둠
③ 관계성3: 슈퍼바이저와 슈퍼바이지의 우정을 통해 슈퍼비전을 보다 지지적인 방향에서 개인관심, 느낀 점 공유, 상호관계 형성 및 지지에 초점을 둠

(3) 문화적 맥락

성별, 사회계층, 교육적 배경, 직업경험 배경, 전문적 훈련 배경 등에서의 차이에 대한 이해

(4) 심리적 맥락

① 슈퍼바이저와 슈퍼바이지의 상호 이해와 동의
Kaiser는 슈퍼비전의 가장 중요한 요소로 '공유된 의미'라고 하였으며 분명한 의사소통으로 이견을 줄이고 공유된 의미를 발전시키는 점에 있어 필요성을 가짐(안정선, 2019: 194~195).
② 심리적 맥락요소
　■ 신뢰요소: 존경과 안정의 의미를 포함

- 존경요소: 슈퍼바이지에 대한 슈퍼바이저의 존중
- 안전요소: 슈퍼바이지가 슈퍼바이저의 비판을 두려워하지 않고 자유롭게 논의하고 나눌 수 있다고 느낌

3) 슈퍼비전의 과정과 단계

(1) 카두신의 6대 지침과 기법

① 지침1 교육진단과 개별화: 슈퍼바이지가 학습자로서 독특함을 갖고 있음을 고려하면 효율성이 증가함(양옥경, 2014: 166).
- 기법1 교육진단: 슈퍼바이지에 맞는 학습목표를 세우고 계획을 수립. 그리고 교육진단에 근거한 학습상황을 설정하고 맞춤형 개별화를 진행. 또한 왜곡요인, 장애물에 유의하여 위기극복과 그 위기에 대하여 분석하고 이해는 것이 필요함
- 기법2 교육진단의 활용: 슈퍼바이저는 슈퍼비전 시간 전에 슈퍼바이지에 대한 교육진단을 검토 후 인식하고 이에 대해 활용을 해야 함

② 지침2 동기화: 학습에 대한 목적을 느끼게 하여 동기부여를 가질 수 있도록 함(양옥경, 2014: 167~168).
- 기법1 학습내용의 유용성 인식: 내용의 유용성이 분명해야 하며 연구조사를 활용하여 학습의 중요성을 부각시킴
- 기법2 동기와 욕구의 관점에서 학습의 의미 찾기: 슈퍼바이지를 인정함으로써 향상성을 깨닫고 학습효과를 크게 볼 수 있음
- 기법3 낮은 동기의 영역을 높은 동기의 영역으로 결합: 동기는 목표를 추구하고자 하는 욕구에 의해 생긴 내적과정이지만, 외적 요인에 의해 동기화 될 수 있음
- 기법4 동기부여, 동기의 자극 및 보호: 동기의 존재여부가 아니라 동기를 인식하는 민감성에 있으며 슈퍼바이저는 동기부여를 위해 슈퍼바이지가 자신이 하고 있는 것과 할 수 있는 것, 해야 할 필요가 있는 것 또는 하는 것을 원하는 것 사이의 차이를 직면하도록 해야 함
- 기법5 다양한 학습기법 사용: 다양하고 복잡한 자료를 단순화시킬 수 있는 전략기법을 개발하여 슈퍼바이지의 학습동기부여를 촉진시킴

③ 지침3 에너지 투자 독려: 거부, 불안, 죄책감, 수치심, 실패에 대한 두려움, 자

율성에 대한 공격, 불확실한 기대라는 장애를 극복하기 위해서는 학습을 향한 에너지가 필요하기에 이에 대한 투자를 해야 함(양옥경, 2014: 168~170).

■ 기법1 규칙을 명확히 세우기: 시간, 장소, 역할, 한계, 기대, 책임, 그리고 목적에 대한 규칙을 명확히 해야 하며 슈퍼바이지가 배운 내용에 대한 내용을 미리 전달하고 배운 후 중점사항에 대한 공유를 할 필요가 있음

■ 기법2 슈퍼바이지 스스로 해결책을 결정할 권리존중: 슈퍼바이지의 자율성과 독창성을 존중 및 보호

■ 기법3 수용적 분위기, 심리적 안정감, 그리고 안전의 틀 형성: 실수와 실패를 두려워하지 않도록 좋은 조언가의 역할을 하여 새로운 학습에 대한 변화의 위험을 수용해야 함. 슈퍼바이저는 슈퍼바이지가 학습해야 할 부분을 단호히 요구하여 긴장감을 가질 수 있도록 하여 동시에 동기부여를 할 수 있게 하여 균형을 맞출 수 있도록 해야 함

■ 기법4 알고 있는 것과 할 수 있는 것의 인식과 활용: 슈퍼비전의 요구를 충족시키기 위해 기존지식을 도출함으로써 불안을 감소시킬 수 있음

■ 기법5 친숙한 내용에서 생소한 내용으로 이동: 생소한 것을 친숙한 것으로 연결시켜 어려움을 해소하여 친숙한 부분에서 어려운 내용으로 초점을 맞추어가며 슈퍼바이지의 에너지 투자를 촉진시킴

■ 기법6 학습능력에 대한 정당한 확신 표현: 슈퍼바이지가 자신의 능력에 확신이 없는 경우 의사소통을 통해 학습을 위한 동기와 흥미를 증가시킬 수 있다. 또한 슈퍼바이저는 슈퍼바이지의 성장을 위하여 시간을 투자해야 하며 이 부분을 정확히 인식하고 활용해야 함

■ 기법7 가르칠 내용의 숙지를 통해 철저하게 가르칠 준비하기: 슈퍼바이지에게 슈퍼비전을 명확히 제시할 수 있게 지식과 활용할 자원이 부재하다면 슈퍼바이저에 대한 기대가 감소하고 도움을 받지 못하는 불안감이 증가될 것이다. 보다 전문적인 슈퍼바이저가 되려면 욕구를 충족시킬 수 있는 준비가 되어 있어야 함

④ 지침4 만족감 고양: 사람은 반복하여 만족을 얻으려 하며 고통스러운 것은 중단하려고 함(양옥경, 2014: 170~171).

■ 기법1 성공가능성을 높이기 위한 학습여건 제공: 과업이 너무 어렵거나 쉽다면 성취감을 느끼기 어려우므로 적절하게 선택하는 기술이 필요함

- 기법2 적당한 칭찬으로 학습의 긍정적 만족감 강화: 슈퍼바이저는 칭찬해야 할 행위에 대해 구체적으로 언급해야함. 예) "그의 ~에 대한 답변에 대해 ~라고 말한 것은 그에 대한 진정한 이해하고 있다고 생각합니다."
- 기법3 긍정적 피드백을 통한 칭찬하기: 정기적 컨퍼런스를 갖고 슈퍼바이지가 최근 경험한 것에 대해 긍정적으로 평가하고 반응함
- 기법4 학습자료를 단계적으로 연관성 있게 제시: 단순→복잡, 명백→추상적인 순으로 진행한다면 효과성을 얻을 수 있으며 슈퍼바이지가 학습할 수 있는 양으로 적절하게 배분하여 조절할 수 있도록 함
- 기법5 실패에 대해 슈퍼바이지 준비시키기: 실패에 직면할 가능성을 인지시켜서 죄책감, 수치감에 대비하고 그 경험을 통해 많은 것을 학습하게 함

⑤ 지침5 학습과정에 적극 참여: 슈퍼비전은 상대방과 주고받는 과정이 아닌 공유해 나가는 과정이며 학습과정에서 주도적으로 참여할 수 있도록 하여 효과성을 높일 수 있음(양옥경, 2014: 171).

- 기법1 슈퍼비전 일정계획과정에의 참여 독려: 슈퍼바이저가 자신의 계획을 만들면 슈퍼바이지는 슈퍼비전 과정에 흥미와 관심을 갖고 적극적으로 참여할 수 있음
- 기법2 질문, 토론, 반박, 의문제기의 기회제공: 슈퍼바이지의 생각을 보충하여 심리적 안정과 이견 또한 도출할 수 있도록 할 수 있음
- 기법3 학습한 지식의 적용과 활용의 기회제공: 학습내용과 관련된 과업을 제시하여 직접 활용해보며 학습을 강화시킬 수 있다. 또한 냉철한 비판적 고찰과 시행착오를 통한 수정의 기회를 제공해야 함

⑥ 지침6 교육내용에 의미제시: 교육하고자 하는 내용이 의미가 주어져야 진정성을 가진 학습이 가능함(양옥경, 2014: 171~178).

- 기법1 흥미와 관심을 보이는 내용제시: 슈퍼바이지 중심의 사례나 문제에 관련된 내용을 슈퍼비전을 진행하여 학습준비의 효율성을 높일 수 있음
- 기법2 업무의 즐거움 강조: 좋아하는 일은 즐거운 마음으로 수행할 수 있도록 독려
- 기법3 제시된 내용의 일반화: 슈퍼바이저마다 다양한 이론과 모델을 일반적이고 포괄적인 이해와 해석이 가능하도록 할 수 있음
- 기법4 선택과 집중: 중요 포인트에 대한 주의, 강조, 반복에 대한 요구를

이해할 수 있고 우선순위를 파악할 수 있음

- 기법5 창의적 반복: 같은 이야기를 다양한 방식으로 비교, 대조, 유사성의 차이점의 예시를 통해 같은 내용을 좀 더 다양하고 다른 형태의 이해 방법으로 제시할 수 있음
- 기법6 지속성, 연결성, 통합성을 고려한 학습제공: 핵심내용을 반복하여 세부적으로 슈퍼비전하며 단순한 것은 보다 더 복잡하고 폭넓게 접근하여 학습의 효과성을 증진시킬 수 있음
- 기법7 이전에 언급된 학습의 원칙 기억하기: 익숙한 것에서 생소한 것으로, 간단한 것에서 복잡한 것으로, 학습내용을 분류 및 구체화, 요점을 반복하고 요약하는 방법으로 학습의 의미의 효과성을 높일 수 있음

(2) 슈퍼비전의 모델에 따른 과정 분류

① 슈퍼비전 과정모델의 단계 내용: Shulman은 슈퍼바이저와 슈퍼바이지의 관계를 정립하고 라포형성을 이루는 준비단계, 계약과 동의가 이루어져 신뢰가 형성되는 시작단계, 슈퍼비전을 실행하는 작업단계, 과정요약 및 성취사항에 대한 논의와 슈퍼바이지의 장단점을 정리하는 종결단계로 이루어져 있다고 명시한다(최원희, 2019: 195).

〈표 10-1〉 Shulman의 슈퍼비전 과정모델의 단계별 내용

단계	내용
준비 단계	준비단계는 슈퍼바이저와 슈퍼바이지의 관례에 대한 기초를 세우는 단계로 슈퍼바이저는 슈퍼바이지의 가치, 문화, 경험, 습관 심지어 취미와 같은 배경에 친숙해야 할 필요가 있음
시작 단계	시작단계에서 가장 중요한 이슈는 슈퍼바이저와 슈퍼바이지 간에 동의를 얻고, 상호 신뢰를 쌓는 것임. 이는 슈퍼비전에 대한 계약이나 구두 동의에 의해 이루어질 수 있음
작업 단계	작업단계에서 구체적인 슈퍼비전을 위해서는 집중적으로 다루어야 할 의제가 필요함. 업무에 대한 느낌을 나누고, 행적적 보고를 하며 실천 관련 가치, 지식, 기술 등의 문제에 대해 집중 토론함
종결 단계	종결단계에서 슈퍼바이저는 전체 슈퍼비전 과정의 다양한 단계에 대한 요약을 하고 슈퍼바이지가 무엇을 배웠고, 어떻게 성장해 왔는지, 그리고 강약점은 무엇인지를 설명함

출처: 최원희, 2019: 196.

② 과제중심 슈퍼비전 모델 단계 및 주요과업 내용: 시작단계는 직무배치 기본 자료를 바탕으로 슈퍼바이지를 분석 후 슈퍼비전을 진행하며 중간단계는 정

서적 지지와 과제의 성공적인 수행 여부 평가, 사례검토를 실시하여 장애물을 극복하고 다루는 방법을 결정할 수 있다. 마지막으로 종결단계에서는 이직이나 인사배치 전환으로 인한 슈퍼비전 실행이며 슈퍼바이저는 슈퍼비전 관계의 종결에 대한 자신의 감정을 탐색하고 어떻게 종결해야 하는지 탐색해야 한다(최원희, 2019: 196~197).

〈표 10-2〉 Caspi와 Reid의 과제중심 슈퍼비전 모델 단계 및 주요 과업

시작단계	중간단계	종결단계
① 사회적 단계 ② 표적목적의 설정 ③ 표적목적을 달성하기 위한 과제의 개발 ④ 과제 수행상 나타날 수 있는 장애물에 대한 논의 ⑤ 슈퍼바이저와 슈퍼바이지의 계약	① 사회적 단계 ② 과제 검토 ③ 표적목적 설정 ④ 과제의 개발 ⑤ 장애물에 대한 논의 ⑥ 회합 동안 실행하는 과제 ⑦ 슈퍼바이저와 슈퍼바이지의 계약	① 사회적 단계 ② 종결 준비 ③ 과제 검토 ④ 표적목적 달성 ⑤ 과제의 개발 ⑥ 장애물에 대한 논의 ⑦ 종결

출처: 최원희, 2019: 196.

③ ①+② 슈퍼비전의 단계별 주요 과업 종합 내용: 위 2가지 모델을 종합하여 준비, 시작, 실행, 종결 및 평가의 4단계로 구성되어 있고 각 단계별 과업을 제시함

〈표 10-3〉 슈퍼비전 주요 종합 단계

단계	주요 과업들	

준비	• 조직차원의 준비
	  슈퍼비전 규정 및 지침 마련
	  슈퍼비전 교육의 체계화·공식화
	  연간 슈퍼비전 계획수립
		• 슈퍼바이저와 슈퍼바이지의 준비
		  슈퍼비전 필수교육 이수
		  슈퍼비전 지침의 명확한 이해
		  슈퍼비전 관계성을 위한 준비

시작	• 물리적 환경조성 • 라포형성/긴장 해소 노력 • 교육적 사정과 욕구수렴, 결과 논의 • 슈퍼비전 구조화	• 슈퍼비전 계획수립: 계획서 작성 논의, 개별 및 집단 슈퍼비전 계획서 작성 • 슈퍼비전을 위한 동의와 계약

단계	주요 과업들
실행	• 슈퍼비전 의제 선정 • 주요 업무 점검 및 슈퍼비전 계획서에 따른 월별 슈퍼비전 내용 진행 • 슈퍼비전 과제 확인 및 논의 • 슈퍼비전 계획서에 따른 회기별 진행 • 슈퍼비전 기능·유형별 실행 • 발달단계에 따른 슈퍼비전 및 고려사항 • 슈퍼비전 기록 및 슈퍼비전 진행에 대한 모니터링과 중간평가
종결	• 슈퍼비전평가를 위한 준비 • 슈퍼바이저와 슈퍼바이지의 준비 • 슈퍼바이지평가 • 슈퍼비전 목표달성도 평가 및 개선방안 모색 • 슈퍼비전 만족도평가 • 슈퍼바이저평가 • 슈퍼비전 목표달성도평가 및 개선방안 모색 • 슈퍼바이저 슈퍼비전 만족도평가 • 슈퍼비전 체계 및 실행평가 • 조직차원의 슈퍼비전 성과평가 및 추후 방향성 논의

출처: 최원희, 2019: 197~198.

(3) 슈퍼비전의 과정

① 준비 단계

- 조직차원의 준비: 조직차원의 준비는 어떤 일을 할 수 있는 기회를 만들어 주거나 자리를 마련해 주는 것으로써 슈퍼비전 실행의 시작점이라고 할 수 있다(최연선, 2017: 8~9).
  - 슈퍼비전 담당자 지정: 슈퍼비전이 기관차원에서 운영, 관리해야 할 책임영역임을 확고히 하기 위해 슈퍼비전 전체를 총괄하여 담당할 수 있는 직원을 지정한다.
  - 슈퍼비전 규정 및 지침 마련: 기관의 슈퍼비전 규정 및 지침을 제정 혹은 개정하는 과정을 통하여 기관이 추구하고자 하는 슈퍼비전의 방향성과 운영방법을 구체화 할 수 있다.
  - 슈퍼비전 교육의 체계화, 공식화: 슈퍼바이저 또는 슈퍼바이지 역량교육 등 조직 내부와 외부교육 등을 적극적으로 제공하고 참여하도록 공식화 할 수 있다.
  - 기관의 연간 슈퍼비전 계획 작성: 슈퍼비전 담당직원이 기관 전체의 슈퍼비전 연간 계획서를 작성하고 실행하도록 안내한다.
- 슈퍼바이저와 슈퍼바이지의 준비: 개인별 연간 슈퍼비전 계획을 수립하기 위해 규정과 지침에 대한 명확한 이해가 선행되어야 하며 슈퍼비전의

기초교육이 요구된다(최연선, 2017: 9).

■ 개별 연간계획 수립: 슈퍼바이지는 개인별 슈퍼비전 연간계획서를 작성한다. 슈퍼바이저는 슈퍼바이지들을 위한 집단 슈퍼비전 연간계획을 수립한다(최연선, 2017: 9).

■ 필수교육이수: 슈퍼바이저와 슈퍼바이지는 슈퍼비전의 개념, 필요성과 태도, 단계 및 모델 이해, 서식 작성법 등 슈퍼비전에 대한 기본적인 교육을 이수할 수 있다(최연선, 2017: 9).

■ 슈퍼비전 지침의 명확한 이해: 슈퍼비전은 조직 내에서 이루어지는 공식적 절차이기 때문에 기관 내부의 슈퍼비전 지침을 명확히 이해해야 한다(최연선, 2017: 9).

■ 슈퍼비전 욕구 확인 및 내용 개발: 슈퍼바이지는 자신의 슈퍼비전 욕구를 탐색하고, 슈퍼바이저는 슈퍼바이지의 욕구를 확인하고 이를 슈퍼비전에 적용할 내용 및 방법을 준비해야 한다(최연선, 2017: 10).

■ 슈퍼비전 관계성을 위한 준비: 슈퍼바이저는 자기 자신 및 슈퍼바이지의 문화적 배경(가치, 경험, 습관, 취미)과 학습 스타일 등을 이해하고 공유함으로써 슈퍼바이지가 있어야만 하는 곳이 아닌 '슈퍼바이지가 있는 그곳'에서 출발해야 한다(최연선, 2017: 10).

■ 연간 슈퍼비전 운영계획서 작성

◎ **연간 슈퍼비전 운영계획서 예시**

1. 목적
○○종합사회복지관 슈퍼비전 지침에 의거하여 기관의 슈퍼비전을 효과적으로 운영하는 것을 그 목적으로 한다.

2. 목표
1) 슈퍼비전 실행과정에 슈퍼비전 지침이 일관되게 적용되도록 한다.
2) 체계적이며 효율적인 슈퍼비전 운영을 도모하고 발전방안을 모색한다.
3) 슈퍼비전에 필요한 교육을 실시하여 슈퍼비전 역량을 강화한다.

3. 슈퍼비전 운영개요

세부내용 \ 일정	1월	2월	3월	4월	5월	6월	7월	8월	9월	10월	11월	12월
연간운영계획서 제출 및 승인	○	○										○

	1	2	3	4	5	6	7	8	9	10	11	12
개인별 연간슈퍼비전계획서 제출(외부/집단 포함)	○	○										○
슈퍼비전 교육훈련계획 수립			○									
개별 슈퍼비전 실행 (연 10회 이상)	○	○	○	○	○	○	○	○	○	○	○	○
집단 슈퍼비전 실행 (연 20회 이상)	○	○	○	○	○	○	○	○	○	○	○	○
외부슈퍼비전 실행 (연 2회 이상)	○						○					
슈퍼바이저 교육 실시					○	○			○			
슈퍼바이지 교육 실시			○							○		
반기별 슈퍼비전 보고						○						○
개인별 평가												○
조직관리(슈퍼비전 체계) 평가	○										○	

1) 추진일정: 20XX년 1월~12월
2) 슈퍼비전 대상 직원 수: 총 32명
3) 슈퍼바이저 수: 7명
4) 슈퍼바이지 수: 25명

4. 슈퍼비전 기본 구조

슈퍼바이저			슈퍼바이지				유형	연간 횟수	비고
성명	소속	직책	번호	성명	소속	직책			
○○○	복지관	관장	1	○○○	복지관	부장	개별	12	
							집단	24	
			2	○○○	부속시설	시설장	개별	12	
							집단	24	
			3	○○○	부속시설	시설장	개별	12	
							집단	24	
○○○	복지관 사회복지 사업부장	팀장	1	○○○	사례관리팀	팀장	개별	12	
							집단	24	
			2	○○○	서비스제공팀	팀장	개별	12	
							집단	24	

			3	○○○	지역조직화팀	팀장	개별	12
							집단	24
○○○	복지관 지역 조직화 사업팀	팀장	1	○○○	지역조직화팀	선임사회복지사	개별	12
							집단	48
			2	○○○		사회복지사	개별	12
							집단	48
			3	○○○		사회복지사	개별	12
							집단	48

* 출산휴가 및 육아휴직 계획에 따라 변동될 수 있음

5. 슈퍼비전 교육훈련

구분	내용	시행시기	대상	비고
슈퍼바이저 교육	심화교육(1)	5월	팀장급 슈퍼바이저	
	심화교육(2)	6월	부장급 슈퍼바이저	
	슈퍼비전 사례공유	9월	전체 슈퍼바이저	
슈퍼바이지 교육	지침공통교육	4월/10월	전체 슈퍼바이지	2회 중 최소 1회 참여

* 슈퍼비전 교육훈련은 총무팀에서 주관함.
* 상기 계획은 기존의 직급별 교육이나 직무교육에 포함되거나 대체될 수 있음

출처: 최연선, 2017: 14~15

② 시작단계: 슈퍼바이지의 직무역량과 학습능력을 사정하고 슈퍼바이지의 욕구를 수렴하며 그에 따라 슈퍼비전 계획을 수립하고 계약을 실시하는 과정이다(최연선, 2017: 28).

■ 슈퍼비전 계획을 위한 슈퍼바이지 교육적 사정과 논의
  • 교육적 사정의 일반적인 요소 및 기관차원의 사정영역을 확인
  • 다양한 사정 도구들을 활용한 슈퍼바이지 교육적 사정이 필요
  • 교육적 사정결과 및 슈퍼비전에 대한 욕구 확인
■ 슈퍼비전 계획서 작성과 계약(합의)
  • 개별(집단)슈퍼비전 계획서 작성
  • 최종 계획수립 확인 및 합의
③ 실행단계: 슈퍼바이저의 직무수행을 점검 및 관리하고, 직무에 대한 느낌에 대해 슈퍼바이저와 슈퍼바이지가 서로 나누는 시간을 가지며, 사회복지실

천과 관련된 가치, 지식, 기술 등의 문제에 대해 토론을 진행한다(최연선, 2017: 62).

■ 실행단계의 핵심기술(안정선, 2019: 206~208)

- 조율기술: 문제를 피하지 않고 직면하며 이 과정을 통해 상호신뢰와 효과적인 의사소통을 하게 된다.
- 계약기술: 각 슈퍼비전 시에 슈퍼비전 내용을 결정하고 합의할 수도 있다. 권위를 주장하는 것보다 경청을 하는 것이 중요한 점으로 볼 수 있다.
- 구체화기술: 슈퍼바이지가 관심 있는 내용에 대해 충분히 경청하고 감정교류를 진행 후 슈퍼바이지가 직면한 문제를 더 구체적으로 이해하기 위해 5W1H(언제, 어디서, 누가, 무엇을, 누구를 위해, 어떻게) 질문방법을 통해 질문한다.
- 감정이입 기술: 슈퍼바이지의 감정을 공감하는 것이 필요하며 직면한 상황을 마지막을 정리하여 감정이입 기술을 통해 슈퍼바이지는 수용받는 느낌과 안도감을 가질 수 있다.
- 감정을 나누는 기술: 슈퍼바이저의 감정을 나누며 따뜻한 인간임을 보여줄 수 있다.
- 요구기술: 효율적 서비스 제공을 위해 종결에 대한 자세파악을 위해 구체적인 질문을 해야 하며 슈퍼바이저는 슈퍼바이지의 실행과정을 모니터링 해야 한다.
- 장애물을 지적하는 기술: 개인적인 어려움이 있을 수 있음을 인식해야 하나 슈퍼바이지의 개인적 성격이나 성향보다는 업무수행 자체를 강조해야 한다.
- 회기 종결 기술: 각 회기를 마무리하는 기술로 슈퍼비전 시간을 통해 논의 된 내용을 요약할 수 있다. 또한 슈퍼비전 중에 합의한 목표를 성취하기 위해 필요한 다음 단계가 무엇인지 설명해야 한다.

■ 실행단계에서 슈퍼바이저가 고려할 사항

- 슈퍼비전에서 다룰 주제 선정
- 월별 주요 직무 점검 및 슈퍼비전 계획서에 따른 월별 슈퍼비전 내용 진행
- 지난 슈퍼비전 과제 확인 및 논의

- 슈퍼비전 계획서에 따른 회기별 슈퍼비전 내용 진행
- 슈퍼바이지 발달단계에 따른 슈퍼비전 진행
- 슈퍼비전에 대한 기록 작성
- 슈퍼비전 진행에 대한 모니터링 및 중간평가

④ 종결단계: 슈퍼비전 평가는 슈퍼바이저와 슈퍼바이지에게 평가과정을 통해 달성한 것과 강점을 논의하게 하고, 지속적인 실천 및 직무수행을 위한 발전적인 대안을 마련하게 하는 등 직원들의 전문성 향상과 기관의 책무성 실현이라는 목적을 달성할 수 있게 한다(최연선, 2017: 80).

- ■ 슈퍼비전 평가를 위한 준비 및 논의
  - 슈퍼바이지 평가: 슈퍼비전 목표달성도 및 개선방안 모색, 슈퍼비전 만족도
  - 슈퍼바이저 평가: 슈퍼비전 목표달성도 및 개선방안 모색, 관련보고서 취합
  - 슈퍼비전 체계 및 실행평가: 기관차원의 슈퍼비전 성과평가 및 차후 방향성 논의
- ■ 슈퍼비전 평가서 작성
  - (개별/집단) 슈퍼비전 평가서 작성
  - 슈퍼비전 만족도 설문지 작성
  - 슈퍼비전 보고서 작성
  - 연간 슈퍼비전 운영평가 보고서 작성

📌 연간 슈퍼비전 운영평가 보고서 예시

1.~3.은 운용 계획서와 동일

4. 슈퍼비전 기본 구조
  1) 슈퍼비전 관계도
  2) 슈퍼비전 유형별 횟수(결과)

슈퍼바이저			슈퍼바이지				유형	연간 횟수	비고
성명	소속	직책	번호	성명	소속	직책			
○○○	복지관	관장	1	○○○	복지관	부장	개별	12	
							집단	24	
			2	○○○	부속시설	시설장	개별	12	
							집단	24	
			3	○○○	부속시설	시설장	개별	12	신규시설 3 개월간 주 1 회씩 개별 슈 퍼비전 실시
							집단	24	
○○○	복지관 사회복 지 사업부 장	팀장	1	○○○	사례관리 팀	팀장	개별	12	
							집단	36	
			2	○○○	서비스제 공팀	팀장	개별	12	
							집단	36	
			3	○○○	지역조직 화팀	팀장	개별	12	
							집단	36	
○○○	복지관 지역 조직화 사업팀	팀장	1	○○○		선임사회복 지사	개별	12	
							집단	48	
			2	○○○	지역조직 화팀	사회복지사	개별	12	
							집단	48	
			3	○○○		사회복지사	개별	12	신규직원 3 개월간 주 1 회씩 개별 슈 퍼비전 실시
							집단	48	

* 슈퍼비전의 연간계획에 따라 직무수행에 필요한 지식과 기술이 지원된다는 기대감에 슈퍼바이지들은 자신의 일을 하다가 어려울 때나 막막할 때 많은 도움이 되었다는 피드백, 정기적 슈퍼비전을 통해 직무의 명확화, 지지와 격려로 직무만족도 상승
* 개별 슈퍼비전은 월 1회씩 총 12회 진행, 집단 슈퍼비전은 월 2회 이상 총 24회 이상

진행
  * 연간 의무 횟수에 따른 실행횟수와 달성도를 평가, 서식에 달성도 칸을 만들어 기록 가능
  * 사회복지직 이외의 사무직이나 관리직의 경우는 격월로 개별 슈퍼비전 진행
  * 신규중간관리자와 신입직원은 3개월간 주 1회씩 개별 슈퍼비전 실시

5. 슈퍼비전 교육 훈련 평가
  1) 기관 전체 직원을 대상으로 한 슈퍼비전 관련 교육이 내부교육 5회(슈퍼바이저교육 3회, 슈퍼바이지교육 2회), 외부교육 2회로 계획대로 진행됨, 외부교육도 슈퍼바이저교육 1회, 슈퍼바이지교육 1회로 진행
  2) 슈퍼바이저와 슈퍼바이지의 역량강화를 위해 슈퍼바이저와 슈퍼바이지의 교육을 각각 실시
  3) 직원들의 욕구를 반영한 교육 훈련을 통해 실질적으로 사회복지사의 역량강화, 직무성과의 달성, 나아가 클라이언트를 위한 서비스 질 향상이라는 궁극적인 슈퍼비전의 목적 달성
  4) 슈퍼바이지 역량강화를 위한 외부교육 참여를 통해 슈퍼바이지로서의 지식과 기술, 가치 및 태도영역에 대한 점검을 할 수 있는 기회 마련
  5) 신규중간관리자와 신입직원에게 3개월간 주 1회씩 개별 슈퍼비전을 실시함으로써 기관의 슈퍼비전 지침을 준수하여 수용적이고 협력적인 태도로 슈퍼비전에 임하도록 하고 슈퍼바이저와 슈퍼바이지로서의 역할과 책임을 가지게 함.

6. 연간 슈퍼비전 만족도 평가(설문분석 결과)

만족도(부서별)			만족도(직종별)			만족도(근무기간별)		
부서	평균	총인원	직종	평균	총인원	근무기간	평균	총인원
○○○○	4.25	0	사회복지직	4.36	0	1년 미만	4.51	0
△△△△	4.37	0	유아교사	4.39	0	2년~5년 미만	4.13	0
□□□□	4.15	0	사무직	3.89	0	5년~10년 미만	4.20	0
◎◎◎◎	3.72	0	관리직	4.15	0	10년~15년 미만	4.31	0
☆☆☆☆	4.11	0			0	15년 이상	4.21	0

  * 부서별 슈퍼비전에 대한 만족도가 가장 높은 부서는 △△△△팀, ○○○○팀, □□□□팀 순으로 나타남. 직종별로는 △△△△, ○○○○, ◎◎◎◎순으로 슈퍼비전에 대한 만족도가 높았으며, 근무기간별로는 1년 미만 근무한 직원들의 만족도가 4.51점으로 가장 높게 나타남. 반면에 2~5년 미만 근무한 직원들이 4.13으로 낮게 나타남.
  * 부서별 만족도가 낮은 ◎◎◎◎팀에서는 슈퍼비전 시간대를 오후 4시 이전으로 조정해줄 것과 슈퍼비전 기록지 작성이 너무 어려워 간략형으로 작성할 수 있도록 요청

* 2~5년 미만 직원들의 슈퍼비전 만족도를 높이기 위해 내년에는 예비슈퍼바이저 교육을 실시하여 슈퍼비전에 대한 이해도를 높이고, 예비슈퍼바이저로서의 지식, 기술, 가치 및 태도 역량을 키우도록 기회 마련

7. 슈퍼비전을 통한 효과성

1) 직무에 대한 세밀한 점검, 계획서 작성할 때 막막해서 하기 힘들었던 부분을 개별 슈퍼비전을 통해 구체화 가능
2) 정기적 슈퍼비전을 통해 업무의 명확화, 지지와 격려를 통해 직무만족도 상승
3) 직무를 넓게 보고 다양하게 보는 관점 형성, 상호신뢰관계 향상 및 소진 예방
4) 집단 슈퍼비전을 통해 부족하거나 미흡한 직무에 대한 보완 가능
5) 슈퍼비전으로 기관리더십의 방향과 일치할 수 있는 기회, 좀 더 진취적인 의견교환의 기회
6) 슈퍼비전을 통한 자기성장이 개인의 삶에도 영향을 끼쳐 만족, 상호 신뢰관계
7) 기관의 가치와 사명에 대한 슈퍼비전을 통해 개인의 성장의 기회 마련
8) 담당 직무(프로그램)에 대한 방향성 공유 및 기본업무에 대한 일정조율로 업무의 효율화
9) 중간관리자로서 책임과 역할을 함께 공유 및 의사소통의 통로로 슈퍼바이지와의 관계 발전
10) 슈퍼비전에 대해 준비하게 됨으로써 본인의 업무에 대한 방향성 정립
11) 서로 격려 및 긍정적 지지, 혼자 고민하던 고민을 줄임으로써 시간과 에너지 소모가 감소
12) 장단점을 파악하게 되고 보완하기 위해 노력하는 기회를 제공 및 현장감 있는 외부 자문교수의 슈퍼비전 시간을 통해 자기성찰의 시간과 성장의 계기 마련
13) 근무환경의 어려움이나 인간관계의 어려움에 대한 의논을 통해 문제해결 및 스트레스를 해소
14) 자기성찰의 기회와 역량을 인식하고 발전할 수 있는 기회 제공

8. 슈퍼비전 운영체계 문제점 및 개선방안

1) 시간부족으로 다양한 슈퍼비전 방법을 동원하지 못함
2) 시간의 부족 혹은 슈퍼바이지의 수가 너무 많음으로 인해 슈퍼비전의 질이 떨어지고 부담감 발생
3) 신입직원에 대한 슈퍼비전 진행은 기존 직원들과 차별화 전략 필요
4) 타 기관 경력이 많은 중간관리자가 새로 들어온 경우, 본 기관 경력의 슈퍼바이지와의 갈등을 해결하기 위해 신임 중간관리자로서의 자아인식 및 신임 슈퍼바이저로서의 교육 참여 후 피드백 필요
5) 부서별, 직급과 직종별, 근무기간에 따라 슈퍼비전 이해도와 만족도가 다르므로 슈퍼비전 교육에 대한 차별화 필요
6) 개인면담으로 흐르는 경향
7) 슈퍼바이저, 슈퍼바이지와의 관계가 불편할 때 슈퍼비전이 공정하지 않게 느껴짐
8) 신입직원이 포함된 경우 집단 슈퍼비전에서의 어려움: 신입직원이 슈퍼비전에 대한 이해도가 떨어지므로 기본 교육이수 및 피드백이 필요함

출처: 최연선, 2017: 110~116

2. 슈퍼비전의 기법

1) 슈퍼비전 기법

(1) 사례회의 및 사례발표

① 사례발표 방법: 지침을 바탕으로 슈퍼바이지의 불안을 감소시킨다(안정선, 2019: 217).

- 슈퍼바이저가 먼저 사례를 발표하며 슈퍼바이지에게 발표사례를 준비할 시간을 주어야 한다.
- 발표는 기록 자료나 시청각 자료에 근거해야 하며 대답되어야 할 질문들에 기초를 두고 구성되어야 한다.
- 발표는 조직화되어야 하고 초점이 있어야 한다.
- 발표는 클라이언트의 역학에서 사회복지사의 역학으로 옮겨야 한다.
- 사례발표에서 일어나는 주의산만 요인(짧은 시간 여러 사례 발표, 관련 사례보다 특정 문제를 발표, 단일 사례에서 추가 문제들을 발표, 토론 중에 사례 역학에 앞서 슈퍼바이지의 역학을 다루는 것, 슈퍼바이지의 역량을 넘어서는 개입 기대)에 유의하며 토론을 진행한다(안정선, 2019: 217~218).

② 사례질문기법(지침)

- 질문은 실제로 슈퍼바이저에게 일반적이면서도 구체적으로 답변을 이끌어야 한다.
- 슈퍼바이저는 상호 합의된 응답이 나올 때까지 되풀이해서 질문하고 말을 바꾸어 가며 질문한다.
- 슈퍼바이저가 슈퍼바이지에게 개입결정을 하기 위한 충분한 사례 지식이 있는 지에 대해 확신할 수 없을 때에는 일반적 질문에서 구체적 질문으로 옮길 필요가 있다(안정선, 2019: 218~219).
- 일반적 질문이 사례를 통한 지식임을 확신할 수 있을 때 슈퍼바이저는 개입전략을 통한 질문을 할 수 있다(안정선, 2019: 218~219).
- 질문은 슈퍼바이지가 현재 지식과 더불어 잠재적인 지식까지 분명하게 말할 수 있도록 돕는 기법을 사용한다(안정선, 2019: 218~219).
- 진단적 이해에 관련한 질문은 개입전략과 기법들에 관한 질문보다 더욱 구체적이어야 한다.

■ 질문은 알기 쉽고, 분명하고, 간결해야 한다.

(2) 보조진행 및 참관

보조진행은 슈퍼바이저와 슈퍼바이지가 개별, 가족, 집단이나 혹은 프로젝트 업무를 함께하는 것을 말한다. 단지, 관찰이나 참여 관찰의 수준이 아니라 슈퍼바이저와 슈퍼바이지가 사정, 계획, 실행, 평가의 일련의 과정을 능동적으로 함께 진행하는 것이다. 이 방법은 '자기보고'의 단점을 보완할 수 있고, 가장 정확한 정보를 볼 수 있게 해주며 슈퍼바이지에게 흥미로운 실제적인 경험을 제공한다(안정선, 2019: 220).

(3) 녹음과 녹화: 음성 및 영상기록

구술이나 기록을 할 때 나타날 수 있는 누락이나 왜곡을 방지할 수 있다. 녹화는 슈퍼바이저 입장에서 슈퍼바이지의 기술을 직접 관찰이 가능하며 여러 번 돌려서 확인할 수 있는 장점이 있다. 그러나 슈퍼비전 준비를 위해 많은 시간이 소요된다는 단점이 있다(안정선, 2019: 220~221).

(4) 역할극 및 사전시연

① 역할극

다양한 시나리오를 사용하여 슈퍼비전을 제공하며 집단 슈퍼비전에서 사용하기 적절한 방법이다. 역할극은 앞으로의 상황이나 과거의 상황 모두 적용할 수 있다. 슈퍼바이저와 슈퍼바이지가 이미 진행했거나 앞으로 해야 할 면담의 일부분을 연습하고자 할 때 역할극을 실시한다(안정선, 2019: 221).

② 사전시연

리허설의 방법이며, 주로 개별상담이나 집단활동을 실행하기 전에 슈퍼바이저 앞에서 사전에 계획된 활동을 시연하고 피드백을 받는다(안정선, 2019: 221).

(5) 모델링과 기법전수

① 모델링

슈퍼바이저의 행동을 통해서 슈퍼바이지를 가르치는 방법으로 슈퍼비전과정 전반을 걸쳐 이루어진다. 또한 모델링은 슈퍼바이지로 하여금 슈퍼바이저나 다른 사회복지사들의 업무현장을 관찰할 수 있는 기회를 갖게 해줌으로써 말로 설명하는 것보다 학습에 적절한 실마리를 제공하고 쉽게 모방하도록 돕는 방법이다(안정선, 2019: 222).

② 기법전수

슈퍼바이저가 실천현장에서 활용되는 주요 기법이나 슈퍼바이저가 자신 있게 사용할 수 있는 실천기법들을 직접 시연하고 훈련을 통해 전수하는 것이다. 기법전수를 위한 특정한 회기와 빈도를 정하고 계획적으로 진행될 때 효과적인 학습의 기회가 될 수 있다(안정선, 2019: 222).

(6) 서면기록과 검토

기관에서 사용하고 있는 각종 양식들은 물론이고 실천 전반에 대한 과정기록을 주로 활용한다. 과정기록은 슈퍼바이지와 클라이언트 간의 역동적인 상호작용에 대하여 시간의 흐름에 따라 서술한 것이다. 즉, 사정, 목적, 개입 전략을 포함하여 슈퍼바이지의 개입에 대한 개념화를 기록한 것이다(안정선, 2019: 222~223).

(7) 과제 및 확인

슈퍼비전 회기에서 보조적인 방법으로 필요한 자료를 검토하거나 책을 읽게 하거나 관련 주제의 영화나 영상기록을 보게 하는 것 등이 해당된다. 과제를 부여하기 위해서는 슈퍼바이지의 당면한 어려움이나 과업에 관련된 주요 동향 등에 관한 정보를 슈퍼바이저가 파악하고 있어야 한다(안정선, 2019: 223).

(8) 코칭

인적자원의 개발방법 중 하나로 경영학, 교육학, 체육학 등의 분야에서 널리 활용된 방법이다. 코칭은 슈퍼바이지가 처해 있는 문제 상황에 대해 점검하고 이를 구체적으로 해결할 수 있도록 슈퍼바이지의 학습을 촉진하는 기법이다(안정선, 2019: 223~224).

(9) 컴퓨터 및 온라인 활용

슈퍼바이저는 슈퍼바이지의 실천을 관찰실에서 관찰하면서 모니터를 통해 슈퍼바이지가 볼 수 있도록 컴퓨터를 활용하여 피드백을 제공한다. 또한 온라인 슈퍼비전은 인터넷을 활용하여 원거리에 있는 슈퍼바이지에게 슈퍼비전을 제공하는 방법이다. 이러한 방법으로는 전자우편, 화상회의, 채팅 등이 활용된다(안정선, 2019: 224~225).

(10) 동시적 슈퍼비전

슈퍼바이저가 슈퍼바이지의 실천활동을 직접 관찰하거나, 일방경이나 비디오 모니터를 통하여 관찰하면서 슈퍼비전을 제공한다. 즉, 슈퍼비전 회기가 진행되는 동안에 직접적으로 또는 전화나 이어폰을 통해서 슈퍼비전을 제공한다. 클라이언트의 문제가 매우 복잡하거나 즉각적인 치료적 개입이 필요해서 전화로 전달하기에 무리가 있을 때에는 슈퍼바이저가 면담장소에 직접 들어가서 슈퍼비전을 제공하기도 한다(안정선, 2019: 225).

사회복지 자원개발과 리더십

1. 자기관리와 사회복지서비스 한계

1) 자기관리와 복지경영

(1) 자기관리

인생을 성공하기 위해서는 지속적인 자기관리가 중요하다. 자기관리는 수립된 목표에 도달하는 방법을 계획하고 그 과정을 점검함으로써 수립된 목표에 효과적으로 도달하도록 하는 자기 주도 능력이다. 자기 지시는 자기 결정력 또는 자기관리라는 용어와 비슷한 의미로 사용된다. 선택하기, 결정하기, 일정표에 맞게 행동하기, 개인의 흥미에 맞는 행동하기, 부여된 과제 완결하기, 필요한 도움 요청하기, 익숙한 문제 해결하기, 적절한 자기주장과 자기 옹호, 자기 강화 등은 자기 지시와 관련된 활동이다.

경영의 아버지로 불리는 피터 드러커(Peter F. Drucker)[1]는 지식 중심 경제에서의 성공은 자기 자신을 잘 아는 사람들에게 온다고 했다. 즉, 자신이 소유한 강점과 가치관 그리고 일을 최선으로 수행할 수 있는 방법을 스스로 아는 것이 필요하다. 나폴레옹·다빈치·모차르트 같은 역사적으로 위대한 성취자들은 부지런히 자

---

[1] 피터 퍼디낸드 드러커(Peter Ferdinand Drucker, 1909년 11월 19일~ 2005년 11월 11일)는 오스트리아 출신의 미국의 작가이자 경영학자로, 스스로는 "사회생태학자(social ecologist)" 라고 불렀다.

기자신을 관리해 왔다.

(2) 프로페셔널의 조건

피터 드러커는 자신의 책 『프로페셔널의 조건』에서 자신의 인생을 바꾼 7가지의 지적 경험을 제시한다. ① 목표와 비전을 가져라. ② 신(神)들이 보고 있다. ③ 끊임없이 새로운 주제를 공부하라. 새로운 주제는 새로운 시각을 제공한다. 새로운 방법에 대해 개방적인 자세를 취하도록 해주었다. ④ 자신의 일을 정기적으로 검토하라. 지금보다 더 잘하도록 끊임없이 자신을 검토해야 한다. 완벽을 추구한다. ⑤ 새로운 일이 요구하는 것을 배워라. 그토록 유능했던 사람이 갑자기 무능해지는 이유는 새로운 일을 배우지 않기 때문이다. 시대는 변한다. 계속 배워야 한다. ⑥ 피드백 활동을 하라. 자신의 개선할 점을 안다는 것은 어떻게 발전하고 계발해야 하는가를 아는 것이다. 이것이 없으면 퇴보한다. ⑦ 어떤 사람으로 기억되기 바라는가? 자신이 스스로 질문하라. 세상의 변화에 맞추라. 사는 동안 다른 사람의 삶에 변화를 일으킬 수 있어야 한다.

다시 말하면 재능이나 업적 면에서 너무나 뛰어난 이들은 평범한 인간 존재의 영역 밖의 경우로 간주된다. 어느 정도의 타고난 재능을 가진 사람들까지를 포함해서 우리 대부분은 우리 자신을 관리하는 방법을 배워야 한다. 우리는 우리 자신을 발전시키기 위해서 배워야만 할 것이다.

(3) 피드백 분석

우리는 확신이 있고 큰 성공을 할 수 있는 분야에 우리 자신을 소속시켜야 한다. 사람들은 자신이 지닌 강점을 활용하면서 일한다. 사람들은 적성이 없는 취약한 분야에서 큰 성과를 쌓을 수 없다. 피드백 분석을 하게 되면 특정 행동을 위한 몇 가지 함축적 의미가 나온다.

첫째, 가장 중요한 것은 당신의 강점에 관심의 초점을 모으는 것이다. 당신의 강점이 결과를 만들어 낼 수 있는 부문을 시행하도록 해야 한다.

둘째, 당신의 강점을 증진할 수 있는 일을 해야 한다.

셋째, 당신의 지적 오만이 당신의 무지를 깨닫지 못하게 하는 원인이 된다는 것을 알아야 하며 이를 극복해야 한다. 많은 사람, 특히 한 분야에서 특별한 전문성을 가진 사람들은 다른 분야의 지식을 경멸하거나 명석함이 지식을 대체할 수 있다고 믿는다. 예를 들면, 일류 공학자들은 사람에 관해 아무것도 알지 못하는 점에서 자만심을 갖는 경향이 있다. 그들은 훌륭한 공학적 사고를 하기에는 인간이 너무나 무질서하다고 믿는다. 그러나 이와 대조적으로 인적자원에 대한 전문가들은 가끔 기초 회계학이나 수량적 방법 등에 대해 무지한 것을 자부하기도 한다. 그러나 이러한 무지에 대해 자만심을 갖는 것은 자기 자신을 패배시키는 것이다. 각자 모두의 강점을 충분히 발휘하는 데 필요한 기술과 지식을 얻는 것이 중요하다고 하겠다.

수려한 거목(巨木)도 아주 작은 씨앗에서 출발했다. 변화가 없는 인생은 '고여 있는 물'과 같다. 고인 물은 스스로 부패하여 결국에는 그 안에 아무것도 살 수 없게 된다. 결심이 무너졌다고 낙담하지 말고 또 다른 결심을 세우고 또 세우면서 마라톤 하듯이 달려가면 된다.

당신의 '오늘'을 특별한 '내일'로 만들어라. 남들이 가지 않는 길을 기꺼이 가라. 성공은 준비된 자만이 가질 수 있다. 세상에서 가장 아름다운 유혹은 '성공'이다. 생활의 변화란 나의 변화를 통해 인간관계의 폭을 개선해 나가는 것을 뜻한다. 남들과 섞이지 못하는 자기만의 변화는 또 다른 고립일 뿐이다. 살아가다 보면 누구에게나 기회는 온다. 그런데 그 기회를 잡을 준비가 되어 있지 않아 놓치는 일이 비일비재하다. 기회는 준비된 자에게만 선물꾸러미를 풀어 놓는다.

(4) 시간 활용의 기술

『스마일 데이즈』의 책에는 하루에 세 번 웃을 수 있다면 당신의 인생은 성공한 것이라는 메시지를 전하고 있다. 작은 실천이 삶의 질을 바꾼다. 성공과 실패를 가르는 중요한 요인은 시간 활용의 기술이다. 자기관리는 발전과 성장을 위해 절대적으로 필요한 조건이다. 지속적인 자기관리가 없다는 것은 곧 진화가 없다는 것으로 변화의 물결에 이끌려 버릴 수 있다(스즈키 도모코, 2005).

급변하는 변화의 시대에 급물살에 휩쓸리지 않기 위해서는 나만의 주체적인 목표설정이 중요하다. 삶의 중요한 목표설정은 변화의 시작이며 변화의 파고에 빠져들지 않고 피해갈 수 있을 것이다.

자기관리를 위하여 책을 읽은 것이 매우 필요하다고 본다. 사람마다 생각하는 목표나 현재 떠안고 있는 과제는 모두 제각각이다. 따라서 책을 읽을 때 중요하다고 여겨 밑줄을 긋는 부분이나, 불현듯 떠올라 여백에 메모하는 아이디어의 내용은 사람마다 당연히 다를 수밖에 없다. 그리고 그렇게 남겨놓은 각각의 흔적들은 그 사람만의 자산이 된다.

책을 읽지 않는 비즈니스맨은 훈련하지 않는 운동선수와 같다. 운동선수는

80%의 훈련을 통해 20%의 경기를 하는 데 반해, 비즈니스맨은 어떤 훈련을 몇 %나 하고 있을까? 자기계발 없는 비즈니스맨이 혹독한 경쟁 사회에서 성공하기는 어렵다. 비즈니스맨 대부분은 일이 너무 많아서 시간이 없고, 금전 여유가 없어서 독서와 자기계발을 하지 못한다고 말한다. 미국의 비즈니스맨들은 실로 책을 많이 읽는다. 이것은 '독서＝자기 투자'라는 사고방식이 철저하게 밑바탕에 깔려있는 까닭이다. 즉, 독서가 수입에 직결되는 것이다. 왜냐하면, 비즈니스 경쟁에서 살아남으려면 항상 새로운 아이디어나 정보를 도입할 필요가 있기 때문이다.

(5) 레버리지(leverage)

레버리지(leverage)란 '지렛대'의 움직임을 나타내는 말이다. '지렛대'를 이용하면 작은 힘으로도 무거운 물건을 쉽게 들어 올릴 수가 있다. 이러한 '지렛대의 원리'와 '부력의 원리'를 밝혀낸 고대 그리스의 과학자 아르키메데스는 "나에게 거대한 지렛대와 받침대를 주면 지구를 움직여 보이겠다."라는 명언을 남겼다. 지렛대의 원리를 이용하면 지구까지도 움직일 수 있다는 말이다. 자기관리와 함께 노력하며 지식을 준비하고 나아간다면 이 사회에 꼭 필요한 인물로서 보다 나은 복지경영을 이루어 나아가리라 본다.

2) 사회복지서비스 한계와 복지경영

(1) 공공부문과 민간부문

사회복지서비스의 제공과 관련하여 공공부문이나 민간부문 중 하나만 선택한다는 것은 한계가 많다. 논리적으로 비영리부문의 한계로 정부가 들어서면 다시 공공부문의 한계가 드러나게 되고, 그에 따라 다시 비영리부문으로 대체되면 이 부문의 한계가 드러나면서 공공부문으로 대체될 것이 요구될 것이므로 이 양 부문 간의 끝없는 상호 대체적인 관계가 지속될 것이다.

따라서 양 부문의 생산적 결합을 통하여 각 부문의 단점을 피하고 장점들을 결합하는 것이 바람직하다. 현실적으로 서구 유럽과 북미에서 복지국가위기론 이후 민간 비영리조직과 정부와의 협력 방식의 사회복지서비스 공급방안이 모색되고 있다.

(2) 복지국가의 위기상황

복지국가는 1970년대 경제불황과 더불어 위기론이 대두되게 되었다. 복지국가에 대한 비판은 1960년대부터 그 비용이 늘어가고, 영국 등의 국가에서 인플레이션의 문제를 겪게 되면서 서서히 그 목소리가 커지기 시작하였다. 복지국가에 대한 위기적 비판론이 제기된 것은 1970년대의 오일파동에 의한 경제불황을 기점으로 한다.

이와 같은 복지국가의 위기상황은 다음과 같은 요인들에 의해 영향을 받았다.

첫째, 완전고용정책과 지출보조정책은 인플레이션을 야기시키는 요인이 되었다. 이에 따라 혼합경제적 복지국가의 관리능력에 대한 의문이 제기되기 시작하였다.

둘째, 사회기능주의자들이 말하는 사회의 자기 자정 능력에 대한 회의가 일기 시작하였다. 복지가 산업화의 문제를 해결하기 위한 자연 발생적이고 필수적 제도라는 점에 있어서 비판이 제기되었다.

셋째, 케인스 이론과 같은 사회공학적 이론에 대한 불신이 제기되면서, 신자유주의에 대한 사회적 지지기반이 강화되었다. 정부가 복잡한 사회문제를 사회공학적으로 해결할 수 있을 것이라는 신뢰가 무너지기 시작하였다.

넷째, 빈곤과 소득 불평등의 재발견은 그동안의 복지국가에 대한 희망을 저버리게 하였다. 즉, 복지는 수평적 재배분만 이루어졌으며, 수직적 재배분은 많이 이루어지지 않았다.

복지국가와 관련한 비영리조직의 역할은 상반된 두 가치 측면이 있다. 하나는 신자유주의적 이념 하에서 국가개입의 최소화를 비영리조직의 활동을 통하여 이룩하려는 시장 중심적 시각이고, 또 다른 하나는 강화된 비영리조직의 역할을 국가정책의 실질적 정책대안으로 자리매김하려는 공동체 중심적 시각이다.

전자가 비영리조직을 신자유주의적 정책집행의 도구적 수준으로 치환한다면, 후자의 경우는 국가기능의 시민사회이양(citizen empowerment)을 추구한다.

신자유주의는 인간 개성의 자유로운 신장을 중시하는 자유주의의 전통적 이념을 유지하면서 고전적 자유주의의 원자론적, 방임적 개인주의의 문제를 극복하려는 사상적 경향이며, 19세기의 후반부터 영국을 비롯한 여러 나라에서 나타난 진보적 사상가 중에는 전통적 자유주의가 의존해 온 자연권의 사상, 사유재산권의 원칙, 경제적 자유, 무한적 경쟁, 최소정부의 이론, 원자론적 개인주의, 고전적 실증주의 등을 공격의 대상으로 삼는 움직임이 시작되었다. 그들은 한편으로 빈곤, 실업, 질병 등의 사회적 문제에 관한 관심을 높이고, 다른 한편으로 자유주의의 형식과 정신과 전통 그 자체에 매이지 않고 사회주의를 포함한 광범한 시대적 사상체계들을 종합하는 데 열중하였다.

신자유주의자들은 대개 사회를 방임적 자유를 허용해야 하는 원자적 개체들의 조직이라고 보기보다는 오히려 개체들의 자유로운 참여에 의해서 이루어진 유기체적 공동체로 보려고 한다. 개인의 존엄성은 개인이 고정된, 그리고 이미 결정된 실체이기 때문이 아니라, 문화적, 자연적 조건과 더불어 신장하면서 자신의 목적과 특성을 스스로 성취해 가는 존재이기 때문에 주어지는 것이다. 또한, 그들은 자유주의의 의미는 역사적 상대성을 지니고 있다고 생각한다. 개인이 어떤 개인이며 자유는 어떤 모습의 자유이냐의 질문에 대한 답은 시대에 따라서 다르다는 것이다. 듀이는 당대의 자유주의적 과제를 언급하면서 종전의 자유주의는 과거의 관습과 타성에 의존하던 것에서 탈피하는 데 역점을 두었으나, 신자유주의는 인간이 자신의 지력에 의해서 옛 습관, 관습, 제도, 신념을 새로운 현실적 조건에 연결시키는 데 역점을 두어야 한다고 하였다.

(3) 사회과학과 복지경영학

이제는 복지도 사회과학과 복지경영학의 시각에서 효율성과 효과성을 위하여 재정비하고 준비해 나아가야 할 것이다.

사회복지에서 경영학은 복지를 새로운 시각으로 보게 한다. 복지경영을 통하여 우리의 시각 전환이 매우 필요하다고 생각된다. 경영학은 개개인에게 능력의 한계가 있다는 것을 기본적 전제로 삼고 있다. 또한, 상황인식이나 물리적 행동능력에도 한계가 있음을 상정한다.

즉, 개인은 능력의 한계가 있고 목적을 달성하기 위해 최적의 행동을 취한다는 보장이 없다. 따라서 행동을 취할 수 있는 몇 가지 대체적 선택 가운데 하나를 택하는 의사결정을 하게 된다. 이 같은 의사결정을 하려면 시간과 에너지를 소비하게 된다.

경영학은 결국 이와 같은 의사결정을 중심으로 기업 활동을 이해하고 설명하려는 것이다. 사회복지는 이타적인 마음으로 나눔과 섬김의 사역이지만 미래의 복지는 '복지경영학'의 시각에서 과학적이고 체계적인 경영학의 이론과 실천에서 진행될 때 복지의 주체와 객체 모두 희망적인 복지로 나아 갈 것이라고 본다.

사회복지서비스 공급을 위하여 정부와 비영리조직의 협력 관계가 발생하는 것은 비영리조직이 영리조직과는 다르게 이윤추구를 목적으로 하지 않고, 정부와 마찬가지로 다수를 위한 공익을 추구하기 때문이다. 경영학은 자본주의 경제를 바탕으로 하는 일반적인 기업은 사적(私的) 영리를 목적으로 한 조직체이다.

경영학은 이와 같은 기업의 활동을 조직체의 활동으로 인정하고 그 행동을 분석한다는 데 특징이 있다. 그러나 공기업·공공사업단체·협동조합 등 영리를 목적으로 하지 않는 경제단체와 사회복지단체도 그들의 활동을 조직체의 활동으로 인정할 때에는 경영학의 연구대상이 된다.

이러한 연구대상과 관련해서 기업행동의 의사결정, 부서 간 및 외부 이해단체 간의 상호작용, 합리적 경영을 위한 제반 문제의 관찰과 분석 등 다양한 측면의 연구가 필요하다고 본다.

사회복지서비스에 대한 정보가 제대로 제공되지 않는 경우 이윤을 추구하지 않는 비영리조직이 영리조직보다는 상대적으로 더 나은 서비스를 제공할 것이라는 신뢰를 받게 된다.

따라서 영리조직보다는 비영리조직이 '복지국가의 위기' 이후로 시장과 국가 양자 실패의 결과로 남겨진 사회복지서비스를 전달하기에 더욱 적절한 존재로 간주하고, 사회복지서비스를 공급하는 데 있어서 정부와의 협력이 강조되는 것이다.

일반적인 사회복지는 매우 중요하게 강조되었던 이론들은 너무나 추상적이어서 가깝게 여겨지지 않는 것이 대부분이지만 '복지경영학'에서 본 복지는 그렇지 않았다. 물론 우리나라 현실을 생각한다면 아직은 먼 미래의 일 같지만, 사회복지가 앞으로 나아가야 할 방향성은 '복지경영'이라고 생각한다.

3) 커뮤니티와 복지경영

(1) 커뮤니티

'커뮤니티(지역사회)'란 지정학적 위치를 지속적으로 공유하고 친밀감을 느끼는 사람들의 집단이다. 그 커뮤니티 경계 내에서 사람들은 소속감과 친밀감을 느낀다. 하지만 그 구성원들이 인식하든 못 하든 그곳에는 빈곤, 질병, 갈등, 환경오염 등 여러 문제가 도사리고 있다. 지역사회에서 생기는 그와 같은 여러 가지 문제를 그 지역사회가 스스로 사업가적인 마인드로 접근해 해결하는 것이 바로 커뮤니티 비즈니스다. 즉, '커뮤니티' 자체도 비즈니스 사업체가 될 수 있고, 이는 기업의 경영 기법을 '우리 마을 문제해결'에 적용해보자는 것이다. 지역사회를 혁신하기 위해서는 그 지역사회 스스로 주체가 되어 지역주민에게 최종적인 혜택이 돌아가도록 지역사회 활동을 비즈니스 활동처럼 조직화해야 한다. 이를 위해 지역에 잠자고 있던 노동력, 원자재, 노하우, 기술 등의 자원을 활용해 비즈니스를 해나가며 지역 문제를 해결하고 이를 통해 지역 경제를 활성화하는 것이다. 지역사회를 단지 지역주민이 거주하는 공간으로 보는 데서 벗어나, 지역의 사회적·경제적 문제를 해결하는 비즈니스적인 조직체 일부로 인식하고 활용하는 것이 바로 커뮤니티 비즈니스다.

(2) 커뮤니티 비즈니스

'커뮤니티 비즈니스'란 커뮤니티(지역사회, 공동체 등)에 기반을 두고, 사회적 문제를 해결하기 위해 비즈니스 원리를 도입한 활동을 의미한다. 이러한 솔루션은 영국의 경우 이미 '커뮤니티 비즈니스' 과정을 거쳐 '사회적 기업' 형태로 진화하고 있으며, 일본에서는 자발적 주민영역의 마을 만들기 추진과 함께, 중앙정부 및 지자체의 '지역 활성화' 전략으로 채택되어 진행되어 오고 있다. 지역주민들이, 지역의 자원을 이용해, 지역의 과제들을 해결해 나가는 지속 가능한 사업 모델이 커뮤니티 비즈니스이다.

우리나라의 경우 아직 '마을 만들기'에 머물러 있으며, 강력한 리더십을 가진 마을 리더에 의해 일부 성과를 올리는 수준이다. 따라서 리더십을 지역주민들에게 분산하여 좀 더 많은 동기부여를 할 필요가 있으며, 지역자원에 대한 발굴을 통해 '자원→비즈니스→지역산업'의 프로세스로 발전될 수 있는 발전적 기틀을 준비해야 할 시점이다.

커뮤니티 비즈니스는 다양한 주체(지자체, 주민, 기업, 비영리단체)들이 거버넌스를 형성, 지역 통합과 발전적 관계를 만들어 가는 모형이다.

거버넌스는 '국가경영' 또는 '공공경영'이라고도 번역되며, 최근에는 행정을 '거버넌스'의 개념으로 보는 견해가 확산되어 가고 있다. 거버넌스의 개념은 신공공관리론(新公共管理論)에서 중요시되는 개념으로서 국가·정부의 통치기구 등의 조직체를 가리키는 'government'와 구별된다. 즉, 'governance'는 지역사회에서부터 국제사회에 이르기까지 여러 공공조직에 의한 행정서비스 공급체계의 복합적 기능에 중점을 두는 포괄적인 개념으로 파악될 수 있으며, 통치·지배라는 의미보다는 경영의 뉘앙스가 강하다. 거버넌스는 정부·준정부를 비롯하여 반관반민(半官

半民)·비영리·자원봉사 등의 조직이 수행하는 공공활동, 즉 공공서비스의 공급체계를 구성하는 다원적 조직체계 내지 조직 네트워크의 상호작용 패턴으로서 인간의 집단적 활동으로 파악할 수 있다. 반관반민은 정부와 민간이 공동으로 자본을 대어 회사나 시설, 단체 따위를 설립하고 경영하는 형태이다.

정책의 수립 이전에 우선, 지역별 특성 및 잠재력을 연구조사하는 작업이 필요하다. 본격적인 정책화 단계에서는 사회적 인지도의 향상으로서 인지도 향상을 위한 사회캠페인, 성공 사례집 작성, 우수모델의 전파, 지원 자금의 조성 및 운용, 기존 중소기업지원 시책을 참고(경영지도, 보조금 교부, 신용 보증 등의 정책)하고 사업활동 등에 관련된 정보공개 가이드라인의 책정, 자금공급자의 이해향상, 기초적인 투자와 융자 노하우 공유, 특색 있는 융자 방식에 대한 표창 및 소개 등이 있다.

그리고 인재의 육성과 중간지원기관의 육성, 강화, 전문적인 교육개설(고교, 대학, 대학원), 성공사업자 현장훈련 기회제공 등이 있으며, 구체적인 과제에 대한 검토와 해결을 모색할 수 있는 관계자들 간의 연대의 장 만들기가 있다. 사업전개의 지원으로서 경영, 유통, 포장 디자인 등 전문성이 필요한 영역의 지원과 컨설팅, 사업기반 강화를 위한 모니터링 등이 필요하다.

또한, 사업자의 사회성을 합리적으로 평가 가능한 지표의 개발이 필요하다. 영국에서는 CIC(Community Interest Company)법과 미국 민간 인증제도 등을 참고하여 기존 형태의 장단점과 구체적 니즈를 파악한 기획안을 마련하였다. 영국에서는 '사회적 기업'을 대상으로 한 커뮤니티 이익회사(CIC)가 2004년 창설되어 사회공익적 활동에 신용을 담보하는 시스템을 운영하고 있으며 첫째, 지역 자산의 활용을 통한 지역산업 만들기, 둘째, 새로운 고용 창출을 통한 지역 경제력의 향상, 셋째, 지역 과제에 기반을 둔 생활밀착형 서비스의 개발과 삶의 질 향상, 넷째, 주민의 자발적 참여와 협력에 의한 지역사회 통합 등이다. 특징으로는 커뮤니티 이익 테스트로서 활동의 공익성에 대해 Regulator가 판단(Regulator는 사회적 기업 등에 대한 전문가가 정부로부터 독립된 존재로 임명된다)한다.

우리나라의 지역 활성화 문제를 살펴보면, 지금까지 정부가 일방적으로 도와주었기 때문에 지역을 더욱 어렵게 만든 측면이 있다. 이제 그보다는 지역이 어떻게 스스로 자생 능력을 갖출 것인가에 주안점을 두어야 할 시점이다. 커뮤니티 비즈니스의 핵심은 지역주민들이 커뮤니티를 기업으로 인식하고 거기에 참여해 얻어낸 이익을 지역사회에 분배하는 것이다. 이를 통해 고용을 촉진하고 지역 경제를 활성화해 잘사는 마을을 만드는 것이다. 우리나라의 지역 사업이 진정한 커뮤니티 비즈니스가 되기 위해서는 사업의 차별화가 필요하다. 이를 위해서는 지역 주민이 지역의 한계를 극복할 수 있도록 외부와의 관계를 구축하는 한편 지역의 자연환경 등 생태적 자본의 확보와 육성이 필요하다. 즉, 국내 실정에 맞는 인적 네트워크 구축과 자연환경 활용 방법에 대한 정립이 필요하고 이를 바탕으로 국내 특성에 맞는 지역 기반 사업 모델의 개발이 선행되어야 하는 것이다.

국내에서 커뮤니티 비즈니스가 성공하기 위해서는 현재의 문제점을 극복하면서 외국의 사례에서 발견된 성공 요인을 우리 실정에 맞게 도입할 필요가 있다. 정부나 지자체의 정책 수립 입장에서 커뮤니티 비즈니스를 피상적이며 자신의 편의에 따라 이해하는 것은 매우 위험한 결과를 초래할 수 있다. 지역 활성화라는 본래의 취지를 저버리고 자치단체장의 표심을 의식한 전시성 행사로 전락하고만 많은 지역 축제를 여전히 반복할 뿐 다른 대안을 내놓지 못하고 있는 지자체들이 반드시 숙고해야 할 대목일 것이다. 앞으로의 복지경영은 더욱더 커뮤니티 중심의 복지활동을 평가하고 분석하여 비전을 제시하는 것이 필요하다.

2. 창조적 리더십과 복지경영

1) 창조 리더십

경영위기는 조직 내 유연성이 적절한 수준일 때 최소화된다. 성과 극대화만을 추구하는 기업은 유연성을 비효율과 낭비의 원인으로 간주하고 이를 과도하게 제거하려는 노력을 기울이는 경향이 있다.

위기감을 느낀 기업들은 과거 어느 때보다 리더십의 필요성을 절감하고 있다. 기업들은 리더십의 핵심요소로 '창조성(creativity)'을 꼽고 기업 내에 '창조 리더십'의 중요성을 제시하고 있다. CEO들은 증가하는 복잡성을 관리할 수 있는 리더십의 핵심요소로 창조성을 꼽았다.

창조 리더십은 기존 통념을 과감히 버리고 때론 과도할 만큼 독창적인 생각을 실행에 옮기는 능력이며 이 리더십은 용기와 개방적인 사고가 필수적이다. 기업 내에 조직원 전체가 창조 리더십을 기를 수 있는 기초를 마련해줘야 한다는 것이다. 결국, 기업가의 창조 리더십이란 창의적인 인재를 육성하는 능력이다.

창조적인 리더들은 기업 문화를 쉼 없이 개선하고 과거의 성공모델을 선별적으로 기억에서 지우며, 직원은 물론 고객, 외부 전문가와 함께 새로운 제품과 서비스를 만들어내고 있다. 인도 최대 은행인 스테이트뱅크오브인디아(State Bank of India, SBI)도 창조 리더십을 통해 두드러진 성과를 내고 있다. 인도 전역에 있는 2만 개의 지점을 통해 20만 명을 고용하고 있는 SBI는 인도 최대 은행답게 창조적인 인재도 넘쳐났다.

기업 내에 창조 리더십을 확산시키려면 소통을 막는 장벽을 부수고 창조적인 리더에 대한 보상을 확실히 해야 한다. 회사가 위기의식을 유지하는 것이 불가능하다면 종업원의 사기는 확실히 둔감해져 수익성 있는 회사를 만드는 데 중요한 요소를 놓치게 된다. 이 때문에 위기감을 체계적으로 유지하는 일은 기업경영에서 매우 중요한 요소이다.

사람들은 기본적으로 변화와 혁신을 싫어하기에, 변화를 위한 첫 번째 조치는 모든 직원이 위기의식을 공유하게 하는 것이라 한다. 위기가 눈앞에 닥쳐야만 비로소 사람들은 움직이기 시작하기 때문이다. 영국의 한 학교에서 있었던 일이다. 학기 초, '우수한' 아이들로 편성된 학급이 '우둔한' 학급으로, '우둔한' 학급은 '우수한' 학급으로 컴퓨터에 잘못 입력되는 일이 발생했다.

그로부터, 5개월이 지나고 나서야 학사관리가 잘못됐다는 사실을 발견하게 되었다. 당황한 학교 측은 컴퓨터의 오류에 대해 아무에게도 말하지 않은 채 학생들에게 다시 시험을 치르도록 했다. 그런데, 놀랍게도 원래 우수한 아이들의 성적이 크게 떨어졌다. 왜냐하면, 이들은 학기 내내 선생님들에 의해 열등하고 학습능력이 부족한 아이들로 여겨져 왔기 때문이었다. 하지만, 반대로 우둔한 학급의 점수는 크게 올라갔다. 그 이유는 선생님들이 학생들을 대단히 우수한 아이들로 여기고 교육하였고, 그들에 대한 긍정적인 기대감을 늘 표현했기 때문이었다. 위기의식은 그러므로 삶의 현장에서 많은 변화를 주고 있음을 볼 수 있다.

리더들에게 위기란 이제 더 낯선 단어가 아닐 것이다. 최근 들어 종잡을 수 없이 나타나는 경제의 난기류는 기나긴 경기침체와 더불어 리스크를 동반하고 있으므로 그 수위가 지난 수십 년 가운데 가장 위협적이다.

누구나 알 만한 브랜드나 기업이 하루아침에 속수무책으로 무너져 내리거나 아예 시장에서 사라져 버리는 경우는 이제 그리 놀랄 만한 일도 아니지만 격변기 속에서도 위기상황을 기회의 발판으로 더욱 굳건해지고 종래에는 업계의 리더로 부상하는 기업들도 볼 수 있다.

시장 경제에 불어 닥친 폭풍의 세기는 같은 상황인데도 모든 기업의 데미지는 똑같지만은 않은 것이다. 기업에 있어 생존이란 이제 그 어떤 요소보다도 최우선의 목표가 되어버렸다. 과연 더욱 가파른 경제시장에서도 살아남는 기업과 끝도 없이 추락하는 기업의 차이는 무엇일까?

호황이 있으면 불황도 있기 마련이다. 영원한 호황도 영원한 불황도 없다. 그저 사이클로 매번 반복될 뿐이다. 하지만, 똑같은 역사가 수도 없이 반복되는 걸 보면 사람들의 망각하는 기술도 가히 극강의 경지에 다다르게 된다.

금융위기를 겪은 기업들이라면, 다시 한번 위기경영에 대해서 고민해 봐야 할 테다. IMF를 겪으면서 기업의 현금흐름 관리능력이 얼마나 중요한지 배웠다면, 이번 금융위기를 통해 단순히 위기를 살아남아야 하는 문제로 인식할 게 아니라 더 높이 비상할 기회로 사는 지혜를 배웠어야 하는 게 아닌가 싶다.

2) 성공적인 전략

가장 성공적인 전략은 핵심사업을 강화하고 확장하도록 해주는 반복 가능성이 큰 모델에 기반을 둔 것들이었다. 반복 가능성이 큰 모델의 힘은 그 단순성에 있다. 이 모델은 모든 조직 구성원이 사업의 우선순위를 알고 핵심사업을 최대한 강력하게 만드는 기술과 역량을 확보하고 유지하는 것을 가능하게 한다. 따라서 이런 조직은 기회가 생겼을 때 빠르게 움직일 수 있다. 경기침체기에 이 전략이 매우 중요한 이유다.

수많은 비즈니스 리더들에게 위기란 이제 더는 낯선 단어가 아닐 것이다. 최근 들어 종잡을 수 없이 나타나는 경제의 난기류는 기나긴 경기침체와 더불어 리스크를 동반하고 있어서 그 수위가 지난 수십 년 가운데 가장 위협적이다. 누구나 알만한 브랜드나 기업이 하루아침에 속수무책으로 무너져 내리거나 아예 시장에서 사라져 버리는 경우는 이제 그리 놀랄 만한 일도 아니지만 격변기 속에서도 위기상황을 기회의 발판으로 더욱 굳건해지고 종래에는 업계의 리더로 부상하는 기업들도 볼 수 있었다.

CEO의 위기경영은 핵심적인 기업 활동을 위한 최적의 조건을 제시하기 위해 먼저 현재의 위치를 제대로 파악할 방법과 핵심사업의 재정립, 그리고 조직 강화와 성과 개선으로 위기 속에서 이제는 창조적 리더십으로 복지경영을 이루어야 할 것이다.

3. 사회복지적 리더십과 복지경영

1) 리더십의 정의

리더십(leadership)의 정의는 그동안 많은 연구가 진행되었음에도 아직 합의된 연구가 이루어지지 않고 있다. 일반적으로 리더십은 지휘력, 지도력, 영향력 등으로 불리고 있으며, 한 개인이 다른 구성원에게 이미 설정된 목표를 향해 정진하도록 영향력을 행사하는 과정으로 정의하고 있다. 그래서 리더십은 조직의 목표 관리원의 동기부여 및 목표설정 참여, 조직 구성원들의 지속적 행동유지 차원으로 이해해야 하며 모든 경영 활동은 리더의 효율적 리더십에 따른 구성원의 성공적 통합 여부에 달려있다고 하겠다. 리더십은 일정한 상황에서 구성원들이 목표를 달성할 수 있도록 영향력을 행사하는 과정이며, 그 영향력은 사람을 변화시키고, 새롭게 하며, 힘을 주고, 분발·고취시키는 행위를 말한다(김성철, 2007).

종합적으로 정리하면, 리더십이란 목표의 설정과 달성을 위하여 개인이나 집단에 영향을 미치는 과정이며, 과업수행집단의 활동을 지휘하고 조정하는 능력이고, 한 사람이 다른 사람에게 특정한 목표를 달성하게 하도록 동기화하는 행동이다. 이러한 리더십의 정의에는 두 가지 중요한 특징이 있다. ① 리더십은 조직체 성원들에 대한 권위, 혹은 권력의 위계적 관계이다. ② 리더와 성원 간의 협동적인 관계이다(김치영·최용민, 2006).

2) 리더십의 특성

리더십은 공식적 또는 비공식적 조직을 막론하고 인간관계에 있어 지대한 관심사로서 보는 관점에 따라 개념을 달리 규정하고 있다. 즉, 리더십은 모든 조직활동에 동기를 부여하고 촉진하여 다양한 집단활동을 일정한 목표로 향하도록 일체감을 조성하는 기능으로 볼 수 있다.

(1) 리더십 특성

① 리더십의 활동 중심은 개인이다.
② 리더십은 역동적 행위이다.
③ 리더십은 사람에게 영향력을 주기 위한 활동이다.
④ 리더십의 가장 중요한 요인은 영향력이다.

⑤ 리더십의 목표는 목적달성이다.

⑥ 리더십은 의도적이다.

(2) 리더십 목표

① 조직 및 집단목표의 선택

② 조직 및 집단 내외에서 발생하는 여러 가지 사건에 관한 해석

② 목표달성을 위한 업무 활동의 조직화 및 구성원의 동기 유발

④ 구성원들 간의 협동 관계 및 팀워크의 유지

⑤ 조직 및 집단하부로부터 지지와 협조의 도출이라고 할 수 있다(김치영·최용민, 2006).

따라서 리더십은 집단의 단합과 사기(morale)를 증대시키고 또한 집단구성원의 개별적인 발전을 촉진할 수 있도록 집단 내의 상호작용을 통제하는 것을 의미한다고 볼 수 있다. 이러한 관점에서 리더십은 관리자의 관리능력을 수행하는 데 절대적이며 필수적 요건이라 하겠다. 특히 발전목표를 달성하기 위하여 의식적인 변동을 가져오려는 과정에서는 집중적이고 의욕적이며 능숙한 내외관계의 관리가 필요하기 때문에 지도력 발휘는 지도자들의 중요한 역할이라 하겠다.

리더십이란 어떤 상황에서 목표달성을 위해 어떤 개인이 다른 개인, 집단의 행위에 영향력을 행사하는 과정이다.

리더십은 다른 사람들에 영향을 미쳐서 목표 성취를 위해 나아가게 할 수 있는 능력이다. 리더십을 이야기할 때 자주 등장하는 것이 리더와 매니저의 차이다. 일상적인 업무를 효율적으로 효과적으로 해낼 수 있도록 조정하며 조율하는 사람을 매니저라고는 하지만 리더라고 하지는 않는다. 리더는 단순히 조직을 관리하고 일상적 의사결정을 하는 사람을 뜻하지 않는다. '목표(goal)'를 향해 조직을 이끌어 갈 수 있는 사람, 조직의 목표를 명확히 해주며 구체적 동기 유발을 이끌어낼 수 있는 사람, 미래의 비전을 향해 방향을 잡아줄 수 있는 사람을 리더라고 한다.

리더십 이론에 있어서 베버(Weber)는 리더십을 리더가 권한을 어떻게 획득하고 실행하느냐에 있다고 보고 세 가지로 분류했다.

(3) 베버(Weber)의 리더십

첫째, 전통적 권한(traditional authority)의 리더인데 전통적인 윤리나 사회관습, 신분을 기초로 하는 권위를 행사하는 리더를 말한다. 원시사회나 근대화가 철저하지 못한 사회에서 나타나는 리더의 유형으로, 가부장적 색채가 짙다.

둘째, 카리스마적 권한(charismatic authority)의 리더인데 예언자나 영웅 등 어떤 개인의 탁월한 통솔력이나 인기에 토대를 둔 권위로써 전쟁 영웅이나 종교적 예언자가 그 예이다. 이들은 보통 초인간으로 떠받들어진다.

셋째, 합리적 또는 합법적 권한(rational or legal authority)의 리더로서 집단의 성원들이 정당하다고 인정하는 규칙 또는 법률에 토대를 둔 권위로써 선거를 통해 선출된 현대국가의 대통령, 국회의원 및 법률에 따라 임명된 가급 관료들이 이에 해당한다.

설젠트(Sergent)는 리더의 유형은 리더와 추종자와의 관계성을 기준으로 특징지어지는 것이라고 하여 역사적인 인물을 중심으로 리더십을 카리스마적 리더(charismatic leader), 상징적 리더(symbolic leader), 예우자(head man), 전문가(expert), 행정적 또는 집행적 리더(administrator), 선동가 혹은 개혁가(agitator or reformer), 강압적 리더(coercive leader)로 나누었다. 리더십은 리더가 주어진 환경 속에서 조직 구성원들을 통하여 조직의 목표나 목적을 달성하려는 목표지향적 행동이기 때문에, 리더십의 결과는 리더와 조직 구성원 상호 간의 영향과정에 달렸다.

이 영향과정에 따라서 조직 구성원의 행동은 물론 의도한 성과의 달성 여하가 결정되고, 나아가서는 이로 인한 만족감도 결정된다. 그러나 여러 가지 유형의 리더십 중에서 가장 중요한 리더십은 무엇보다도 섬김과 나눔의 복지적 리더십이 중요하다고 생각한다.

(4) 사회복지적 리더십

이 사회복지적 리더십이 바로 미래의 리더십이라고 본다. 사회복지적 리더십은 전통적 리더십 스타일의 대안으로 직원들의 개인적 성장을 신장시키는 동시에 조직의 질적인 개선을 시도한 새로운 리더십 이론이다.

사회복지적 리더십에서는 팀워크, 지역공동체, 의사결정에의 참여, 윤리적 행태 등을 강조한다. L. Spears는 이러한 사회복지적 리더십을 인간개발의 새로운 시대에 알맞은 진정한 희망과 방향을 제시하는 것으로 주장하고 있다.

사회복지적 리더십은 1970년 R. K. Greenleaf가 『리더로서의 봉사자(Servant-Leadership)』라는 책에서 만들어 낸 개념이다. Greenleaf는 봉사 리더는 무엇보다도 먼저 다른 사람에게 봉사하는 사람을 규정짓고 있다.

리더로서의 봉사자 또는 하인은 먼저 봉사하고자 하는 자연스러운 감정을 가지게 되면 리더가 하고자 하는 운명을 의식적으로 선택하게 된다는 것이다. 사회복지적 리더의 특성은 경청, 감정이입, 영적인 치유, 자각, 설득, 개념화, 통찰력, 봉사 정신, 성장의 몰입, 공동체 확립 등 10가지로 주장한다.

이것은 특징 자체가 손쉽게 얻어지는 특징이나 자질이 아니라 리더가 되고자 하는 사람들의 절대적인 노력이 필요하기 때문이다. R. W. Smith는 전통적 리더 십과 봉사 리더십과의 차이를 이론가, 가치, 신념, 수수께끼 풀이, 리더십스타일, 부하의 스타일 등으로 규정하고 있다. 리더십의 3대 기본 요소는 지도자, 추종자, 상황이다.

사회복지적 리더십으로 어떤 것이 바른 것이고 세상이 나아갈 바가 무엇인지 목표를 먼저 분명히 알고 사람들과 더불어 살아가는 것이 바람직하다고 보며 세 상의 빛과 소금의 역할을 하기 위해 사회복지적 리더십이 필요하다고 본다.

그리고 모든 삶과 기업은 경영이듯이 복지경영을 통한 나눔과 섬김의 경영을 통해 나아가는 것이 오늘날의 사회에 절대적으로 필요하다. 또 하나는 소금과 같 은 역할이 필요한데 세상이 이미 썩은 것이 아니고 구석구석 사랑, 봉사, 희생이 많이 살아 있는데 이런 자생적인 것들이 썩지 않도록, 보존되고 유지되도록 사회 복지적 리더십과 복지경영이 함께 갈 때 미래의 아름다운 사회가 될 것으로 본다.

4. 서번트 리더십과 복지경영

1) 서번트 리더십과 복지경영

서번트 리더십을 직역하면 '하인의 리더십'이지만 국내에서는 '섬기는 리더십' 으로 알려져 있다. 미국 학자 로버트 그린리프[2]가 1970년대 처음 주장한 이론으 로 "다른 사람의 요구에 귀를 기울이는 하인이 결국은 모두를 이끄는 리더가 된 다."는 것이 핵심이다. 즉, 서번트 리더십은 인간존중을 바탕으로, 구성원들이 잠 재력을 발휘할 수 있도록 앞에서 이끌어주는 리더십이라 할 수 있다. 한편, 서번 트 리더십은 리더의 역할을 크게 방향 제시자, 의견 조율자, 일·삶을 지원해 주는 조력자 등 세 가지로 제시하고 있다.

---

2) 미국에서 태어난 로버트 K. 그린리프(1904~90)는 AT&T에 입사해 38년 동안 근무(1964년 은퇴할 때의 직위는 경영연구 담당 부회장)한 절실한 경험을 바탕으로 '서번트 리더십 이론' 을 주장/발전시켰고, 그 뒤 12년 동안 MIT, 하버드 비즈니스 스쿨, 다트머스 대학 등에서 강 의하는 한편, 포드 재단, 걸프 오일, 인도 정부 등의 컨설턴트로서 세계적 명성을 쌓았다.

드러커(Drucker)는 『미래경영(Managing for the Future)』에서 지식시대에서는 기업 내에서 상사와 부하의 구분도 없어지며, 지시와 감독이 더 이상 통하지 않을 것이라고 하였다. 그러므로 리더가 부하들보다 우월한 위치에서 부하들을 이끌어야 한다는 기존의 리더십 패러다임에서 리더가 부하들을 위해서 헌신하며 부하들의 리더십 능력을 길러주기 위해 노력해야 한다는 서번트 리더십 위주의 패러다임으로의 전환이 바람직하다고 볼 수 있다.

"언젠가 진실은 통한다."라는 말이 있듯이 사회복지사에게 '진실성'은 복지를 시작하는 가장 중요한 부분이다. '진실성'이 시작이라고 하면, 복지 통로를 만들기 위함은 '민감성'이다. 사회복지사는 지역복지에 대한 촉각을 곤두세워 민감하게 반응해야 한다.

드러커는 "노동은 기계가 대신해 주고 완전히 자동화되는 날이 올지도 모르지만, 지식만은 오직 훌륭한 인간적인 자원인 것이다. 지식은 책에서 얻어지는 것이 아니다. 지식은 정보를 담고 있는 데 불과하다. 지식이란 정보를 특정한 업무 달성에 응용하는 능력인 것이다."라고 하였다.

지역사회복지의 실천은 모든 주민이 주체가 되겠지만, 그 연결 통로의 활성화는 사회복지사의 민감한 반응에 따라 희비가 엇갈릴 수 있다. 또한, 사회복지사는 통로가 중간에 새어나가지 않고 끝까지 갈 수 있도록 '일치성'을 가져야 한다.

사회복지사는 어떤 고난과 역경이 닥치더라도 자신의 초심을 잃지 않고, 비윤리적인 사회에 물들지 않을 수 있는 진실한 마음을 끝까지 유지해야 한다. 작은 복지의 시작은 인간의 정서적 유대감(사랑)에서 시작된다고 생각한다. 한 사람, 한 사람에게 따뜻한 마음이 전해진다면, 더 나아가 그 지역사회에 보이는 복지가 아닌 정말 속에서 밝게 빛나는 복지를 실천할 수 있다.

재벌 그룹이 몰락할 때마다 지적되었던 실패 원인 중의 하나가 시장에서의 신뢰상실이었다. 기업이 시장에서 신뢰를 잃게 되면 생존의 기회는 물론 모든 것을 잃게 된다. 그래서 한 기업이 신뢰를 얻기 위해선 기업 내부의 신뢰 기반이 높은 수준으로 축적되어야 한다. 일반적으로 기업 내의 신뢰는 리더의 리더십에 영향을 받는다. 즉, 리더는 자신의 전문적인 일을 통해서는 물론 부하들을 통하여 자기 조직의 목표를 달성해야 한다. 켈의 법칙에 의하면, 구성원들 간에 수직적 관계의 거리가 짧을수록 직접적인 접촉기회가 많은 반면에 수직적 관계의 거리가 멀수록 직접 대면할 기회가 적어진다.

그래서 상하 간의 심리적 거리가 크면 클수록 쌍방향의 활동이 되기보다 위에서 아래로 진행되는 일방적 행위가 되기 쉽다. 이는 리더의 과제 중심의 지위와 통제가 점차 강화된다는 것을 의미한다. 이러한 환경에서는 다수 구성원의 자발성을 기대하기 어렵기 때문에 구성원들의 몰입과 헌신 그리고 창의성이 낮아진다.

따라서 신뢰를 바탕으로 심리적 거리를 좁힘으로써 관계의 질을 높여야 한다. 이러한 관계의 질을 높이기 위해선 리더의 직급에 따른 영향 요인을 행사하는 방법이 달라져야 한다. 즉, 수직적 거리가 짧을 경우에는 직접적인 상호작용을, 수직적 거리가 멀 경우에는 제도적 장치를 통한 커뮤니케이션을 마련함으로써 조직 전체의 효율성과 생산성을 높일 수 있다.

상사의 리더십 행위가 부하들에게 어떻게 받아들여지고 있느냐에 따라 상사에 대한 부하들의 신뢰 정도가 결정된다. 따라서 리더는 자기 자신에 대하여 엄격한 규범과 기준을 적용할 수 있어야 한다. 이러한 실천의 밑바탕에는 신뢰와 이를 바탕으로 한 리더십이 자리 잡고 있었다.

새로운 리더십 이론으로 각광받고 있는 서번트 리더십이란 부하와의 관계 관리(relation-management)를 중시하는 것으로, 부하를 가장 중요한 재원(財源)으로 보고 부하에게 리더의 모든 경험과 전문지식을 제공하면서 부하를 굉장히 중요하게 평가하고 어떤 면에서는 극진하게 모시는 리더십을 말한다.

미래학자 피터 드러커는 "지식시대에서는 기업 내 부하와 상사의 구분이 없어지고, 지시와 감독이 더이상 통하지 않는다."라고 이야기한다. 이는 상사가 부하보다 우월한 입장에서 부하들을 이끌어야 한다는 기존의 패러다임에서 리더가 부하를 위해 헌신하며 부하의 능력을 길러주어야 한다는 서번트 리더십의 새로운 패러다임의 시대가 왔음을 보여주는 것이다.

미래기업의 경영자에게 바람직한 리더십 모델로서의 서번트 리더십이 절실히 요구되는 시대이다. 리더십의 변화가 절실히 요구되는 점을 감안할 때 국내 학계에서는 서번트 리더십에 관해 좀 더 많은 관심을 갖고 이에 대한 연구를 확대해야 할 것이며, 국내 기업들도 서번트 리더십과 복지경영에 대한 이해를 넓혀 나가야 할 것이다.

2) 리더십의 활용방안

사회복지조직을 효과적으로 관리하기 위해서는 서비스의 질과 생산성이라는 두 가지 측면을 적절하게 혼합할 수 있는 리더십 스타일을 찾는 것이 중요하다. 외부 환경에 의존적인 사회복지서비스 조직들에서는 리더십 평가의 기준을 자칫 생산성이나 효율성에 국한되어 강요받을 수도 있다. 그러한 기준들도 일견 중요하지만, 그럼에도 그것들이 서비스의 질이나 효과성 기준을 능가하는 것이 되어서는 안 된다. 사회복지서비스의 목적개념은 서비스의 효과성에 내재해 있기 때문이다. 이런 이유로 사회복지행정의 원리는 몰가치적 행정보다는 오히려 전문직의 가치개입을 통한 리더십을 강조한다(김영종, 2010).

사회복지조직은 일반행정조직과 다르다는 것을 알 수 있다. 리더십의 특성을 충분히 고려해야 할 것이다. 사회복지리더십의 활용방안으로는 사회복지실천기술의 활용으로서, 사회복지조직은 수립한 프로그램의 목표를 달성하기 위하여 동원 가능한 모든 기술과 기법을 활용해야 한다. 이를 위해서는 조직의 리더뿐만 아니라 조직 구성원 전체의 능력을 증진시켜야 한다. 또한, 조직 내의 사기를 진작시킬 수 있는 환경과 분위기를 만들어 가는 것도 중요하다. 리더가 조직 내에서 어떠한 리더십을 발휘하고 활용하느냐에 따라 달성 여부가 결정된다는 점을 반드시 고려해야 한다.

섬김(servant)의 리더십은 전통적 리더십 스타일의 대안으로 직원들이 개인적으로 성장함과 동시에, 조직의 질적인 개선을 시도한 새로운 리더십 이론이다. 섬김의 리더십에서는 팀워크, 지역공동체, 의사결정에 참여, 윤리적 행태 등을 강조한다. 스피어(L. Spears)는 섬김의 리더십을 인간개발의 새로운 시대에 알맞은 진정한 희망과 방향을 제시하는 것으로 주장하고 있다. 섬김의 리더십은 1970년 그린리프(R. Greenleaf)가 『섬김의 지도력(servant-leadership)』이라는 저서에서 도출해 낸 용어이다. 그린리프는 헤르만 헤세의 동방기행에 등장하는 여행단의 하인인 레오에게 아이디어를 얻어 섬김의 리더십을 고안하게 되었다. 그린리프는 섬김의 리더십을 먼저 다른 사람에게 봉사하는 사람으로 규정하고 있다. 섬기는 자나 하인은 먼저 봉사하고자 하는 자연스러운 감정이 들면 지도자가 하고자 하는 것을 의식적으로 선택하게 된다는 것이다(김성철, 2007).

섬기는 지도자의 특성으로 경청, 감정이입, 영적인 치유, 자각, 설득, 개념화, 통찰력, 봉사 정신, 성장의 몰입, 공동체 확립 등을 강조하고 있다. 이는 쉽게 얻어지는 특징이나 자질이 아니라 지도자가 되고자 하는 사람들의 절대적인 노력이 필요하기 때문이다. 스미스(R. Smith)는 전통적 리더십과 섬기는 리더십의 차이를 이론, 가치, 신념, 수수께끼 풀이, 리더십 스타일, 부하의 스타일 등으로 규정하고 있다(김성철, 2007).

사회복지조직에서의 리더의 역할을 보면 조직의 성격에 따라 다른데, 즉, 기업의 최고경영자는 이윤을 최대로 추구하는 것이며, 공공기관조직의 리더인 경우는 정책의 일관적 집행을 가장 중요한 기준으로 삼고 있다. 그러나 사회복지조직의 리더는 클라이언트와 지역사회에 제공되는 서비스 및 활동의 질로써 평가받게 된다.

따라서 사회복지조직에서의 리더의 역할은 ① 조직에서 생산되는 산출물에 의해 직접적인 평가를 받는다. ② 양질의 서비스를 효율적으로 공급하는 것이 그들의 가장 중요한 임무가 된다. ③ 전통적 경영기술과 함께 사회복지정책 형성과정에서도 중요한 역할을 수행한다. ④ 기관 생산성에 대한 강조와 동시에 클라이언트의 문제 및 욕구에 대해 민감할 것을 요구 받는다(김치영·최용민, 2006).

리더는 조직 및 구성원의 발전에 대한 책임이 있다. 리더는 뚜렷하고 분명한 목표제시와 방향을 구성원에게 할 뿐만 아니라 솔선수범하는 자세를 보여줘야 한다. 그리고 리더는 상황을 직시하고 분명한 통찰력으로 문제의 핵심을 잘 진단하고, 구성원에게 합리적인 방법을 제시할 수 있는 능력을 가져야 한다. 구성원들이 문제해결 방안을 선택하면 리더는 조직이 갖춘 모든 역량을 동원하여 문제를 해결할 수 있도록 추진해 나가야 한다. 리더는 조직의 안정을 위협할 수 있는 정치적·경제적·사회적 원인에 대하여 분석하고, 이러한 원인이 미칠 파장을 고려하여 대비책을 마련해야 한다.

따라서 사회복지조직의 최고 관리자는 당면문제의 원인을 분석하고 해결방안을 모색할 수 있지만, 최종적인 방안의 선택은 리더의 몫이기 때문에 리더는 심사숙고해야 한다. 조직의 위기는 조직을 붕괴시킬 수도 있고 조직을 한 단계 발전시키는 결과를 가져오기도 한다. 탁월한 리더는 상황에 따라 적절한 방안을 제시하여 구성원들로 하여금 스스로 문제의 원인을 찾고 해결할 수 있는 능력을 갖춘 자라 할 수 있다.

사회복지기관의 경영혁신

1. 미래를 준비하는 복지경영

1) 미래를 준비하는 복지경영

사카구치 다이와[1]는 『경영학 산책』이라는 책에서 사회 진출을 앞두고 의욕이 넘치는 젊은이들, 책임 있는 자리에서 이미 활약 중인 사람들, 조직에서 독립하여 자기 일을 계획하는 용기 있는 사람들을 위해 새로운 꿈과 비전을 제시하고 있다.

사카구치 다이와는 경영학을 '이기기 위한 방법을 탐구하는 학문'이라 규정하고 현실을 위한 경영을 강조한다. 경영학 산책은 '경영학'이라는 창을 통해 현대사회를 살아가는 필승법을 배울 수 있도록 시야를 활짝 열어주고 있다.

경영학은 이기는 방법을 개인적, 조직적 측면에서 과학적으로 탐구해가는 학문이다. 물론 승리할 수 있는 길을 모두 배울 수는 없다. 해답이 보이지 않더라도 최대한 냉정하고 과학적으로 생각하여 이기기 위한 방책을 찾아가도록 돕는다(사카구치 다이와, 2008).

경영학에서 생존의 지혜와 필승법을 발견한다면 경쟁 사회를 보다 수월하게 헤쳐 나갈 수 있을 것이다. 특히 경영학이라는 창을 통해 현실을 객관적으로 판단

---

1) 사카구치 다이와는 1941년 도쿄에서 태어났다. 도쿄대학교 법학과를 졸업한 후 닛산 자동차에 입사했다. 1972년 미시건대학교 경영학대학원으로 유학하여 MBA를 취득하였고, 전문분야는 국제경영론이다. 보스턴컨설팅그룹에서 활동하다가 릿쇼대학교 경영학부 교수가 되었으며, 미국 벤더빌트대학교 객원교수 및 멕시코국립대학원 객원연구원 등을 역임했다.

하고 이를 바탕으로 행동하는 사람이 미래사회의 리더가 될 것이다. 미래의 지도자는 '경영자적 시각'을 갖추도록 노력해야 한다.

최근 수년간 경영학 이론 분야는 과거 어느 때보다도 활발한 논의가 진행되고 있으며, 오늘날 빠른 성장세를 나타내는 산업 분야로 각광받고 있다. 새로운 비즈니스 이론은 과거 이론에 비해 보다 급속하게 경제 및 산업 분야에 적용되고 있는데, 이는 경영학 이론에 대한 보다 활발한 수용과 인지도의 확산을 그 주요 원인으로 볼 수 있다.

그러나 이러한 최근의 관심에도 불구하고, 경영 이론은 아직 그 초기 단계에 있다고 할 수 있다. 지금까지의 경영 이론은 한 개인의 개성 또는 마케팅 능력에 의해 많은 영향을 받아왔으며, 이 분야에 새롭게 진입하는 데 있어 강력한 제재요인도 존재하지 않는다.

따라서 특정 자격요건을 갖춘 사람이 아닌 마케팅 능력이 뛰어난 사람들에게 보다 많은 기회가 주어졌다고 볼 수 있다. 또한, 이 분야는 자기비판과 합리적인 토론이 어렵고, 다른 학문 분야와 같은 정설 또는 법칙의 부재에 따른 모순이 팽배해 있기도 하다. 따라서, 새로운 기업경영 아이디어를 액면 그대로 또는 절대적인 것으로 받아들이는 것은 바람직하지 못하다.

그보다는 현재 자신의 경험과 판단에 근거한, 한 가지 제안 형태로 경영 이론을 이해해야 한다. 물론 이러한 접근 방법에서도 실수를 저지를 수 있지만, 이익 실현을 위한 기회를 최대화하고 동시에 위험을 최소화할 수 있는 방법이라 할 수 있다.

고전적 경영학, 행동론적 경영학이 경영 이론의 발전에 큰 공헌을 한 것은 사실이지만 경영환경 여건이 변화하면서 최근에 와서는 시스템이론 등 새로운 이론들이 큰 영향을 미치고 있다. 이들 새로운 경영 이론들은 경영에 대한 사고의 혁신을 가져왔기 때문에 현대적 경영학으로 평가받고 있다.

Henry Towne[2]는 고전적 경영학이라고 불리는 새로운 주요 접근 방식을 선도하는 데 도움을 주었으며, 독립된 연구 분야로서 경영학의 창설을 주장했다. 고전적 경영학이란 작업과 조직을 더욱 효율적으로 관리하는 방법에 관한 연구를 강조하는 경영학에서의 관점을 말한다. 고전적 경영학에는 과학적 경영, 관료적 경영, 관리적 경영의 3가지 접근 방식으로 이루어져 있다(사카구치 다이와, 2008).

---

2) 헨리 로빈슨 타운(Henry Robinson Towne, 1844년 8월 24일, 필라델피아~1924년 10월 15일)은 초기 기계화 관리 시스템으로 알려진 미국의 기계 엔지니어이자 사업가이다.

(1) 과학적 경영(scientific management)은 종업원의 능률을 증진시키기 위한 작업 방식에 관한 과학적 연구를 강조하는 고전적 경영 이론상의 한 접근 방식이다. 이 경영 이론의 대표자는 Frederick Winslow Taylor, Frank and Lillian Gilbreth, Henry Gantt다.

(2) 고전적 경영 이론의 또 다른 영역은 관료적 경영(bureaucratic management)이다. 이는 소유주나 경영자가 독단적이고 일시적인 기분에 의해서 운영하기보다는 합리적인 태도에 의해 조직을 운영해 나갈 것을 강조하는 경영 이론이다. 관료적 경영 접근은 저명한 독일의 조직을 운영해 나갈 것을 강조하는 경영 이론이다. 관료적 경영 접근은 저명한 독일의 사회학자인 Max Weber(1864-1920)의 연구에 바탕을 둔 것이다.

(3) 과학적 경영의 주창자들은 종업원들이 업무를 더욱 효율적으로 하기 위해 사용될 수 있는 이론들을 개발하는 데 노력하고, Weber는 관료주의의 개념을 개발하는 데 노력하는 동안 또 다른 고전적 경영학의 지류가 개발되고 있었는데 그것이 바로 관리적 경영(administrative management) 접근 방식이다. 이는 경영자가 조직 내부의 활동을 조정하는 데 이용될 수 있는 원칙에 초점을 둔 경영이념으로 주요 공헌자로는 Henri Fayol과 Chester Barnard가 있다.

행동론적 경영학의 발달과정은 다음과 같다.

(1) 호오손 연구와 인간관계

과학적 관리에 초점을 두고 실험한 결과 예기치 못한 결과가 나타났으며, 이로 인해 "인간의 심리적 요인"이 생산성을 증대시키는 데 더 중요하다는 점을 발견하게 되었다.

작업장에서의 종업원 간의 상호작용이나 비공식 집단이 근로자의 태도와 행동을 형성하는 중요한 역할을 한다는 사실을 지적하였다.

(2) 매슬로우의 욕구단계이론

욕구란, 인간이 충족하고 싶어하는 생리학적이고 심리학적인 결핍이다. 따라서 욕구는 인간의 작업 태도와 행동에 영향을 미친다. 매슬로우는 인간의 욕구를 5단계로 분류하고, 순차적으로 가장 저차원적 욕구로부터 가장 고차원적 욕구로 서열화되어 있으며, 이전 단계의 욕구가 충족되어야만 그다음 단계의 욕구가 의식을 지배하여 동기 유발을 하게 된다고 주장하였다.

(3) 맥그리거의 x/y이론

경영자들이 인간에 대하여 지니고 있는 가정을 두 가지 범주로 나누어 x이론적 인간관과 y이론적 인간관으로 구분하고 있다. 매슬로우의 이론에 입각한 y이론은 고차원적 욕구 충족과 관련이 있으며, x이론보다 y이론이 더 적절하다고 맥그리거는 주장하였다.

(4) 아지리스의 성숙/미성숙이론

성숙한 인간과 미성숙한 인간은 서로 다른 태도와 행동을 갖게 된다고 주장하면서, x이론적 인간관을 미성숙한 유아적 인간관으로 규정하고, x이론으로부터 y이론으로의 연속적 발전을, 건전한 성인으로 성장해 가는 인간의 성숙 과정이라고 언급하고 있다.

고전적 경영학, 행동론적 경영학의 차이점은 고전주의 경영학이 기계론적 접근으로 인간의 인격성을 간과하고, 조직의 생산성이나 능률에만 치우쳤다는 것이다. 반면 행동론적 경영은 작업장에서의 인간적 관점에 관한 강조가 논의되기 시작하였다.

우리가 건강검진을 받을 때 심장이나 위장 등 신체 일부 기관만의 건강상태를 체크할 수 있다. 이 경우에 아무리 심장의 건강상태가 양호하다 하더라도 이것만을 근거로 신체가 전체적으로 건강하다고 무조건 판단할 수는 없다.

신체의 건강은 각 부분을 단편적으로 볼 것이 아니라 이들 각 부분의 상호관련성 속에서 몸 전체의 상태를 파악해야 올바른 판단을 할 수 있다. 사회복지학은 어떤 사회현상에 내재하는 사회문제에 대처하는 사회적 시책을 강구하는 학문으로서의 성격이 강하다.

따라서 다른 사회과학이 순수성이 강하다고 한다면 사회복지학은 응용성과 실용성이 상대적으로 강하다고 할 수 있다. 사회복지가 해결하고자 하는 사회문제가 시대에 따라 확대되어 왔기 때문에 사회복지의 개념과 영역도 확대되어 온 것이다.

사회복지가 발전해 온 과정을 살펴볼 때 사회복지라는 개념은 결코 고정적인 것이 아니고 앞으로도 사회변화와 사회문제의 성격 변화에 대응하면서 계속 변화하고 발전해 갈 것이다.

2. 조직목표와 복지경영

현대 사회조직이 복잡하고 빠르게 변화함에 따라서 가장 중요하면서 가장 부족한 것이 커뮤니케이션이라고 생각한다. 조직을 하나의 교향악단에 비유한다면, 지휘자가 연주자들의 호흡을 읽어 매끄러운 연주를 할 수 있다면 조직도 고위 경영자가 각각의 서브 경영자들과 커뮤니케이션을 통해 조직을 제대로 경영할 수 있다고 본다.

1) 조직의 목표

커뮤니케이션은 전달자와 피전달자의 채널에 의해 직접적인 접촉으로 행해지는 대인(對人) 커뮤니케이션, 매스 미디어를 통해 익명성의 대중에게 전달되는 매스 커뮤니케이션으로 나뉜다. 커뮤니케이션은 인간의 사회적 성격을 반영하는 인지적 상호작용이기 때문에 사회적 상호작용이 맺어지는 형식에 따라 다양한 형태의 커뮤니케이션이 존재할 수 있다. 커뮤니케이션은 사회적인 행위의 양식이다.

조직의 질서와 체계는 인간이 만든 것이기에, 한때는 좋은 아이디어였을지 몰라도 시간이 지나고 나면 모순투성이며 이해할 수 없는 것들이 되어버린다. 그러면서도 변화를 싫어하는 조직의 사람들은 규정이나 전통이라는 이유로 대물림하고 있는 것이 현실이다. 조직의 중간계급에서는 끝까지 저항하며 바꾸려는 노력을 꾸준히 해야 하는 의무가 있다.

자기계발이나 경력 개발은 스스로 책임져야 한다. 조직 내에서 역할이 작다거나 업무 구분이 명확하지 않다면 본인의 실력을 보여줄 수 있는 기회를 만든다든지 상사와의 조율을 통해 업그레이드할 수 있는 기회를 만들어야 할 것이다.

현대의 지식근로자에게 자기관리는 각자가 '최고경영자'처럼 생각하고 행동해야 함을 요구하고 있다. 경영은 다양한 지식과 기술을 가진 사람들을 하나의 조직에 통합하고자 하는 모든 노력과 관련이 있다. 경영의 과제는 공동의 비전과 목표 그리고 가치관에 대해 깊이 생각하고, 결정하고, 구성원들에게 제시하는 것이다.

기업의 목적과 사명에 대한 정의 그리고 사업에 대한 정의가 내려지고 나면, 그것은 반드시 구체적인 목표들로 표현되어야 한다. 목표는 구체적인 작업으로 전환될 수 있어야 한다. 사회문제들이 우리가 문제를 보는 관점을 바꾸기만 하면 저절로 소멸될 수도 있다고 기대하는 것은 어리석은 생각이다.

문제가 해결되는 것은 누군가가 어떤 조치를 취했기 때문이다. 자신의 일에 대해 조직 내의 다른 어느 누구보다도 더 많이 알아야 한다는 것은 지식근로자에 대한 정의를 구성하는 한 가지 요소이다. 지식근로자는 자신이 스스로 설정한 기준에 따라 성장한다는 것이다.

조직이 달성하고자 하는 바람직한 장래의 상태를 말할 때 목표(目標)라는 용어 대신 '목적(目的)'이라는 말을 쓰는 학자도 있고, 심지어는 목적을 목표보다 장기적이고 상위적(上位的)인 개념으로 이해하는 사람도 있다. 조직이라면 그것에는 반드시 공동의 목표가 있기 마련이다. 목표가 없는 조직은 조직이라고 볼 수 없다. 조직이라는 것은 사람들의 공동의 목표를 달성하기 위해 모인 집단이기 때문이다.

목표에는 조직 구성원 개개인이 추구하는 목표도 있을 수 있다. 그러나 행정학에서 연구대상으로 삼고 있는 목표란 인적 집합체로서의 조직이 추구하는 목표이다. 조직의 목표는 미래에 지향(志向)된 영상이지만 그 영향은 미래의 상태에만 미치는 것이 아니라 현재의 조직 행동에도 크게 작용한다.

조직의 목표는 그 조직의 강력한 행위자 한 사람에 의하여 결정될 수도 있고, 여러 구성원의 참여와 합의에 의하여 결정될 수도 있다. 그러나 민주사회에서의 행정조직의 목표는 민주적인 의사결정과정, 즉 보다 많은 사람과 여러 집단의 참여를 통하여 이루어져야 할 것이다.

조직의 목표는 여러 가지 기능을 한다. 그중에서도 중요한 기능으로는 다음과 같은 것을 들 수 있다.

첫째로, 조직의 목표는 조직이 나아갈 방향을 제시하는 기능을 한다. 즉, 조직의 구성원들로 하여금 장래의 원하는 상태를 이룩할 수 있도록 행동의 지침을 제공한다.

둘째로, 목표는 그 조직의 주위 환경[사회]으로부터 정당성(正當性)을 인정받을 수 있는 근거로서의 기능을 한다. 즉, 목표는 조직이 하는 약속이라 할 수 있으므로 사회를 구성하는 여러 요소는 이 약속을 믿고 조직에 정당성을 부여하는 것이다.

셋째로, 목표는 조직 구성원들에게 일체감(一體感)을 갖도록 할 뿐만 아니라 동기부여의 기능도 수행한다.

넷째로, 목표는 효과성을 평가하는 척도로서의 기능을 한다. 여기서 효과성(effectiveness)이란 조직이 여러 과정을 통하여 자기가 내세운 목표를 달성하는 정도를 말한다.

한편 조직의 목표는 지도자의 태도 변화, 권력 구조의 변화, 조직 구성원들의 성향 변화 등 조직 내의 요인이나 환경의 변화와 같은 조직 외적 요인에 의해서 변화하는 경우가 많다. 그 변화의 유형으로는 목표의 승계, 목표의 확대 또는 축소, 목표의 대치 등을 들 수 있다.

목표의 승계(succession)란 조직이 본래 추구하는 목표의 달성이 불가능하거나 완전히 달성되었을 경우에는 새로운 목표를 설정하게 되는 것을 말한다. 그리고 목표의 확대란 조직이 추구하는 당초의 목표에 새로운 목표를 추가하거나 그 범위를 확장하는 경우이며, 이와 반대로 목표의 수(數)나 범위를 줄이는 경우를 목표의 축소라고 한다. 끝으로 목표의 대치(displacement)란 조직이 정당하게 추구해야 하는 본래의 목표를 버리고 다른 목표를 택하는 경우를 말하는데, 이를 '목표의 전환(轉換)'이라고도 부른다.

사람은 스스로가 성취하고 획득할 수 있다고 생각하는 바에 따라 성장한다. 만약 자신이 되고자 하는 기준을 낮게 잡으면, 그 사람은 더 이상 성장하지 못한다. 만약 자신이 되고자 하는 목표를 높게 잡으면, 그 사람은 위대한 존재로 성장할 것이다. 일반 사람이 하는 보통의 노력만으로도 말이다.

어떤 이론이나 가치와 같이 인간이 만들어낸 모든 가공품은 반드시 늙고, 경직되고, 진부해져서 결국에는 '재앙의 씨앗'이 된다는 것으로 혁신과 기업가 정신이 필요하다.

2) 예측시장

기업가 사회의 개인들은 자기 자신의 지속적 학습, 자기계발, 경력 개발에 대해 스스로 더 많은 책임을 져야 한다. 미래경영에서의 예측은 '이슈플레이'에서 제공하는 포인트를 걸고 베팅 방식으로 진행된다. 스포츠 경기의 승패 예측이나, 인기 영화의 관객 예측에서부터 이번 주의 유가라든가, 미국의 달러 환율과 같은 경제 예측도 진행되고 있다.

'예측시장'은 미래학자들에 의해 유망한 미래 산업으로 주목받고 있기도 하다. 지난 수십 년간, 전략의 수립과 실행은 기업경영에 있어서 반드시 필요한 활동으로 인식돼 왔다. 불확실성으로 가득한 현대의 경영 환경 하에서 효과적인 경영전략의 수립과 실행이 갖는 중요성은 그 어느 때보다 강조되고 있다(LG 경제연구원, 2010).

물론 모든 기업을 성공 기업으로 만들어주는 만병통치약은 존재하지 않는다. 기업들의 규모와 산업이 다르고, 고객과 시장이 변화하며, 재무 구조와 핵심 기술 또한 같지 않은 만큼 이런 전략은 성공하는 전략이고 저런 전략은 실패하는 전략이라고 말하는 것만큼 어리석은 일도 없을 것이다. 현실은 미래경영과 미래를 위한 복지의 예측이 그 어느 때보다도 절실하기에 미래를 위해 준비하는 복지를 기대한다.

3) 블루오션 전략과 복지경영

(1) 미래 사회

이미 시작된 미래 사회에는 준비하고 도전하는 자만이 살아남는다. 피터 드러커 교수는 경영이라는 것을 누구나 가르칠 수 있고 배울 수 있는 체계적인 원칙, 즉 하나의 학문 분야로 정립시킴으로써 '경영의 아버지'라 불리게 되었다.

경영은 왜, 무엇을, 어떻게 하는 것인가? 피터 드러커는 미국이 오랫동안 경제적 번영을 누릴 수 있었던 것은 다름 아닌 '경영' 덕분이라고 말한다. 즉, "경영이란 경제 발전이 인간 생활의 향상과 사회 정의를 실현하기 위한 가장 강력한 원동력이 될 수 있다."라는 현대 서구 사회의 기본적인 신념을 단적으로 드러내 주는 것이며, 따라서 자유 세계의 모든 국가의 앞날은 경영자들의 자질과 능력 그리고 책임감에 크게 의존해 있다는 것이 피터 드러커의 주장이다.

피터 드러커는 21세기를 지식시대로 규정하고 예상할 수 없는 미래 사회의 시작을 헤쳐 나갈 방법을 제시해왔다. 이제까지는 경쟁에서 이기는 것이 우리 사회의 성공전략의 모든 것인 양 인식되어 왔다. 어떻게 하면 일본을 이기고, 중국의 추격을 따돌릴 수 있을까 하는 것이 국가적인 고민이었다면 어떤 기업의 승패를 좌우하는 것 역시 경쟁사를 따돌릴 수 있는 방법을 찾는 데서부터 시작된다고 믿어왔다. 하지만 블루오션 전략은 혁신에 대한 새로운 개념뿐만 아니라 미래에 성공전략은 어떤 방향을 취해야 하는가에 대한 인식전환을 우리에게 요구한다.

경쟁전략의 효용성이 그 수명을 다했음은 이미 여러 지점에서 감지되고 있다. 기술의 발달과 산업화로 인하여 상품과 서비스에 대한 공급은 충분하다 못해 포화상태에 이르고 있다. 더 이상 제 살 깎아먹기 식의 가격경쟁과 제로섬게임 안에서의 경쟁전략은 우리에게 부를 늘려주지 못하고 있다. 전 세계가 하나의 시장으로 되어가는 속도가 가속화될수록 틈새시장은 없어져 가고 제한된 영역 내에서 누렸던 시장의 독점권은 점점 사라져가고 있다.

(2) 블루오션 전략

경쟁자를 이기는 최선의 방법은 경쟁하지 않는 것이다. 레드오션에서는 경쟁자를 벤치마킹하고, 그들을 능가하려는 데 총력을 기울인다. 그러나 성공에 훨씬 근접한 전략이 바로 블루오션 전략(blue ocean strategy)이다.

블루오션 전략의 중심목표는 가치혁신(value innovation), 즉 구매자 입장에서의 가치를 높이는 동시에, 비용을 낮추는 것이다. 따라서 어떤 기업의 설비와 가격, 비용구조가 적절하게 일치될 때만 달성될 수 있다.

이처럼 시스템이 뒷받침되면서 접근해야만 지속적으로 블루오션을 창출할 수 있다. 레드오션은 이미 기존에 존재하는 산업으로 경쟁자와 경쟁의 규칙이 정해져 있어 경쟁을 통하지 않고서는 시장 점유율을 늘릴 수 없으며 시장이 포화상태에 이름에 따라 수익이 줄 수밖에 없게 된다.

그리고 레드오션에서는 경쟁이 치열해질수록 제품은 일상품이 되어버리며 결국은 극심한 경쟁으로 레드오션이 말 그대로 핏빛 바다로 변하게 된다고 주장한다.

아마 이에 대한 대표적인 사례로 PC 시장을 예로 들 수 있다. PC 시장은 초기에 매우 차별화된 제품으로 시작했지만 이제 PC 시장은 가격경쟁이 극심한 시장으로 변해버렸다. 반면 블루오션은 현재 존재하지 않는 시장이며 경쟁도 없다. 따라서 기회는 무한하다. 블루오션은 경영자의 머리를 통해서 만들어지는 무한 시장이다. 막대한 기회와 무한한 성장이 눈앞에 펼쳐진, 심연을 알 수 없는 깊고 푸른 바다와 같다. 따라서 현명한 전략은 기존 시장에서 경쟁자와 치열한 아귀다툼을 하는 것이 아니라 새로운 기회의 시장인 블루오션을 창출하는 전략이 된다. 산업현장에서 치열한 경쟁은 가속화되고 있고 공급은 수요를 초과하는 속도가 빨라지는 현실 속에서 희망이 없다고 간주해버린 적이 있는가?

가치혁신(value innovation)은 프랑스 유럽경영대학원 인시아드의 교수인 한국인 김위찬 교수와 르네 마보안 교수가 1990년대 중반 공동으로 제창한 고도성장을 위한 기업 경영전략 이론이다.

지식경제의 경영학을 다루는 이론으로, 신기술의 연구·개발에만 집중하기보다는 개발된 기술에 참신한 아이디어를 접목해 새로운 시장을 창출하는 데 중점을 둔다. 즉 첨단기술을 개발해 기존의 경쟁자를 물리치는 기술혁신의 차원이 아니라, 현재의 상품이나 서비스가 제공하지 못하는 가치를 찾아 새로운 시장을 개척하는 데 중점을 두는 경영전략 이론이다.

두 사람은 지난 120년 동안 큰 성공을 거둔 세계 150개 기업을 분석해 이들이 성공할 수 있었던 요인은 기존의 시장에서 경쟁자들과 싸워 이겼기 때문이 아니라, 전혀 다른 시장을 만들어냈기 때문이라는 결론을 얻었다. 이를 바탕으로 두 사람이 체계화한 경영 전략이론이 바로 가치혁신이다.

이 이론은 2000년 이후 세계 각국의 대기업들이 기업경영 전략으로 채택하면서 새로운 경영 이론으로 주목받기 시작하였다. 2004년 현재 삼성전자(주)를 비롯해 세계 30여 개의 기업이 미래 경영전략으로 도입해 시행하고 있다. 미국의 하버드대학교 비즈니스스쿨, 펜실베이니아대학교 워튼스쿨 등 세계적으로 유명한 비즈니스스쿨에서도 전략 필수과목으로 정해 가치혁신 이론을 가르치고 있다.

블루오션 전략은 치밀한 방법론을 제시하며, 거대 신시장을 창출할 수 있게 해주는, 다음 세대를 위한 희망의 전략이라 할 수 있다. 이제 복지도 미래 사회 복지 경영으로서 생존전략이 절실히 요구되는 시대이기에 사회복지의 현장에서 새로운 각오로 임해야 할 것이다.

복지경영의 도약과 모색

1. 기업윤리와 복지경영의 합리성

1) 사회복지윤리와 복지경영

(1) 사회복지윤리

일반적으로 윤리란 인간의 행위와 도덕적 의사결정에 관련되는 철학의 한 분야다. 집단에 속한 구성원들을 위한 윤리는 그것이 갖는 사회적 속성 때문에 그 직업이 가능한 사회적 측면에 대한 규범적 고려와 상호 대립적 입장을 보일 수도 있는 각자가 가져야 할 윤리적 측면을 고려해야 한다. 사회복지전문가 윤리는 사회복지사의 서비스 실천은 도덕적으로 바른 방법이어야 함을 인식하도록 돕기 위한 것이며 사회복지실천의 과정이 윤리적 결정의 과정임을 인식하고 사회복지사로서 어떻게 바르게 행동하는가를 배우도록 돕는 기준이다.

경영환경은 급속한 세계화로 인해 세계 모든 기업이 동일한 평가 기준을 통해 평가되어지고 있으며 부패 라운드(corruption round)의 등장으로 기업윤리가 사회의 중요한 이슈로 등장하고 있다. 앞으로 미래를 변화시킬 동인(動因)은 세계 각지의 전문가들을 대상으로 한 조사에서는 '경제시스템 내의 윤리' 문제를 첫째로 뽑았다.

미래의 기업윤리는 조직 구성원에게 행동의 규범을 제시할 뿐만 아니라 건전한 시민으로서의 인간의 윤리적 성취감을 충족시켜 주기도 한다.

그리고 기업 활동에 대한 윤리적·비윤리적 그리고 부도덕적 부패행위 등을 구분시킴으로써 사회의 이득이 되는 행위의 기준을 제시할 뿐만 아니라 기업 내부의 구성원, 즉 최고경영자로부터 관리자, 종업원에 이르기까지 행동에 대한 올바른 판단 기준을 제시함으로써 구성원의 심리적 행동에 대한 올바른 판단 기준을 제시함으로써 구성원의 심리적 갈등을 완화시켜 주며, 만족감과 성장·발전을 저해하는 문제점 등을 해소시켜 주기도 한다.

(2) 액체사회

'적자생존'이라는 맥락에서 다윈의 진화론은 기업의 경쟁원리에 곧잘 비유되곤 하는데, 거대한 몸 때문에 빙하기를 극복하지 못하고 멸종한 공룡처럼 사회의 변화를 감지하지 못하는 기업은 살아남기 어려운 시대에 살고 있다.

변화를 감지하기 위해서는 세상이 어떻게 바뀌고 있는지를 알아야 한다고 본다. 미래학자들은 정보화 사회 다음은 '액체사회(liquid society)'가 될 것으로 전망한다. 액체사회는 사회학자 지그문트 바우만[1]의 저서 『액체 근대(Liquid Modernity)』에서 빌려온 말로 다양한 인종과 민족으로 구성된 사회를 의미한다고 본다.

요즘 기업들은 동종 업계에서의 경쟁뿐만 아니라 타 업종과의 경쟁까지 신경 써야 하는 상황이 됐다. 이른바 업종 간 경계가 허물어지는(용해되는) '액체사회(Liquid Society)'로의 전환이 급속도로 이루어지고 있기 때문이다. 세계 초일류 스포츠용품 업체인 나이키가 기존 경쟁사인 리복, 푸마, 아디다스 이외에 새로운 경쟁상대로 지목했던 기업이 바로 일본의 게임업체 '닌텐도'였다. 왜 나이키는 그렇게 생각한 것일까? 한 번쯤 생각해 볼 문제다(지그문트 바우만, 2009).

어떻게 게임업체 닌텐도가 나이키와 경쟁 관계가 된 것일까? 나이키의 주 고객층이라고 할 수 있는 젊은 사람들이 전자게임에 몰두하게 되면 집 밖으로 운동을 즐기러 나가는 시간이 그만큼 줄어들게 된다. 결국, 운동화를 신을 시간이 줄어들게 되어서 운동화 두 켤레를 사던 고객이 한 켤레만 사게 된다는 것이다. 그만큼 나이키는 매출 수익이 떨어지게 되는 것은 당연한 현상일 수밖에 없다.

지금까지의 기성세대들은 부모로부터 용돈을 받으면 주로 신발이나 스포츠용

---

1) 지그문트 바우만(Zygmunt Bauman)은 폴란드 출신의 유대인 사회학자이다. 1925년 포즈난에서 태어났다. 바르샤바의 폴란드 사회과학원에서 사회학을, 바르샤바대학에서 철학을 공부하고, 1954년부터 바르샤바대학에서 강의를 시작했으나, 1960년대 말 폴란드 정부의 주도로 시작된 반유대 캠페인의 여파로 국적을 박탈당한다. 이후 리즈대학 사회학 교수로 임용되면서 영국에 정착하게 된다.

품을 구입해 왔는데, 이제는 게임기나 게임용 소프트웨어를 산다. 즉 스포츠업계와 게임업체 중 누가 고객의 시간을 더 많이 차지하는가를 놓고 경쟁하고 있는 것이다. 이 때문에 나이키는 이제 시장 점유율(market share) 싸움을 해야 하는 것이 아니라 시간 점유율(time share) 싸움을 하게 된 것이다.

그동안 주로 같은 업종 안에서 치열하게 펼쳐졌던 시장 점유율(market share) 경쟁이, 업종 간의 장벽이 붕괴되고, 두 업종이 한데 용해되어있는 시장 환경(액체사회) 아래에서 점차 고객의 시간 점유율(time share) 경쟁으로 바뀌기 시작한다는 점을 주목할 필요가 있다.

키워드는 '경계'다. 금을 그어놓았던 것들이 서로 섞이고 엉키면서 새로운 차원으로 변화하고 있다. 국가 간의 경계가 무너지면서 글로벌화가 진행되고, 업종 간의 경계도 허물어지고 있는 변화는 이미 상식이다. 내 것만 고집하고 있다가는 빙하기 직전의 공룡 신세를 면하기가 어렵다고 볼 수 있다.

(3) 윤리경영

시장경제체제의 틀 안에서 기업이 효율적으로 활동하기 위해 윤리경영의 중요성에 대한 인식은 강화되고 있는 현실이다. 그러나 윤리경영을 실천하는 일은 쉽지 않다. 윤리경영이 기업에서 제대로 실현되기 위해서는 경영자의 올바른 이해와 구체적인 노력이 뒤따라야 할 것이다.

최근 10~20년 사이에 전 세계적으로 기업윤리에 대한 관심이 부쩍 커졌다. 이러한 현상은 지난 1999년에 체결된 경제협력개발기구(OECD)의 '뇌물방지 협약'을 통해 더욱 심화되었다. 또한, 이 협약은 기업의 윤리적 책임이 글로벌 스탠더드로 인식되는 계기를 마련해주었다.

OECD 회원국인 우리나라에서도 윤리경영이라는 세계적인 흐름에 부응하여 정부나 기업에서 국제 상거래 뇌물방지법 및 부패방지법 제정, 기업경영의 투명성 확보 등과 같은 형태로 기업윤리 확립을 위해 힘쓰고 있다. 이러한 노력의 결과 윤리경영의 중요성에 대한 인식이 점점 강화되고 있다.

윤리경영이란 회사경영 및 기업 활동에 있어 '기업윤리'를 최우선 가치로 생각하며, 투명하고 공정하며 합리적인 업무수행을 추구하는 경영 정신이다.

이익의 극대화가 기업의 목적이지만, 기업의 사회적 책임도 중요하다는 의식과 경영성과가 아무리 좋아도 기업윤리 의식에 대한 사회적 신뢰를 잃으면 결국 기업이 문을 닫을 수밖에 없다는 현실적인 요구에 기초한다.

국제적으로는 국제표준화기구(ISO)[2] 산하 소비자정책위원회가 '기업의 사회적 책임(corporate social responsibility)'에 관한 표준안 작업을 승인함으로써 윤리경영을 ISO 9000(품질인증), ISO 14000(환경보호 인증)과 같은 범주에 포함시키려 하고 있다.

이처럼 국제경제사회 외에서 '기업윤리'가 21세기에 기업들이 갖추어야 할 기업경쟁력으로 대두되어 윤리경영의 필요성이 높아지고 있으며, 이에 따라 국내 기업들도 윤리경영 전담부서를 설치하는 등 윤리경영을 도입하고 있다.

오늘날 미국을 비롯한 선진제국에서는 윤리경영의 실천을 사회·경제 발전의 하부구조(infrastructure)로 인식하고 있다. 이제 윤리는 복지경영에 있어서 선택이 아니라 필수조건임을 다시 한번 인식해야 할 것이다.

2) 기업윤리와 신뢰를 통한 복지경영

(1) 기업윤리

기업윤리에 대한 국내외의 관심이 고조되고 있다. 미국에서는 사르바네스-옥슬리 법(Sarbanes-Oxley Act)에서 "상장기업들이 윤리강령을 반드시 보유할 의무는 없지만, 만약 없다면 왜 없는지를 설명해야 된다."는 규정을 도입하여 윤리경영시스템의 자발적인 채택을 강력히 권고하였다.

일본에서도 윤리경영이 기업경영의 리스크를 관리하기 위한 새로운 대안으로 주목받고 있다. 이러한 흐름을 반영하여 OECD 등 국제기구들은 윤리경영의 글로벌 스탠더드화를 추진하였다.

특히 미국 기업의 윤리경영 담당 임원들도 구성된 미국윤리임원협의회라는 단체에서는 이미 '기업윤리경영표준안을 제정했으며 윤리경영에 대한 관심이 일시적 구호에 그치지 않도록 선진기업들의 윤리경영시스템을 적극 벤치마킹해야 할 시점이다.

기업은 지속적이고 일관성 있는 윤리경영 추진방안을 모색해야 한다. 그러기 위해서는 윤리강령이나 행위준칙을 제정하는 초보적 단계를 벗어나 구체적인 윤리경영시스템의 요소와 운영노하우를 체계화해야 할 것이다. 기업경영윤리가 원

---

2) 국제 표준화 기구(國際標準化機構, International Organization for Standardization, 문화어: 국제 규격화 기구(國際規格化機構)) 또는 ISO는 여러 나라의 표준 제정 단체들의 대표들로 이루어진 국제적인 표준화 기구이다.

하는 사회는 경쟁자와 환경 그리고 사람의 삶에 속하는 여러 가지 변수들을 조화롭게 유지하는 것을 통하여 win-win 전략을 얻는 것이다.

(2) 신뢰성

서로에 대한 경쟁은 인정하되 서로를 사랑하고 도움을 줌으로써 시너지효과를 얻는 것을 말한다. 이러한 이론에 대한 바탕이 되는 것은 바로 신뢰성이다. 즉, 상대방과 나의 경쟁 관계에서 이기적인 관계를 추구하는 것은 비용을 발생시키며, 부적절한 영향을 미치기 마련이다.

각 단계에서의 유지되는 여러 가지 실제적인 양심(conscience), 도덕성(morality), 정직성(honesty), 이타성(altruism)과 같은 요소들은 기업윤리의 뼈대가 되어 왔다.

하지만, "윤리는 경영학이 아니다."라는 고정관념은 기업윤리의 학문을 경영학 외의 학문으로 분류시켜버렸고, 기업 환경의 변화에 따른 기업윤리에 대한 관심의 고조와는 다르게 경영학이나 경제학, 그리고 사회학적인 주변적 위치에 머무르게 하였다.

이로 인해 지금까지의 기업윤리에 대한 연구는 경영자와 기업윤리나, 경영목표로서의 기업윤리의 실제적인 적용방법 모색을 위한 통찰이 주가 되었다. 즉, 기업윤리와 경영성과의 차이에 대하여 체계적인 분석을 상호보완적으로 제시해주지 못하였기 때문에 신뢰란 한마디로 '어떻다'라고 정의할 수는 없다.

그것은 신뢰라는 의미가 문화마다 다르며 각자 가지고 있는 가치관이나 편견에 의해서 다소 차이가 생길 수가 있기 마련이기 때문이다. 그래서 신뢰를 보편적으로 자신의 이익추구를 어느 정도 희생하면서도 상대방의 복지(welfare)를 배려하는 윤리적 의식이 강하게 작용한다는 것을 의미한다. 신뢰란 타인의 미래 행동이 자신에게 호의적이거나 혹은 최소한의 악의적이지 않을 가능성에 대한 기대와 믿음이다.

신뢰란 다음의 네 가지 조건을 만족시키는 행위로 규정될 수 있다.

첫째, 이익 관계나 사회적 관계에서 신뢰라는 개념의 성립을 위해서는 자기 자신의 복지가 타인의 행동에 의해서 영향을 받을 가능성이 존재하여야 한다.

둘째, 사회적 관계에서 신뢰라는 이론이 성립하기 위해서는 신뢰에 대한 대상이 되는 특정 타인의 행동을 자기 스스로가 통제할 수가 없어야 한다.

셋째, 신뢰에 있어서 상대방이 악의적으로 행동하게 되거나 약속을 수행할 능력이 부족할 경우에는 기대되는 이익은 물론 자신과 약속한 거래에는 심각한 손해가 자신의 이익에 가해질 가능성이 있어야 한다.

넷째, 위의 3가지 조건이 모두 존재하는데도 불구하고, 타인의 악의적 행동이나 수행능력 부족의 가능성에 대해서 별도의 방어적 메커니즘을 동원하지 않으면서 자신의 이익을 상대방에게 맡겨놓는 행위를 신뢰라고 말한다. 이러한 신뢰와 기업윤리가 함께 할 때 복지경영이 아름답게 이루어지리라 본다.

(3) 투명성

청교도 정신 중 법(law)과 도덕(morality)은 투명성, 공정성과 깊은 관련이 있다. 정직성과 투명성은 특히 채권자와 주주의 관계에 있어서 중요한 의미를 갖는다.

청교도의 4대 정신 중 믿음(faith)과 교육(education)은 미래에 대한 준비와 깊은 관련이 있다. 믿음은 미래에 대해 희망을 갖는 것이며, 교육은 미래에 대한 투자이다. 경영자의 가장 큰 책임은 기업이 미래에도 지속적으로 성장·발전할 수 있는 토대를 마련하여야 한다는 것이다. 기업이 지속적으로 가치를 창출하면서 성장하기 위해서는 경영자는 항상 미래를 대비하는 준비경영을 하여야 한다. 준비경영은 기업의 5년 후, 10년 후의 모습을 내다보면서 기업의 본질적인 역량을 배양하는 데, 온 힘을 쏟아 붓는 것이다. 미국의 엔지니어링 회사인 에머슨(Emerson)의 경영자는 미래를 대비하는 데 가장 큰 우선순위를 부여하고 있고, 경영진 회의 시간의 60%를 미래를 대비하고 계획을 세우는 데 보내고 있다.

청교도들이 삶의 미덕으로 삼았던 '청렴(淸廉)'은 기업 비용을 줄이는 운영 효율성(operational excellence)과 관련이 깊다. 외환위기 이후 국내 기업들은 비용을 삭감하기 위해 인원을 줄이고, 수익성이 저조한 사업을 매각하는 등 지속적인 구조조정의 노력을 기울여왔다. 그동안 뼈를 깎는 고통을 감내한 결과 기업 체질이 튼튼해졌고, 실적도 많이 개선되었으니 이제는 비용 지출에 여유를 주어도 되지 않을까라고 여길 수 있다. 하지만 청렴은 기업 실적의 호·불황에 관계없이 항상 기업 자원을 아끼고, 비용을 줄이는 새로운 방법을 찾으며, 낭비가 용인되지 않는 기업 문화를 만드는 것이다. 미국의 전설적인 투자자인 워런 버핏이 회장으로 있는 버크셔 해서웨이(Berkshire−Hathaway), 월마트(Wal−Mart), 일본의 도요타 자동차는 경기의 호·불황에 상관없이 청렴을 미덕으로 삼고 기업경영에서 적극적으로 활용하고 있다.

3) 복지경영에서의 최고의 전략은 정직

위기에 빠진 마케팅을 구할 최고의 전략은 정직이다? 린 업쇼는 정직이 전략이라고 제시한다. 브랜드 마케팅의 세계적 거장 린 업쇼는 불확실한 시장 환경에서도 여전히 중요한 가치는 '정직'이라고 주장한다. 수많은 마케팅 전략이 횡행하지만, 사람들이 신뢰하는 가치는 변하지 않았다. 물론 이는 윤리학에서 말하는 추상적인 정직과는 다르다.

정직은 마케팅 분야 전체에 걸쳐 정직성을 체계화한 '실현 가능한 정직'으로 마케팅의 전문가인 린 업쇼는 이를 실현한 기업의 사례를 제시하기도 했다. 2007년 금융위기 이후 최근 또다시 금융 관련 사건 사고들이 경제지의 일면을 장식하고 있다(린 업쇼, 2012).

오늘날의 정치, 경제 특히 금융계의 부산저축은행, 현대캐피탈의 고객 정보 유출사건, 농협의 전산망 마비 사태로 인한 고객의 불편함과 관련 직원의 무성의한 태도, 간혹 금융 관련 종사자의 횡령과 기업 내부직원의 내부정보 유출은 기업의 브랜드 가치와 고객의 신뢰를 떨어뜨려 엄청난 손실과 이를 회복하기 위해 많은 시간을 필요로 한다.

"TRUTH(정직)"가 전략임을 더욱더 실감나게 하는 현실이다. 더욱 똑똑하고 냉철해진 소비자의 시선은 이제 제품과 브랜드에 가려져 있었던 기업의 도덕성으로 향하고 있다. 따라서 소비자의 마음을 돌려 치열한 시장에서 살아남을 방법은 단하나, 바로 "정직"이라고 본다. 정직을 마케팅에 활용하는 방법으로 린 업쇼가 제시하는 것은 "다이아몬드 전략"이다. 고객, 제품, 경쟁, 가치, 커뮤니케이션 등 다섯 가지 부분으로 세분화시켜 다이아몬드 전략을 설명한다.

린 업쇼가 세계적인 다국적 기업들의 사례(GM, 리바이스, 인포시스 등)를 통해 정직성을 기반으로 소비자 신뢰를 얻을 수 있어야 함을 강조하는 것은 매우 의미 있게 받아들여야 할 것이다. 특히 "기업 자신부터 정직하라"라고 강조하는데 마케팅계의 새로운 거장으로 인정받고 있는 린 업쇼는 "실현 가능한 정직"을 마케팅 분야에 새롭게 도입할 것을 요구하면서 소비자와 마케터, 기업, 브랜드 모두의 요구를 충족시킬 만한 "다이아몬드 전략"을 다섯 가지로 제시한다. 첫째, 정직해야 고객을 떠나지 않는다. 둘째, 정직을 구현한 제품을 판매하라. 셋째, 정직이야말로 경쟁에서 이길 유일한 무기이다. 넷째, 정직과 신뢰로 가치를 창조하라. 다섯째, 정직은 스스로 홍보한다. 다이아몬드 전략은 소비자와 마케터, 기업이 수평을 이루어 파트너십을 실현할 수 있도록 돕고 특히 우리가 살고 있는 환경을 함께 살아가는 방법이 중요하다고 본다. 우리가 아는 큰 인물들은 모두 다 정직이 우선이었다. 위대한 영웅은 거저 만들어지는 게 아니다. 서양 격언에도 "정직이 최상의 전략(Honesty is the best policy)"이라고 했다. 솔직함이 최상의 전략이다. 양심 마케팅, 정직이 최상의 전략임을 잊지 말아야 한다. 단점을 숨기지 않는 것도 하나의 전략이다. 고객은 정직한 사람을 좋아한다. 있는 그대로 보여 주는 것이 중요하다. 오래된 광고지만 모기업의 "사백삼십오만 고객 여러분! 죄송합니다. 그동안 불편했던 통화 품질, 이제는 책임지겠습니다."광고에서 이 기업은 자신들의 잘못을 시인하는 것을 광고 문구로 내세웠다. 이것은 자신의 기업에서 고객들의 불만을 솔직하게 인정하고 기지국이 경쟁사에 비해 적어서 생겼던 잘못 아닌 잘못을 솔직하게 인정하고 새로운 혁신을 통하여 다시 신뢰를 얻겠다는 것이다. 고객들의 불만을 솔직하게 인정하고 뼈를 깎는 자기 혁신을 통해 통화 품질을 끌어 올리겠다는 것이 이 광고에서 주는 메시지이다. 깨끗한 인정은 소비자와 나에게 득이 될 수 있다. 백화점 과일 코너에 푯말이 하나 붙어있다. "흠집 난 과일입니다." 이러한 푯말과 함께 과일을 다른 코너와는 다르게 싸게 판다. 하지만 사람들로 북새통이다. 솔직하게 과일에 흠집이 있음을 인정하게 가격을 낮추어 팔았던 것이 오히려 사람들의 발길을 잡은 것이다. 결점을 솔직하게 인정하라. 결국, 그걸 수용하느냐 안 하느냐의 최종적인 판단은 고객의 몫이다(린 업쇼, 2012).

소비자들은 대중매체를 보면서 다양한 광고를 접하게 된다. 광고를 접할 때 누구라도 가장 눈에 들어오는 광고를 선택하고 그 제품을 사는 경우가 많이 있을 것이다. 그러나 장기적으로 보았을 경우 제품 자체에 신뢰도나 완성도가 없는 제품은 시장에서 사라지는 경우를 많이 보았다. 그 말은 제품을 단지 많이 팔기 위하여 허위로 없는 기능을 포장하거나 과장하는 마케팅 전략은 오히려 독이 될 수 있다는 것이다. 그리고 한 번 잃은 신용은 회복하기가 어렵고 비용도 많이 든다.

'정직'이라는 것은 무엇일까? 바로 고객과 소통하는 방법이다. 소비자, 즉 구매자 입장에서 최선의 선택을 했다는 생각을 하면서 행동을 하게 된다. 나중에 당사자의 선택이 최선이 아니라고 생각된다면 또 다른 행동을 취하게 된다. 하지만 소비자 혹은 구매자가 정직하지 못한, 즉 신뢰가 없는 제품을 구매했다고 생각한다면 다시는 그 제품을 쳐다보지 않게 된다. 구매자 입장에서 선택의 잘못이라기보다 정직하지 못하는 데서 얻는 실망감이 매우 크기 때문이다. 이러한 실망감은 결국 좋은 제품마저도 신뢰하지 못하고 정직하지 못하다는 고정관념과 함께 구매자의 선택 폭에서 제외되어 버린다. 따라서 '정직'이라는 것은 단순한 마케팅이거나 윤리의식을 넘어서 사명과 같은 것이 되어야 한다.

오늘날 수많은 기업 중 역사 속으로 사라진 기업과 그렇지 않은 기업의 차이는 결국 '정직'과 '신뢰'라는 부분의 차이에 의해서 결정된다. 특히 글로벌 경제 위기 상황의 발단 자체가 '정직'하지 않은 부도덕한 기업 윤리의식 만행의 결과에 따른 금융자산의 허와 실에서 비롯된 만큼 과거보다 더욱 '정직'이라는 것이 기업의 광고이자 마케팅 효과를 극대화하는 방법이다. 다만 '정직'한 기업은 광고하기보다는 묵묵히 기업의 정체성을 유지하면서 맡은바 사회적 역할을 할 뿐이다. 잠시 일시적 충동에 의해서 올바르지 않은 선택을 했던 구매자도 언젠가는 '정직'을 앞세운 기업으로 되돌아오는 것이 자연현상일 것이다.

이제 위기의 복지경영에서의 최고의 전략은 정직임을 다시 한번 생각하며 정직을 통한 희망의 복지를 볼 수 있기를 바란다.

세계 최고 컨설팅회사 베인&컴퍼니의 위기경영전략의 연구결과에 따르면 2001년 경기침체기에는 경기 회복기에 비해 거의 두 배에 이르는 기업이 업계 선두권에서 바닥으로 추락한 반면, 더 많은 기업들이 상대적인 성과를 개선한 것으로 나타났다고 한다. 전략을 재정립하고 자원을 핵심사업에 투입하는 등 각 기업들이 경기침체기를 맞아 어떤 탈출구를 마련했는지 체계적으로 정리하여 보여준다.

위기에 대처하는 해법으로 명확한 전략 수립과 핵심사업 자원 배치, 비용과 현금흐름의 철저한 관리, 매출과 중간이윤 확대 등이 필요하다. 전 세계 750개 기업의 위기관리 능력을 분석해 위기에서 선도기업으로 올라선 기업의 성공전략을 분석하고 상황에 맞는 전략 수립과 변화를 보면서 미래의 격변 속에서의 경영을 준비해야 할 것이다.

CEO의 위기경영의 내용에 현대자동차, 교보생명, 제일은행 등 국내 기업이 어떻게 위기를 극복하고 좋은 성과를 거둔 사례를 보아야 한다. 가격할인보다 수요가 감소하는 이유에 대해 고객의 목소리에 귀를 기울여 더 좋은 성과를 거둔 현대자동차, 국내 최초로 인터넷을 통해 자동차보험을 판매해 일반관리비의 삭감 없이 효과적인 성과를 거둔 교보생명, 인수한 투자사의 강력한 재무자원을 활용해 기업금융 위주의 전략에서 소매금융 위주의 전략으로 성공적으로 전환한 제일은행의 사례를 통해 사회복지계에서도 분석하고 연구하는 고민이 필요하다고 본다.

CEO는 위기경영 능력을 키워야 하며 위기경영 비법을 끊임없이 노력해야 할 것이다. 삼성 이건희 회장은 얼마 전 "지금이 진짜 위기다. 10년 후 삼성 제품이 모두 사라질지 모른다."라고 위기론을 경고하며 경영에 복귀했다. 잘나가고 있는 삼성조차 지금이 위기라고 말한 이유는 혼란과 불확실한 경제로 위험이 상시화될 수밖에 없기 때문일 것이다. 얼마 전 누구도 예상하지 못한 금융위기가 터져 전 세계가 어려움에 빠졌듯이 앞으로 기업 경영자들에게 위기경영은 필수적인 경영 요소가 될 것이다. 이 문제는 기업의 문제만이 아니라 복지와 학교, 병원 등 비영리단체들도 예외는 아닐 것이다. 그런데 미리 예측하고 위기에 대처한다는 것은 쉽지 않은 일이다. 실제 많은 기업 경영자들은 시장에서 중대한 위협이 감지되었을 때 핵심활동과 덜 중요한 기능을 구분하지 못하고 있는 것이 현실이다. 이들은 조직 외부를 봐야 할 때 자꾸 조직 내부를 들여다보려 하고, 또 집중력을 잃고, 창의력이 감소하며, 새로운 정보로부터 뭔가를 감지하고 학습하지 못할 뿐 아니라 올바른 결정을 시기적절하게 내리지 못하는 실수를 저지르고 있다.

위기가 발발했을 때 CEO와 리더들은 어떤 움직임을 취해야 할 것인가? 기업의 생존과 미래의 성공을 위해 어떤 기업 전략을 세워야 할 것인가? 현실과 미래의 격변기에서의 승리(winning in turbulence)를 준비하고 위기에서 승리할 수 있도록 해야 한다. 위기는 기업의 혁신 문화를 통해 민첩하게 대처해나가는 것이 최선이다.

유능한 CEO라면 경기침체를 이겨내는 능력을 갖춰야 한다. 야구에서 타자라면 누구나 번트를 대거나 도루하는 법을 알아야 하는 것과 같은 이치다. 요즘 기업체의 핵심 과제인 감원, 일부 제품 생산 중단, 고객에게 대금 지급을 독촉하는 것만으로 능력을 인정받는 CEO는 없다는 게 현실이다.

컨설턴트 램 차란(Ram Charan)은 『경제 불확실성 시대의 리더십(Leadership in the Era of Economic Uncertainty)』에서 "기업 경영자들은 지금껏 오로지 성장만 추구해왔지만 이제 사고방식을 바꿔야 한다."고 지적했다.

힘든 시기에 필요한 6가지 필수 리더십 자질 훌륭한 리더를 특징짓는 무수히 많은 중요한 행동과 자질 중에서 지금과 같은 불황 시기에 기업경영에 있어 가장 중요한 점은 무엇일까? 다음 내용에서 6가지 중요한 행동 및 자질과 그 이유를 설명한다.

(1) 정직과 진실성

사람들과 동등한 입장에서 자신이 세상을 바라보는 법을 설명하고 자신이 납득할 수 있는 이해력의 한계를 인정한 다음 그들의 견해에 대해 질문하라. 이런 일을 하려면 용기가 필요하지만, 혼자서 할 때보다는 함께 할 때보다 많은 가능성들을 조합해볼 수 있다.

(2) 격려하는 능력

팀과 함께 시작하라. 그들은 전체 조직에 자극을 불어넣어야 할 사람들이다. 팀원들이 두려움 없이 새로운 우선순위에 집중할 수 있도록 자극을 불어넣어라. 사람들에게 의욕을 불어넣는 일은 점진적 성공을 이루게 되는 의사결정에서 비롯된다. 이는 활력을 주는 행동으로 여겨진다.

(3) 현실과의 실시간 연계

지금처럼 변덕스럽고 불확실한 상황에서 현실은 움직이는 과녁과도 같다. 인습에 사로잡히지 않은 자유로운 출처에서 정보를 모아라. 한 가지만의 편협한 사고방식에 얽매이지 말라. 새로운 정보를 모으면서 상황을 변화시켜라.

(4) 낙관주의와 어우러진 현실주의

이는 리더십이 공연 예술이 되는 지점이며 나쁜 소식에 대처하고 두려움을 행동으로 바꾸기 위해 심리적 잠재성을 일깨우는 낙관주의적 특징을 이끌게 된다.

(5) 철저한 관리

오로지 철저한 개인적 발전만을 통해 기본적인 정보를 습득할 수 있으며, 정보를 팀원들과 함께 공유하고 토론하고, 신속하게 행동하는 일이야말로 불안정한 환경에서 필요로 하는 일이다.

(6) 미래 구상에 대한 대담성

가용 자금이 별로 없고 자신의 계획을 바탕으로 한 가정에 확신이 서지 않을 때 아무런 대가가 보장되지 않는 전략적 도박을 하려면 상상력과 배짱이 필요할 것이다.

위기에도 승승장구한 기업에는 특별한 CEO가 있다. 위기의 시대, 위기가 곧 기회라고 말한다. 하지만 모든 이들에게 위기가 기회가 되는 것은 아니다.

현대 기업들의 현안인 혁신, 지식, 소통, 인재의 문제를 '강한 CEO'라는 키워드로 설명하고, 이 순서를 바로잡을 기본정신과 시스템을 제공할 것이다.

위기를 대비해야 하는 오늘날 위기를 효과적으로 경영해나갈 수 있도록 연구하고, 준비하고 노력하는 자에게 오늘과 미래에 참된 의미가 있으리라 본다. 세계적인 컨설팅회사 "베인&컴퍼니" 가디쉬 회장은 지금 세계경제는 모든 악재가 한꺼번에 터진 퍼펙트 스톰과 같은 상황이라고 하면서 지금 불확실한 상황은 전쟁과 같다고 한다. 전쟁 중에 공격명령을 내리려고 할 때, 중요한 것은 적보다 준비가 더 되어 있는가이다. 기업도 불확실성 시대에 손 놓고 뭘 해야 할지 모르는 경우가 많은데, 그럴 때 일수록 리더의 역할이 중요하다. 리더는 끊임없이 앞으로 나아가야 하며, 원칙을 바꾸는 게 아니라 방향을 바꿔 전진하는 게 바로 리더이다.

격변기에는 위협만큼이나 기회도 다양하다. 불황기에 파고를 넘어 성공한 기업들은 공통점이 있다. 첫째, 불황기엔 핵심사업에 집중해야 한다. 실적이 부진한 사업이 우선 눈에 걸리겠지만, 그런 사업에 너무 매달리지 말고, 침체기일수록 가장 경쟁력 있는 비즈니스에 집중해야 한다. 둘째, 최악의 상황을 가정하고 위기 대응전략을 마련해야 한다. 셋째, 잘못된 전략은 지체없이 수정해야 한다. 대응시기를 놓치면 나중엔 대대적인 대수술이 불가피해진다.

2. 문화복지와 복지경영의 전망

1) 문화와 사회복지경영

(1) 문화

세상에서 가장 정의하기 어려운 단어 중의 하나가 바로 '문화'이다. 문화의 정의는 '그것을 정의하려는 사람 숫자만큼' 있다. 일반적으로 가족문화, 학교문화, 한국문화에서처럼 '서술형'으로 문화가 사용될 때는 특정 집단(가족, 학교, 한국)이 갖는 생활양식 전반을 가리키는 것이다. '디지털 문화'도 사회 전반에 디지털 기술이 적용되면서 나타나게 된 새로운 형태의 삶의 양식을 뜻한다고 봐도 무방할 것이다. 그러나 '문화콘텐츠'와 '문화산업기술'에서 사용된 '문화'의 의미는 앞서 언급한 '서술형' 문화와는 분명 차이가 있다. 이때 문화는 '엔터테인먼트(entertainment)'와 흡사한 개념이다. 즉, 매체를 통해 대중적으로 유통될 수 있는 일종의 '문화상품'을 가리키는 개념이다.

'콘텐츠'란 말은 인터넷 시대가 도래하면서 본격적으로 사용되기 시작했다. 인터넷을 통해 유통되는 각종 정보를 '콘텐츠'라고 부르기 시작한 것이다. 그리고 그 콘텐츠 중에서도 엔터테인먼트 요소가 강한, 오락적, 유희적 요소가 강한 콘텐츠를 묶어서 '문화콘텐츠'라고 이름 붙이게 된 것이다. 인터넷이나 휴대전화에 유통되는 것뿐만 아니라 공연장, 영화관 등 오프라인 공간을 통해서 유통되는 것들도 다들 문화콘텐츠라고 부르고 있다. 문화콘텐츠를 장르적으로 구분한다면 만화, 영화, 캐릭터, 애니메이션, 게임, 방송, 에듀테인먼트, 음악, 공연, 인터넷/모바일콘텐츠 등을 들 수 있다. 에듀테인먼트(edutainment)는 교육(education)과 오락(entertainment)의 합성어로 양자겸용의 소프트웨어를 통칭한다. 무미건조한 교육내용에 게임이나 친근한 인물과 음악, 이야기 등을 가미하여 피교육자의 흥미를 유발, 교육 효과를 높이는 소프트웨어를 말한다.

문화바우처 사업은 사회적, 경제적, 지리적 어려움으로 인해 문화예술을 향유하지 못하고 있는 소외계층에게 공연, 전시, 영화 등 다양한 문화예술 프로그램의 관람료 및 음반, 도서구입비를 지원하는 사업이다. 문화카드로 개인이 원하는 문화예술 프로그램을 온·오프라인에서 신용카드 또는 체크카드처럼 편리하게 이용할 수 있다.

(2) 사회복지와 문화

오늘날 사회복지와 문화의 관계는 매우 의미 있게 문화라는 용어는 라틴어의 'cultura'에서 파생한 'culture'를 번역한 말로 본래의 뜻은 경작(耕作)이나 재배(栽培)였는데, 나중에 교양·예술 등의 뜻을 가지게 되었다. 영국의 인류학자 E. B. 타일러는 저서 『원시 문화(Primitive Culture)』(1871)에서 문화란 "지식·신앙·예술·도덕·법률·관습 등 인간이 사회의 구성원으로서 획득한 능력 또는 습관의 총체"라고 정의를 내렸다.

일반적으로 문화는 첫째, 구미풍(歐美風)의 요소나 현대적 편리성(문화생활·문화주택 등), 둘째, 높은 교양과 깊은 지식, 세련된 생활, 우아함, 예술풍의 요소(문화인·문화재·문화국가 등) 셋째, 인류의 가치적 소산으로서의 철학·종교·예술·과학 등을 가리킨다. 이것은 독일의 철학이나 사회학에 전통적인 것이며, 인류의 물질적인 소산을 문명이라 부르고 문화와 문명을 구별하고 있다.

Raymond Williams는 문화를 삶의 특별한 양식이라고 정의하였다. 이것은 문화가 삶의 양식을 규정한다는 의미이고 나아가 삶의 양식에 바탕이 되는 사람들의 의식, 가치, 믿음 등을 규정한다는 것이다. 의식, 가치, 믿음과 같은 '정신 체계'

는 개인과 사회 또는 집단 간의 상호작용을 통한 의미생산의 결과이다. 문화에 대한 정의는 결국 의미작용이라고 결론지을 수 있고 이 관점은 문화를 가장 포괄적으로 정의할 수 있다.

사람들은 삶의 양식을 통해 주변 세계를 이해하고 이에 따라 일상생활을 조정한다. 이런 과정은 우리의 의식적인 인식작용의 결과가 아니라 어떤 일을 이해하고 그에 따른 행동을 구조화시키는 일종의 도식에 따른 것이다. 사회적으로 형성된 지식은 도식을 만들고, 이것이 공유되면 내가 인식한 의미와 우리가 공유하는 의미가 같아진다. 문화는 일종의 도식이라고 정의할 수 있는데, 문화를 통해 사회를 이해하는 의미작용이 가능하기 때문이다. 예를 들어 우리는 어떤 상징을 보고 일치하는 상식과 의미를 공유할 때 같은 문화권에 있다고 한다. 따라서 의미작용이 어떻게 발생하고 어떻게 기능하는지 살펴보는 것은 문화가 어떻게 생성되고 기능하는지 역시 알게 해 줄 것이다.

우리는 삶의 곳곳에서, 삶의 매 순간 어떤 식으로든 문화와 관계를 맺으며 살고 있다. 자연물 외에 우리가 보고 접하는 유형(有形)의 사물들은 물론 제도나 관습, 지식처럼 우리의 삶에 관여하고 있는 무형의 것들까지 모두 문화의 소산이며, 우리의 행동과 생각, 어쩌면 우리의 느낌과 감정의 대부분이 모두 문화의 바탕 위에 이루어지는 것이다.

다만 그것은 너무나 항상 이루어지는 것이라 잘 의식하지 못할 뿐이다. 따라서 우리는 어떤 사회에 속해 살아가는 한 그 사회의 문화를 호흡하며 살고 있다고 할 수 있다. 문화가 그 사회의 공기라면 삶은 그것의 호흡인 셈이다.

(3) 문화의 속성

문화는 몇 가지 속성을 지닌다. 첫째, 문화는 집단구성원에 의하여 공유된다. 사회구성원 각 개인의 독특한 취향이나 버릇은 문화가 아닌 개성에 속한다. 한 사회의 구성원들이 다른 사회에서와 구분되는 어떤 행위·관습·경향 등을 공유할 때라야 그것이 비로소 문화가 되는 것이다.

둘째, 한 사회의 문화는 학습된다. 인간의 생리적 현상은 문화가 아니다. 인간은 태어나서 한 사회에서 자라면서 그 공유된 문화를 사회화를 통하여 배우기 마련이다.

셋째, 축적성을 들 수 있다. 인간의 지식은 한 세대에서 다음 세대로 전해지고 그 세대에 새로 이루어진 내용이 또 거기에 더해진다. 문화는 이처럼 시간이 흐르면서 축적되는 것이다.

넷째, 체계성을 들 수 있다. 문화의 요소는 많고 다양하다. 이들 요소는 결코 홀로 존재하지 못한다. 그들은 서로 긴밀한 관계를 맺고 있으면서 하나의 체계를 구성하고 있다.

다섯째, 문화는 변화하는 속성을 지닌다. 문화는 끝없는 변화생성의 과정을 겪는다. 외부로부터 한 사회로 유입된 문화는 그 사회의 배경과 문화접변(文化接變)을 통하여 변한다. 또한, 도입되었거나 개발된 새로운 지식이 유용한 것으로 판명되면 전체 사회에 확산되어 혁신이 일어난다. 그런 과정에서 기능을 상실한 낡은 문화요소들은 사멸된다.

문화는 이처럼 정지된 상태로 존재하지 않고 부단히 진화 또는 퇴화의 길을 밟는다. 문화 인류학자들은 문화의 이러한 성격을 초유기체성(超有機體性)이라 부르기도 한다. 한 사회의 문화를 이해하기 위해서는 이들 문화의 성격에 대한 바른 이해가 전제된다. 이제 사회복지도 문화의 틀 속에서 새롭게 조명하고 준비해야 할 것이다.

2) 문화복지사와 복지경영의 역할과 과제

(1) 문화복지사

고령화 사회로의 급격한 변화는 노인을 부양해야 하는 부담이 점차 늘어남에 따라 상대적으로 노인 소외와 빈곤 등 노인과 관련한 새로운 사회문제들을 야기시키고 있으며, 산업화, 도시화 등 현대사회의 변화와 맞물려 노인의 사회적 역할 상실과 소외, 은퇴의 심적 부담, 경제적 수입 감소 등 노인 문제가 심각한 사회문제로 대두되고 있다. 그러나 노인 문제는 이제 사회복지적 방법만으로는 해결할 수 없게 되어버렸다. 인구의 고령화 현상은 수적으로 줄어만 가는 젊은이들의 노력만으로 노인들의 부양 부담을 감당하기 힘들게 되었고 과거의 노인에 비하여 지금의 노인들은 신체적으로나 정신적으로 보다 건강한 상태에서 은퇴를 맞이하게 됨으로써 사회적으로나 노인 스스로 사회적·경제적 활동에 대한 기대와 욕구가 다양해지고 있다. 이제 노인 문제는 평생교육 차원에서 교육적 접근의 필요성이 대두되어 학문적으로 체계 있는 해결방안이 마련되어져야 할 필요성이 있는 것이다. 한국의 현세대 노인들은 그동안의 국가 경제 발전에 크게 기여하였으나 성장과실의 배분에서는 소외되어 왔으며, 또한 국가의 정책적 무관심이나 사회적인 인식의 변화로 인한 가정에서의 무책임 속에서 남은 여생을 쓸쓸히 보내고 있다.

최근 노인 인구의 급속한 증대와 함께 노인복지의 문제점이 대두되고 있다. 재가복지기관의 경영 활동을 치료 예방적이고 특화된 프로그램을 통하여 고정적인 서비스의 체계를 바꾸어보면서, 지속적으로 프로그램 참여자들의 욕구(Needs)를 파악하여 이에 부족한 부분을 근본적으로 개선함으로써 고객을 만족시키고자 하는 경영 기법으로서 미래의 경영은 이러한 방향으로 지향되며 이에 맞는 성과경영이 함께 따라가야 할 것이다. 우리 사회에서 경제적·사회적·지리적·신체적 제약 등으로 문화예술을 누리지 못했던 이들이 더욱 친근하고 섬세한 문화복지 서비스를 누릴 수 있게 되었다. 미래 사회복지는 새로운 패러다임으로 준비해야 할 것이다. 사회복지는 전통과 역사라는 범주만을 고집할 것이 아니라 오늘의 현실을 직시하며 미래문화복지의 전략적 복지경영을 준비해야 할 것이다(김성철, 2012).

3) 문화복지와 복지경영의 전망

빈부격차에 따른 문화생활의 양극화 현상은 문화 복지적 입장에서 볼 때 매우 가슴 아픈 현실이다.

전문가들은 초등학교 저학년 시기를 예술을 통한 감수성과 지능, 창의성 계발이 가장 활발한 시기로 꼽고 있지만, 공교육과정의 예술교육이 충분치 않고, 사교육 시장에서는 경제적 어려움이 닥칠 경우 가장 먼저 교육을 포기하는 분야가 예술교육 분야이다. 따라서 어린이들에게 '기회의 사다리'를 확대하기 위해 방과후 교실에서 초등학교 저학년 대상 예술교육을 확대할 것을 제안했다.

영국 던디대 연구팀은 어린 시절에 본 TV 색깔이 꿈의 색깔에도 영향을 준다는 연구결과를 발표한 적이 있는데, 25세 이하 사람 중 5%만이 흑백 꿈을 꾸었고, 55세 이상은 25%가 흑백 꿈을 꾸었다고 한다. 연구팀은 어린 시절의 깊은 인상이 평생 영향을 끼치기 때문에 그 시기에는 풍부한 경험을 하는 것이 필요하다고 분석했다.

문화란 인간이 살아가면서 가지는 자연적인 것을 제외하는 모든 것들이다. 따라서 문화란 인간이 살아가면서 느끼며 함께 살아가야 할 사회적인 필요필수조건이다. 이러한 필수조건의 가치제를 실컷 누리면서 살아가는 사람이 있는가 하면 문화가 무엇인지조차 모르고 사는 사람들도 있다. 이것이 문화복지의 지향점일 것이다.

인간은 평등하다고 하면서도 영화 한 편, 공연 한 편, 연주 한 곡, 책 한 권도 평생 못 보고 삶을 마감하는 우리의 이웃들이 우리의 곁에는 아직 너무 많은 것이 현실이다. 자본주의사회에서 가진 자와 못 가진 자의 차이, 능력자와 무능력자의 차이로 치부하고 넘어가기에는 너무 비인간적이지 않은가?

문화복지의 개념은 문화예술을 가치재로, 문화적 삶을 영위하는 것을 하나의 권리로 인식하는 데서 출발한다. 문화복지는 클라이언트의 삶의 질을 높이기 위해 사회 전반적으로 추구해야 하는 인류적 과업이다. 또한, 클라이언트의 빈곤·질병·고독·무위 등 주요 문제를 해결하는 국가 사회적 활동의 총칭인 것이다.

클라이언트는 문화복지를 통하여, 자신이 긍정적·우호적인 자세로 여생을 살아갈 수 있는 사회적 여건을 마련할 수 있으며, 심신·건강 유지 및 생활안정을 강구할 수 있을 것이다. 어려운 이웃의 삶의 질을 향상시키고, 더불어 함께 사는 건강한 사회를 만들기 위해서도 문화복지는 꼭 국가의 책임과 의무로 책임 지워져야 할 것이다.

문화예술분야에 종사하는 사람들조차도 문화경영, 문화마케팅, 예술경영, 문화기획의 공통점과 차이점을 명확하게 설명하기는 쉽지 않다. 네 가지 개념 모두 문화와 경제의 교류를 전제에 두고는 있지만, 현장에서 사용될 때는 그 의미가 많이 달라진다. 예술경영은 1960년대 미국의 비영리 예술단체들의 운영을 경영학이나 경제학적으로 고찰한 것에서 유래한다. 예술경영인이라는 직업은 오래전부터 존재해왔지만, 단순한 매개자로만 인식되어 왔던 것이 사실이다.

이후 대한민국에서는 문화기획이라는 단어가 등장한다. 문화기획은 예술경영을 보다 구체적인 직업으로 탈바꿈시켰다는 점에서 의의가 크다. 특히, 기존의 예술경영이 예술단체나 예술공간 등의 운영에 국한된 개념이라면, 문화기획은 예술의 개념을 문화로 확장시킴으로써 축제, 문화산업, 문화행정, 문화교육, 광고, 홍보의 영역까지 진출한다.

이후 문화경제라는 큰 조류가 형성된다. 문화경제의 탄생은 예술경영과 문화기획이 문화예술분야를 출발점으로 삼았던 것과는 대조적으로, 경제학이 그 출발선이라는 점에서 크게 차별된다.

문화(culture)와 경제(economics)의 합성어인 컬처노믹스(culturenomics)가 사람의 마음을 얻어내고 새로운 경제 가치를 창출하는 이 시대의 트렌드로 등장하고 있다. 문화와 경제의 만남인 컬처노믹스가 문화를 원천으로 경제 가치를 창출하고 문화를 소재로 부를 만들어내는 새로운 장으로 각광을 받는다. 문화가 경제를 견인하며, 문화를 경제적으로 활용하는 문화와 경제의 결합이 미래의 경쟁력으로 간주되고 있는 것이다.

문화 가치의 재해석이 필요하다고 볼 수 있다. 그동안 경제의 논리와 문화의 논리는 이분법적으로 분리되었다. 경제 현상을 설명함에 있어 문화가 중요하다는 인식이 없었던 것은 아니지만, 문화가 경제라는 인식은 최근의 일이다. 문화가 경제이며, 문화와 경제의 융합이 사회운영의 새로운 질서로 인식되면서 그 적용 범위가 넓게 확대되는 양상을 보인다.

우리 사회에서 컬처노믹스가 가장 적극적으로 윤곽을 드러내는 분야는 단연 기업 이미지와 기업 상품과 관련된 곳이다. 금융상품에 현대 고급 예술의 이미지를 접목한 아트 금융이 좋은 예라 할 수 있다.

고급의 문화예술을 일상의 경제활동에 접목시키면서 고급의 문화 가치와 현실의 경제 가치를 연결하는 것이다. 고급의 문화가 높은 신뢰를 보증한다는 대중 심리를 읽어내면서 말이다. 그런가 하면 근래에 들어 건물이나 넓은 공간의 전면을 문화예술로 도배하는 래핑(wrapping) 마케팅이 문화예술을 경제활동에 접목시키는 컬처노믹스의 대표적인 마케팅 전략의 하나로 각광받고 있다. 래핑 마케팅(wrapping marketing)은 기존의 광고판 등 광고 개체 대신 벽, 기둥 등에 광고물을 덧씌워 광고하는 래핑 광고를 활용해 제품이나 기업 이미지를 알리는 마케팅 기법이다. 래핑 광고는 화려한 색감, 대형 이미지, 색다른 공간 활용 등 기존 광고와 차별화된다는 장점이 있다. 래핑 광고는 버스, 건물, 지하철, 에스컬레이터 등 유동 인구가 많은 곳은 물론 최근에는 항공기에까지 활용되고 있다. 래핑 대상도 제품 광고부터 기업 이미지, 캠페인, 영화, 공익 광고 등 다양해지고 있다.

이제 복지도 문화복지 입장에서 새롭게 조명되고 연구와 실천이 이루어져서 바람직한 복지경영을 해야 할 것이다(김성철, 2012).

지속 가능한 복지를 위해서는 이제 '복지경영'이 절대적으로 필요하다고 본다. 기존의 사고방식으로는 '복지'와 '경영', 두 단어의 조합이 어색한 면이 없지 않다. 그렇지만 이젠 복지분야도 효율성이 강조되는 추세이고 '복지경영'에 대한 새로운 방향과 정책 그리고 실천현장의 적용이 필요하다고 본다.[3]

---

3) 김성철, 복지저널 June 2017. 이러한 필요성을 위하여 김성철 교수는 2011년 5월 1일 국내 최초로 한국복지경영학회를 설립하였다.

3. 복지경영의 도약과 모색

1) 경영자의 자기관리와 복지경영의 합리성

(1) 경영관리

경영관리는 합리적으로 이루어져야 하지만, 그 합리성은 조직적 사고와 계산적 사고에 의하여 뒷받침된다. 즉, 사업을 조직화하고, 계수적으로 생각하는 것이 그것이다. 이들 두 가지 사고의 전개로서, 조직적 관리 또는 실체적 관리와 계수적 관리가 성립한다. 또한 모든 경영관리는 사전·진행 중 및 사후에 있어서의 합리성과 유효성을 확보하도록 주력하며, 그것이 '계획—조직—통제'라는 매니지먼트 사이클이 된다. 사전에 행동을 합리적으로 예정하는 것이 계획이며, 이는 조직을 통해서 집행된다.

(2) 경영계획

경영계획(business planning)이란 기업의 장래를 위해 경영목표를 설정하고, 그 목표를 달성하기 위한 대체적인 행동안을 선택하는 경영자 활동이라고 할 수 있다.

미래에 있어서의 기업 활동 수행에는 여러 가지의 대안(alternative)이 있다. 그 대안 중에서 최적의 것을 선택하고, 이에 따라 기업 활동을 수행하게 되면 가장 합리적으로 기업 활동이 수행될 수 있다. 이처럼 미래의 활동과정에 대한 여러 가지의 대안 중에서 가장 적합한 것을 선택하는 것을 계획설정 또는 계획수립(planning)이라 하며, 이와 같이 선택된 미래의 활동과정에 대한 안을 가리켜 계획(plan)이라 한다.

경영계획은 활동을 시작하기 전에 이루어지며 앞날을 지향하며 창조적인 사고를 구체화하는 것이다. 경영계획이 다른 관리 활동에 비해 갖는 특성을 살펴보면, 목표기여(contribution to objectives), 계획우선(primacy of planning), 계획의 일반성(pervasiveness of planning) 및 계획의 효율성(efficiency of planning)을 통해 수립되어야 한다는 것이다.

(3) 통제

통제(controlling)라는 용어는 여러 가지 의미로 사용되고 있는데, 이를 정리해 보면 다음과 같은 다섯 가지 뜻으로 요약할 수 있다.

① 점검 또는 확인하는 것

② 규제하는 것

③ 표준과 비교하는 것

④ 명령 또는 지시의 권한을 행사하는 것

⑤ 억제 또는 제한하는 것

통제는 계획과 실적을 대조하고, 실시(實施)를 비판·검토하며 필요한 시정 활동을 강구하는 한편, 그러한 내용을 차기 계획에 반영시킨다. 이러한 사이클에 있어서 경영계획의 옳고 그름은 경영관리 전체를 결정적으로 좌우한다.

효과적인 통제제도로서 모든 통제제도는 조직 구성원이 조직의 성과에 최대한 기여할 수 있도록 하는 것이다. 따라서 통제의 관리적 의의는 성과목표와 그 실행 결과를 연결시켜 주는 관리 역할에 있다. 그러나 때때로 통제제도는 피통제자의 예기치 않은 반응으로 인해서 전혀 다른 결과를 발생시킬 수도 있다.

조직이 종업원의 부정적 반응을 극복하고 통제제도를 효과적으로 운영하기 위해서는 다음과 같은 지침을 준수해야 한다.

첫째, 통제는 전략적이며 결과 지향적이어야 한다. 통제는 조직의 전략적 계획을 실행하기 위하여 이루어지는 것이므로 목표에 따른 결과 지향적인 것이어야 하며 성과측정 그 자체에 치중되어서는 안 된다.

둘째, 통제는 정보에 근거하여 이루어져야 한다. 통제는 의사결정과 문제해결을 보조하는 것이다. 따라서 단순히 목표와 실제와의 차이뿐만 아니라 그 원인과 해결방안에 대한 정보를 제공할 수 있어야 한다.

셋째, 필요 이상으로 복잡해서는 안 된다. 통제는 조직의 과업과 과업을 달성하기 위한 계획을 보조하기 위한 것이다. 따라서 통제는 과업을 수행하는 사람들과 과업, 그리고 조직구조에 적합해야 한다. 과잉통제는 비용도 많이 소용될 뿐만 아니라 종업원의 부정적 반응을 야기시키므로 통제제도는 단순하여야 한다.

넷째, 목표와 실제와의 차이를 발생시킨 예외에 신속하게 대응하여야 한다. 통제는 표준적인 업무에서 벗어나는 사건을 신속히 파악하여 많은 문제를 발생시키기 전에 조치를 취하는 것이다. 따라서 통제는 표준적인 업무보다는 예외적 사건에 초점을 맞추어야 한다.

다섯째, 통제제도는 조직 구성원이 이해 가능해야 한다. 좋은 통제제도란 의사결정자에게 간결하고 이해하기 쉬운 형태로 자료를 신속하게 제공할 수 있어야 한다. 불필요하게 복잡한 통제제도나 자료는 아무런 의미가 없다.

여섯째, 통제제도는 신축성을 가져야 한다. 통제제도는 단순히 규칙에 따라 항상 일정하게 적용하게 되는 것은 아니다. 좋은 통제제도는 신축성 있게 상황에 따라 적절한 조치를 취할 수 있어야 한다.

일곱째, 통제제도는 조직구조와 일치하여야 한다. 통제제도는 권한 계층을 보조하게 된다.

즉, 통제제도에서 제공되는 자료는 권한 소유자가 의사결정을 하고자 할 때 필요한 정보를 제공하는 것이므로 조직구조와 일치하는 방향으로 설계되어야 한다.

여덟째, 가능한 자기 통제를 촉진시킬 수 있도록 설계되어야 한다. 통제제도는 관련된 모든 관계자의 자기 통제, 상호신뢰, 활발한 의사소통, 그리고 적극적 참여를 촉진시킬 수 있는 방향으로 설계되어야 한다.

아홉째, 통제제도는 긍정적인 측면을 중심으로 이루어져야 한다.

열 번째, 통제제도는 공정하고 객관적이어야 한다. 즉 통제제도는 편견이나 주관이 개입되어서는 안 된다.

(4) 자기관리

경영관리는 경영상에서의 각종 업무수행이 경영목적을 위하여 가장 효과적으로 행해질 수 있도록 여러 가지 시책을 체계적으로 연구하고 경영조직체를 만들어 이를 운영하는 일을 의미한다. 초기의 경영관리는 경영자의 경험과 직관력(直觀力)을 바탕으로 행해졌으나, 경영 규모의 확대, 경영내용의 복잡화, 경영환경의 급격한 변화 등으로 경영관리의 과학화가 필연적으로 필요하게 되었다. 이것은 20세기 초의 과학적 관리법에서부터 시작된다. 그리고 경영관리와 함께 필요한 것이 자기관리이다. 자기관리가 뛰어난 사람을 성공한 사람이라고 부를 수 있다. 성공으로 가기 위해서는 두 가지 도움이 필요한데 역량, 기술, 지식을 통해 창출된 경제적 부와 원만한 대인관계가 필요하다. 이 모든 것들은 리더십이 배후가 되어 조종하게 된다. 즉 성공한 사람은 리더십이 뛰어난 사람이라고 할 수 있다. 자기관리는 협의의 자기관리와 광의의 자기관리로 나뉠 수 있다. 협의의 자기관리는 미시적 차원의 자기관리로 오로지 자기 자신의 자기관리 능력을 말하는 것이고, 광의의 자기관리는 거시적 차원의 자기관리로 대인관계 능력을 말하는 것이다. 자기관리의 능력으로는 비전, 목표, 태도, 시간, 스트레스, 마음, 건강관리가 있고 대인관계의 능력으로는 신뢰를 바탕으로 인간관계 관리와 갈등 관리가 있다.

자기관리의 핵심은 자아개념에 있다. 내가 나를 얼마나 알고 있는가? 자아개념을 가지고 있어야만 자신의 목표와 능력, 신념 및 가치관 등을 세울 수 있다. 이로써 자아실현 또한 이룰 수 있는 것이다. 자기 자신을 표현한다는 정신으로 본연의 자기 자신이 된 다음 자신을 펼쳐 행하는 방법이다. 자아 인식의 4가지 교훈으로는 "자신이 최고의 자기 선생이다.", "책임을 져라. 누구에게도 전가하지 마라.", "자신이 배우고 싶은 것은 무엇이든지 배울 수 있다.", "진정한 깨달음은 자기 경험의 성찰에서 온다."가 있다.

스스로의 힘으로 한 발짝 앞으로 나아가는 것이 중요하다고 본다. 자신의 모습에서 무엇인가 변화를 생각하는 사람들이 많다. 자신을 둘러싼 사회의 부조리나 모순에 대한 변화를 시도하는 사람들뿐 아니라 조직화된 사회에서도 개별화되며 느끼는 개인의 심리적 갈등을 이겨나가려는 부분도 있다. 대부분 그 변화를 바라는 중심에는 돈, 명예, 사랑, 직업 등이 포함된다. 또한, 이와는 다르게 자신의 내면의 자아를 발견하고 보다 성숙한 삶의 의미를 찾으려는 사람들도 있을 것이다. 어떤 의미에서 변화를 시도하던지 그 변화의 뜻을 가진 사람들의 관심 대상이 되는 자아 인식은 매우 필요하다고 본다. 경영관리가 다양화하면, 전체경영과 부분 경영관리와의 연결 및 일체성(一體性)을 어떻게 확보하는가가 문제가 된다.

경영관리의 과학성과 경영자의 자기관리와의 부문과 어떻게 조화시키느냐 하는 문제가 중요한 과제라고 보며 경영자는 자기 자신과의 관리와 복지경영의 합리성이 요구되는 시대에 미래의 복지경영을 이루어나가야 할 것이다.

2) 복지경영의 도약과 모색

오늘날의 기업은 시장에서의 위험을 부담하면서 시장수요를 충족시키기 위하여 자주적으로 의사결정을 하고 영리를 추구하는 경제적 주체이기는 하지만 이윤 극대화만을 위한 수단이기보다는 경제적 후생을 달성하기 위한 수단이며, 이해집단의 공동이익을 추구하는 수단으로 인식되어야 한다. 학문이 성립되기 위해서는 그 연구대상이 필요하다.

예컨대 사회과학 중 경제학은 사회현상 중 사회의 경제적 측면만을 대상으로 성립된 학문이며, 정치학은 정치적 측면을 대상으로 성립된 학문이다.

경영학이 학문으로 성립하기 위해서는 나름대로 다른 학문과 구별되는 연구영역과 대상이 존재해야 하는데, 경영학의 경우 그 연구영역 또는 대상은 '경영'이라는 현상이다. '경영'은 경제 주체들이 인간의 생활에 필요하고 인간의 욕구를 충족시켜 줄 수 있는 재화나 서비스를 생산하여 공급하는 활동을 말한다.

그러므로 경영학은 경영을 담당하고 있는 경제 주체들의 활동을 체계적이고 과학적인 비법을 통하여 연구하는 학문 분야라고 할 수 있다. 즉 경영학은 개별경제 주체들의 경제적 활동에 초점을 맞추고 있는 학문이다. '경영'은 오래전부터 실제로 존재하였던 현상이지만 이 현상을 탐구의 대상으로 하는 '경영학'은 역사가 그렇게 오래되지 않았다.

경영학의 양대 주류 중 하나인 독일경영학의 경우 17세기, 그리고 다른 또 하나의 주류인 미국경영학은 20세기에 들어서 본격적으로 연구되기 시작하였으며, 오늘날 우리가 알고 있는 경영학은 산업혁명 이후 본격적으로 발전하였다고 할 수 있다. 경영학의 연구영역을 위와 같이 규정하더라도 경영학의 발달과정을 살펴보면 경영학에서 다루었던 경영 현상은 국가에 따라 다소 차이가 남을 알 수 있다.

독일의 경영학은 상학자들의 연구를 바탕으로 생성, 발달했다. 따라서 이론 중심적이고 학문적인 성격이 강하다는 특징을 갖는다.

독일경영학의 특징은 첫째, 기본적으로 경제학의 테두리 안에서 경제학적 방법에 의해 다루어져 왔다. 곧 독일의 경영학은 경영경제학으로서의 경영학이다.

둘째, 독일경영학에서는 기업자 중심의 실리추구에 앞서 생산조직으로서의 경영체의 본질을 어떻게 정립할 것이냐의 문제를 두고 고심했는데 이때 독일민족 특유의 민족공동체 의식이 반영된 경영본질론을 집중적으로 다루고 있다.

셋째, 독일경영학을 형성한 학자들은 대개 회계학에 소양이 깊었기 때문에 그들은 특히 기업의 자본이나 비용문제에 중점을 두었다. 이런 까닭에 독일경영학은 오랫동안 회계학의 비중을 크게 다루어왔다.

예컨대 독일경영학은 경영경제학으로 알려져 있고 미국경영학은 경영관리학(management)으로 알려져 있다. 그리고 영국, 미국에서는 기업경제학(business economics), 관리경제학(managerial economics), 또는 기업이론(firm theory) 등으로 불리는 경제학적 접근 방식도 경영학의 분야로서 연구되고 있다. 우리는 미국식 경영학을 그대로 답습하는 경향을 보였다.

'기업경제학(경영자를 위한 경제학)'으로서 일반적으로 기업을, 이윤 극대화를 지향하는 경제단위로 보며, 이윤을 목적함수로 하고, 수익·비용의 움직임을 판매량·생산량의 함수로 이해한다. 이윤을 극대화하는 함수관계를 풀기 위하여, 수요·가격·생산과정·원가·경쟁·판매촉진 등이 검토되며, 분석 용구의 대부분은 미시

경제학의 수법을 차용하였다.

기업경제학은 경영자·관리자의 의사결정 문제에 획기적인 공헌을 한 반면, 기업을 극대이윤과의 관계에서만 받아들이는 등 이론적인 많은 문제점도 내포하고 있다.

미시경제학은 국민경제에 있어서의 경제주체, 즉 각 개인(가계)이나 기업이 어떤 동기로 어떤 법칙에 따라 활동을 전개하며, 그 활동의 결과로 여러 가지 재화나 용역 및 생산요소의 가격과 수급량이 어떻게 결정되는가의 문제를 연구대상으로 하는 것을 말한다. 즉, 미시경제학은 분석의 출발점을 개별적 경제주체로 보고, 그것들의 합리적 선택의 행동방식(가계는 효용의 극대화, 기업은 이윤의 극대화)을 밝힘으로써, 각 경제주체가 일반적 상호의존 관계에 의해서 구성하고 있는 전체 경제의 법칙성을 해명하려는 분석방법을 택한다.

이제는 한국적 경영학을 세워야 할 때가 왔다고 본다. 외국과 우리는 기업 환경이 다르고 경영학의 원리도 결코 같은 방식을 적용하기 어렵다. 경제 규모라든가 생활 수준, 여러 면에서 이제 우리의 것을 만들어 나가야 한다. 그래야 외국인들도 우리나라에 와서 뭔가 배우고 갈 것이다. 기업경영이 글로벌화 되고 있는 것은 사실이지만, 미국이나 일본 기업이 우리 기업의 미래가 아니듯, 그들의 경영학이 우리의 경영학을 대신할 수는 없다. 분명 우리에게는 대한민국 시장에 적합한 논리나 실제로 응용 가능한 한국적 경영학이 존재할 것이다.

그리고 이러한 현실적 인식이야말로 우리 기업의 경쟁력을 한 단계 끌어올리는 계기가 될 수 있을 것이다. 이제 앞으로는 미래의 한국적 복지경영을 만들어가야 할 것이다. 사실 우리 기업에 맞는 고유한 경영방식을 찾아내는 작업은 무엇보다도 중요한 과제다. 그럼에도 불구하고 경영학자들이 좀처럼 엄두를 못 내는 이유가 있을 것이다. 국내외에서 모든 면에 대해 인정받을 만큼 성공적이면서도 바람직한 한국 기업이 있어야 하고 이러한 기업으로부터 다른 기업에 보편적으로 적용할 수 있는 경영방식을 찾아낼 수 있어야 하기 때문이다. 그러나 아직도 양적 규모와 질적 수준, 그리고 기업 윤리적 관점에서 모범이 될 만한 한국 기업을 찾기란 보통 어려운 일이 아니다. 미국적 경영방식은 다른 어느 나라에서도 찾아보기 어려운, 미국만의 독특한 현상이었는데도 미국 경제가 가진 경제력에 편승해 보편성을 지닌 일반경영학으로 포장돼 전 세계로 확산됐다.

윤리경영(moral management)이란 경영 활동의 규범적 기준을 사회의 윤리적 가치체계에 두는 경영방식을 뜻한다. 윤리경영을 실천하기 위해서는 많은 노력이 필요하다. 우선 윤리경영의 실천 여부를 모니터링할 수 있는 성과평가 시스템의 정비가 필요하고, 단기적 성과가 아닌 장기적인 관점의 질적인 평가지표를 만들어야 한다. 소비자의 기업에 대한 평판, 기업이 지역사회에 공헌한 정도, 종업원의 기업경영에 대한 만족도 등 윤리경영에 관한 지표들을 평가할 필요가 있는 것이다.

사람은 스스로 만든 문제를 어떻게 해결하느냐에 따라 그 사람의 가치가 결정된다. 넬슨 만델라가 인종차별정책이라는 사회악에 맞서 싸운 것, 크레이그 벤터가 인간의 게놈을 밝혀낸 것, 래리 페이지와 세르게이 브린이 사이버 공간의 광활함을 가져온 것 등은 모두가 놀라운 가능성을 지닌 특별한 문제를 해결하고자 했던 열정 덕분이었다. 따라서 경영의 미래를 창조하는 것은 경영혁신의 가치에 대한 지적인 확신 이상의 것이 필요하다. 또 매우 구체적이면서도 고귀한 도전에 대한 열정도 요구된다.

이제는 한국적 경영학이 무엇이냐에 대한 고민을 함께하면서 한국 기업의 특질에 대해 본격적으로 연구하고 새로운 비전과 꿈을 이루기 위하여 계속적인 관심과 노력으로 나아가야 할 것이다.

기업경영과 마찬가지로 사회복지경영도 비영리조직이지만 효율성과 효과성의 입장에서 '경제 목적달성을 위한 경제적 가치의 조직'이며 동시에 '공통의 목적을 향해 결합된 인간 공동사회'이므로 경영관리는 '업무관리'와 '인간관리'의 이중 체계로 이루어진다.

사회복지는 이러한 종합적 관리를 경영 직능의 수직적 분화와 수평적 분화를 통해 수행한다고 볼 수 있다. 복지경영은 학문적인 복지 소비자의 욕구(needs)에 대한 서비스를 창출하고 서비스를 이루어 내는 자원의 확보·활용 등을 포괄하는 사회복지에 대한 수요와 공급을 정해진 목표 내에서 합리적으로 조정하고 경영관리하는 의미를 가지고 있다. 복지경영(welfare management)은 사회복지에 관한 정책 형성과 이를 실행하는 임상적 실천현장에서 사회복지기관 차원에서의 경영관리와 운영관리를 모두 포괄하는 전반적인 과정이며 복지의 효율성과 효과성을 중심으로 이루어지는 과정이라고 볼 수 있다. 복지경영학은 이러한 복지경영을 이루어 가는 사회복지학과 경영학의 융합의 학문적인 과정이며 결과물이다. 그리고 사회복지에서 경영학은 복지를 새로운 시각으로 보게 한다. 일반적인 사회복지에서 매우 중요하게 강조되었던 이론들은 너무나 추상적이어서 가깝게 여겨지지 않는 것이 대부분이지만 '복지경영학'에서 본 복지는 그렇지 않다. 물론 우리나라 현실을 생각한다면 아직은 먼 미래의 일 같지만, 사회복지가 앞으로 나아가야 할 방향성은 '복지경영'이라고 생각한다. 복지경영을 통하여 우리의 시각 전환이 매우 필요하다. 이러한 미래지향적인 준비는 한국적 복지경영학이 좀 더 나은 단계로 도약할 수 있는 밑거름이 될 것이다.

참고문헌

|국내문헌|

고강호(2014). [토론문] 국가직무능력표준 개발과 사회복지계의 대응방향. 한국사회복지행정학회 학술대회 자료집.

고형일(2018). 비전공자를 위한 경영학 수업. 대림북스.

공공부문 사례관리 연계·협력 업무 안내(2021). 보건복지부&한국사회보장정보원.

김기수·전재완·한하늘(2011). 경영학원론. 백산출판사.

김도현(2008). 당신은 장애를 아는가. 메이데이 출판사.

김동욱(2019). 이민정보원 구성 및 역할에 대한 연구. 서울대학교.

김동환(2017). 사회복지경영론. 정민사.

김성철(2007). 사회복지적 리더십. 한국학술정보(주).

김성철(2012). 복지경영론. 한국평화사회복지연구소.

김성철(2015). 사회복지지도감독과 현장실무론. 퍼시픽북스.

김성철(2016). 복지경영론. 한국평화사회복지연구소.

김성철(2017). NCS기반 사회복지현장실무론. 양서원.

김성철(2018). 사회복지경영학. 공동체.

김성철(2018). 사회복지 경영리더십. 양서원.

김성철(2019). 사회복지실천학. 공동체.

김성철 외(2013). 사회복지시설경영론. 양서원.

김수영(2017). 사회복지슈퍼비전의 연구동향 분석 <1998년~2017년의 국내연구를 중심으로>: 한국슈퍼비전학회.

김수정 외(2017). 전문사회복지사 자격제도 법제화의 동향과 과제. 사회복지법제학회 사회복지법제연구 제8권 제2호(통권 제10호).

김용범(2010). 사회복지행정실무. 양서원.

김은혜(2017). 사회복지 슈퍼비전의 적용. 한국사회복지슈퍼비전학회.

김이배(2016). 사회복지전담공무원의 역할수행 방향 모색. 한국사회복지학회.

김재춘(2018). 성공하는 모금 제안의 기술: 고수들의 제안서 작성 비법. 나남출판.

김정린(2005). 비영리조직 경영. 아르케.

김찬석(2016). 홍보의 개념 및 목적 등에 대한 사회복지 실무자의 인식. 한국사회과학연구 제37권 2호, 13-23.

김찬아(2008). 사회복지 비영리조직의 기금조성을 위한 PR활동의 의미공유와 기부동기. 한국학술정보(주).

김해용(2016). 장애인교회학교 사역매뉴얼. 한장연.

김형식·이영철·신준섭(2016). 사회복지행정론 제3판. 양서원

김혜란 외(2009). 사회복지실천기술론. 나남출판.

김희성·함수연·정민아(2019). NCS기반 사회복지행정론(2판). 공동체.

노연희(2007). 지역사회기반 비영리조직의 전략적 자원개발을 위한 연구: 소규모 비영리 사회복지조직을 중심으로. 2007 심포지엄: 나눔, 참여 그리고 지역사회 변화.

대한간호학회(1996). 간호학 대사전. 한국사전연구사.

대한심폐소생협회(2018). 기본소생술. 군자출판사.

데니스 영 리차드 스타인버그(2008). 비영리 경제학. 이형진 역. 아르케.

도모생애교육연구소(2001). 비영리단체 비정부기구의 전략경영과 기금 개발. 예영커뮤니케이션.

류종훈(2007). 사회복지상담의 이론과 실제. 양서원.

린 업쇼(2012). 정직이 전략이다. 미다스북스.

문순영(2005). 한국의 민간 비영리 사회복지부문에 대한 이해. 한국학술정보(주).

박장기. 학문명백과: 의약학. 형설출판사.

박창우(2020). 지역사회 특성에 부합한 사회복지기관의 모금전략에 관한 사례연구. 한국지역사회복지학 Vol. 73, 125－148.

박창제 · 박상규(2018). 사회복지경영론 기초. 학지사.

배화옥 외(2015). 인권과 사회복지. 나남출판.

보건복지부(2010). 어르신을 위한 식생활지침 가이드북.

보건복지부(2016). 사회복지시설 안전관리 매뉴얼.

보건복지부(2020). 2020년 사회복지시설 관리안내.

보건복지부(2021). 사회복지시설관리안내.

보건복지부(2021). 장애인복지사업안내.

보건복지부 지역복지과(2021). 희망복지지원단 업무안내.

사라 더럼(2013). 브랜드레이징 비영리단체의 브랜드마케팅 노하우 A to Z. 나남출판.

사카구치 다이와(2008). 김하경 역. 경영학 산책. 비즈니스 맵.

사회복지시설정보시스템 개인정보 보호지침.

서울특별시사회복지협의회(2021).사회복지시설 운영규정 표준안 개정판.

성규탁(1993). 사회복지행정론. 법문사.

손원익 · 박태규 외(2012). 민간비영리조직을 통한 재정지출의 효율성 제고방안－문화예술분야를 중심으로. 한국조세연구원.

신원식 · 김민주(2009). 프로포절 작성의 실제. 공동체.

심경순(2015). 실습수퍼비전 만족을 높이는 수퍼비전 유형과 기법에 관한 사회복지현장실습생의 경험. 한국사회복지질적연구학회.

심재영(2012). 비영리조직경영론. 한국방송통신대학교.

심재영(2014). 정부 및 비영리조직 회계기준의 생성과 발전.

스즈키 도모코(2005). Smile days. 명진출판사.

안광호 외(2007). 마케팅원론. 6판. 학현사.

안정선(2016). 사회복지 슈퍼비전 매뉴얼 개발을 위한 기초연구 － 사회복지관의 직원 슈퍼비전 지침 분석을 중심으로. 한국슈퍼비전학회.

안정선(2019). 사회복지 슈퍼비전의 이론과 실제. 신정.

안정선 · 최원희(2019). 사회복지 슈퍼비전의 이론과 실제. 신정.

애드리언 사전트 · 일레인 제이(2011). 기부자 로열티: 기부자 마음을 사로잡는 법. 나남출판.

양옥경(2014). 사회복지지도감독론. 양서원.

양옥경 외(2018). 사회복지실천론. 나남출판.

양옥경·이기연·최소연·현진희(2014). 사회복지지도감독론. 양서원.

엄명용 외(2014). 사회복지실천의 이해. 학지사.

엄명용 외(2020). 사회복지 실천기술의 이해. 학지사.

엄명용·김성천·오혜경·윤혜미(2016). 사회복지실천의 이해. 학지사.

에피스테메에드가 스토에스 외(1997). 비영리단체 경영핸드북. 권영석 역. 참미디어.

오세진 외(2005). 비영리조직 품질경영. 창지사.

원종학·손원익 외(2011). 복지사업 효율성 제고방안. 한국조세연구원.

이기영(2014). 국가직무능력표준 개발과 사회복지계의 대응방향. 한국사회복지행정학회.

이동규(2009). 정부 및 비영리조직의 회계. 선학사.

이세형(2017). 사회복지행정실무. 양성원.

이수용 외(2010). 사회복지실천 상담기술론. 학지사.

이원규(2006). 비영리조직운영. 예영커뮤니케이션.

이윤식 외 2명(2016). 우리나라 사회복지정보화사업에 관한 평가연구. 한국사회와행정연구.

이재선 외(2015). 사회복지 지도감독과 현장실무론. 퍼시픽북스.

이재춘(2012). 사회복지기관의 홍보방안연구: SNS를 중심으로.

이종복 외(2013). 사회복지시설경영론. 양서원.

이태식 외(2009). 경영학의 이해. 삼영사.

이해익·김정훈(2011). 운영관리론(비영리조직). 양서원.

이학식(2010). 마케팅. 법문사.

이학식(2013). 마케팅. 법문사.

이학식(2013). 마케팅조사. 집현재.

이현심 외(2013). 사회복지실천론. 도서출판 파란마음.

이현승·김현진(2004). 늙어가는 대한민국. 삼성경제연구소.

이훈(2019). 사회복지 실천현장 사회복지사의 슈퍼비전 담론. 푸른복지.

[인터뷰]OO시 공공사례관리 경력자(12년)의 실무 후기 인터뷰 내용(2021.04)

임정기(2019). 사회복지사는 누구이며 무슨 일을 하는가? – 사회복지사가 말하는 사회복
　　지사의 정체성. 한국사회복지행정학회.

임창희(2011). 경영학원론. 학현사.

임태순(2010). 행복한 생활경영. 교문사.

정무성(2005). 사회복지 프로그램 개발론.

정영철(2016). 사회복지시설 개인정보 보호 관리 현황과 과제. 보건복지포럼.

정익준(1999). 비영리조직 마케팅. 영풍문고.

제프리 페퍼(2009). 포스코경영연구소. 사람이 경쟁력이다. 21세기북스.

조영재(2014). 비영리법인 회계와 세무 실무. 삼일인포마인.

지그문트 바우만(2009). 이일수 역. 액체근대. 강.

지은구(2012). 비영리조직변화연구. 청목출판사.

질병관리본부(2016). 머릿니 예방 및 관리지침.

최성재·남기민(2017). 사회복지행정론. 나남출판.

최연선(2017). 사회복지 슈퍼비전 핵심 가이드북<서식 중심 따라하기>. 신정.

최옥채 외(2006). 인간행동과 사회환경. 양서원.

최원희(2019). 사례 중심 슈퍼비전 가이드 북. 신정.

최원희(2019). 휴먼서비스 조직의 인적자원개발과 슈퍼비전. 공동체.

키비 르루(2012). 비영리마케팅. 조성숙 역. 신정.

토마스 울프(2012). 21세기 NPO경영 이렇게 하라: 행복세상.

폴라이트(2013). 비영리조직의 역량강화. 박시종 역. 나남출판.

피터 드러커(1995). 비영리단체의 경영. 현영하 역. 한국경제신문사.

피터 드러커(2002). 자본주의 이후의 사회. 이재규 역. 한국경제신문사.

필립코틀러·케빈켈러. 윤훈현 옮김(2006). 마케팅관리론. 12판. 석정출판사.

한국단기가족치료연구소(2017). 해결중심상담 슈퍼비전 사례집. 학지사.

한국복지문화교육센터(2014). 활동지원사 양성 교육과정. 보건복지부.

한국사회복지협의회(2020). 복지예산 효율계획 실무 2차. 고용노동부.

한국식품과학회(2008). 식품과학기술대사전.

한국요양보호협회(2019). 요양보호사 표준교재. 보건복지부.

한국의약품안전관리원(2015). 한국 의약품 안전관리지침.

한만봉(2009). 사회복지상담. 이담북스.

현외성 외(2013). 사회복지시설운영론. 양서원.

홍봉수 외(2014). 지역사회복지론. 공동체.

홍선미 외(2010). 사회복지교육 실태진단 및 사회복지교육의 질관리방안에 관한 탐색적 연구. 한국사회복지교육.

홍순혜(2014). 사회복지 슈퍼비전의 이해와 활용<교육복지 현장을 중심으로>. 공동체.

홍순혜·조성심·안정선·방진희·엄경남(2014). 사회복지 슈퍼비전의 이해와 활용. 공동체.

황성철(2005). 사회복지 프로그램 개발과 평가. 공동체.

Lawrence L. Martin(2007).사회복지행정가를 위한 재무관리. 양서원.

LG 경제연구원(2010). 2020 새로운 미래가 온다. 한즈미디어(주).

|국외문헌|

Adrian Sargeant(1999). *Marketing management for nonprofit organizations*. SAGE.

Chao Guo & Wolfgang Bielefeld(2014). *Social Entrepreneurship: An Evidence−Based Approach to Creating Social Value(Bryson Series in Public and Nonprofit)*.

David, M. Austin. *Human Service Management Organizational Leadership in Social Work Practice*.

David O. Renz(2010). *The Jossey−Bass Handbook of Nonprofit Leadership and Management*.

David Whitford(2007). The strange existence of Ram Charan, *Fortune*, April 24, 2007; accessed online May 3, 2007

Georgia Levenson Keohane(2013). *Social Entrepreneurship for the 21st Century: Innovation Across the Nonprofit, Private, and Public Sectors*.

Judith A. Lewis & Thomas R. Packard(2011). *Management of Human Service Programs(S.W 393T 16 - Social Work Leadership in Human Services Organizations)*.

Helmut K. Anheier(2014). *Nonprofit Organizations: Theory, Management, Policy*. Routledge.

Michael J. Worth(2008). *Nonprofit Management: Principles and Practice*. SAGE.

| 웹사이트 |

건강용어사전, https://www.hidoc.co.kr, 정상 체온, 네이버 지식백과

경상남도사회복지사협회(2021) http://www.gsw.or.kr/intro06_02)

국가건강정보포털, http://health.kdca.go.kr, 노인 약물복용, 네이버 지식백과

국가법령정보센터(2021) https://www.law.go.kr/LSW//main.html

국가직무능력표준(NCS,2021) https://ncs.go.kr/index.do

사회복지법인 및 사회복지시설 재무·회계규칙, 법제처.

사회복지사업법, 법제처.

세이브더칠드런 https://www.sc.or.kr/

아름다운 재단 기부문화연구소 https://research.beautifulfund.org/

한국사회복지교육협의회(2021) http://kcswe.kr/

한국사회복지사협회(2021) http://lic.welfare.net/lic/ViewLicNotice.action

한국사회복지협의회 https://www.bokji.net/ssn/mor/03.bokji

집필진 약력

김성철
백석대학교 대학원 NPO경영학 교수

김도희
DH사회복지연구소장

김은주
안성시노인복지관 과장

김한나
NPO컨설팅 연구원

김현경
주식회사 엘로힘(Elohim) 프로덕션 대표

박현희
희망나눔연구소 연구원

신동환
늘봄복지경영연구소장

윤승호
사)한국노인장기요양기관협회 수석부회장

이하선
행복복지경영연구소장

장현옥
발달장애인 자람연구소 연구원

허경운
성분도복지관 운영팀장

사회복지지도감독론

초판발행	2022년 3월 1일
지은이	김성철 · 김도희 · 김은주 · 김한나 · 김현경 · 박현희 · 신동환 · 윤승호 · 이하선 · 장현옥 · 허경운
펴낸이	안종만 · 안상준
편 집	조보나
기획/마케팅	정연환
표지디자인	BEN STORY
제 작	고철민 · 조영환
펴낸곳	(주)**박영사** 서울특별시 금천구 가산디지털2로 53, 210호(가산동, 한라시그마밸리) 등록 1959. 3. 11. 제300-1959-1호(倫)
전 화	02)733-6771
f a x	02)736-4818
e-mail	pys@pybook.co.kr
homepage	www.pybook.co.kr
ISBN	979-11-303-1471-6 93330

* 파본은 구입하신 곳에서 교환해 드립니다. 본서의 무단복제행위를 금합니다.
* 저자와 협의하여 인지첩부를 생략합니다.

정 가   19,000원